KB167560

묵주반지를 낀 페미니스트

묵주반지를 낀 페미니스트

초판 1쇄 발행 2018년 10월 12일

지은이 | 이동옥
펴낸이 | 조미현

편집주간 | 김현림
책임편집 | 정예인
디자인 | 이경란

펴낸곳 | (주)현암사
등록 | 1951년 12월 24일·제10-126호
주소 | 04029 서울시 마포구 동교로12안길 35
전화 | 02-365-5051
팩스 | 02-313-2729
전자우편 | editor@hyeonamsa.com
홈페이지 | www.hyeonamsa.com

ISBN 978-89-323-1942-1 03330

이 도서의 국립중앙도서관 출판예정도서목록(CIP)은 서지정보유통지원시스템 홈페이지
(http://seoji.nl.go.kr)와 국가자료공동목록시스템(http:// www.nl.go.kr/kolisnet)에서
이용하실 수 있습니다.(CIP제어번호 CIP2018028425)

묵주반지를 낀
페미니스트

종교와 페미니즘의 동행

이동옥 지음

ᚼ현암사

하느님은
여성이다

이 책은 나 자신이 페미니스트이자 제도종교의 신자로서 혼란을 겪으면서 해답을 찾아가는 과정에서 쓴 글이다. 종교가 여성 억압에서 눈을 흐리는 '아편'이 될 수도 있지만 진정한 자유와 진리를 찾을 수 있도록 세상이 제시하지 않는 통찰력을 부여한다는 것을 알고 있다.

나는 묵주반지를 끼고 다니는 페미니스트로서 복잡한 상황에 직면하곤 했다. 가톨릭 신자이기 때문에 페미니스트의 진정성을 의심받기도 했고, 진보적이지 못한 사람으로 평가되기도 했다. 몇몇 페미니스트 친구들은 종교와 페미니즘 사이에서 자신도 고민하고 있다고 나에게 알려주었다. 그들은 저마다의 종교에서 독실한 신앙을 가지고 있으면서 여성으로서 억압과 혼란, 갈등을 느끼는 듯했다. 하지만 대부분 페미니스트 공동체에서 종교 이야기를 하지는 못했다. 어정쩡하게 제도종교 안에 머무는 이들이 있는가 하면, 어떤 이들은 제도종교를 떠나 이상적인 종교 공동체에 미련을 갖기도 했다. 그런 모습을 지켜보며 느낀 안타까움 때문에 글을 쓰게 되었다.

이 책은 종교가 있으면서 여성성이나 모성이라는 허위의식으로 진정한 자아와 대면하지 못하는 여성들을 위한 글이기도 하다. 남편에게 맞거나 남편의 외도를 경험하면서도 이혼해서는 안 된다는 생각 때문에 우울증에 시달리며 가족을 위해 헌신해왔던 몇몇 여성 신자들을 나는 알고 있다. 남성중심 문화와 그 상징들은 힘이 세고 여성들은 침묵 속에서 고통을 받거나 피학적인 여성상의 나르시시즘에 빠져 있다. 나는 여성들이 용기를 낸다면 자유와 해방을 누릴 수 있다는 희망으로 글을 썼다.

또한 이 책은 그동안 격월간 《공동선》에 게재한 글을 기반으로 하였다. 《공동선》은 가톨릭 진보 잡지로서 종교인과 일반인이 함께 만드는 범종교적, 범시민적 공동체 잡지를 표방한다. 나와 《공동선》의 인연은 십수 년 전 여성학과 석사과정 때로 거슬러 올라간다. 당시 나는 성당에 다니며 여성 신자로서 경험했던 성차별에 분노하면서 열정적으로 글을 썼고, 《공동선》에 여성과 종교에 관한 글을 투고했다. 하지만 박사과정에 들어가면서 점차 교회보다는 사회로 시선을 돌렸고, 자연히 《공동선》과도 멀어졌다. 교회는 타자를 배려하는 공동체이면서도 전통과 권위를 존중하는 보수적인 공간이기 때문에 그들과의 소통에 어려움을 느꼈고, 거리를 두게 되었다.

그러다 문윤길 편집장 님의 청탁을 받아, 2012년부터 '하느님은 여성이다'라는 전문가 칼럼에 고정 필자로 참여하게 되었다. 강의와 연구에 쫓기는 삶에서 글쓰기는 큰 부담이었지만 차마 청탁을 거절할 수 없었다. 두 달에 한 번 돌아오는 마감의 압박 때문에 3년 정도 연재를 한 후 동료 여성학 연구자에게 바통을 넘기려 애썼지만 후속 필자를 찾지 못해 2018년 현재까지도 원고를 쓰고 있다. 글쓰기는 여전히 어렵고 힘들지만 계속해서 썼던 이유는 사회정의를 지향하는 공동선에 대한 신뢰와 여성주의 지면을 포기하고 싶지 않았기 때문이다. 훨씬 오랫동안 글을 연재하신 다른 필자들에 비하면, 나는 아직 멀었다고 생각한다.

이 책이 나오기까지 도움을 주신 많은 분들이 있다. 혼란과 갈등을 거듭하던 나에게 여성주의 영성에 대해 통찰력을 주신 스승, 선배, 친구에게 감사드린다. 그분들이 없었다면 나는 이 글을 쓰지 못했을 것이다. 나는 여성주의 종교 모임에서 많은 영감을 얻었지만 지금 그들과 관계를 지속하지 못하고 있다. 하지만 그들이 내 마음속에 뿌려준 씨앗은 돌밭에서도 뿌리를 내려 이렇게 열매를 맺었다. 감사하다는 말을 전하고 싶다. 이 책의 출판을 위해 애써주신 현암사 편집부를 비롯한 모든 분께 감사드린다. 아울러 엄마 심수진 님, 동생 동훈과 함께 출판의 기쁨을 나누고 싶다.

2018년 7월 30일
이 동 옥

차례

3장.
평등하지 않은 사랑, 희생의 굴레

6장.
호주제에서 히잡까지

1장

당신은 누구의
하느님입니까

종교는
성차별적 제도인가

남성중심 문화에서 여성들은 종교에 무엇을 기대하고 어떠한 의미를 부여하는가. 종교는 여성에 대한 사회의 통념을 그대로 반영하거나 남성중심적인 전통과 교리의 권위를 강조함으로써 성차별을 정당화하고 여성을 억압할 수 있다. 한편 종교는 가부장제에서 고통 받는 여성을 위로하고 치유하며, 폭력과 불의에 대한 통찰을 제시함으로써 제도적, 문화적 차원에서 성차별에 저항하게 하고 변화를 주도하기도 한다.

종교 안의
여성 차별

유교 문화권에 속하는 한국의 여성들은 자신이 이슬람 문화권의 여성들보다 행복하다고 생각한다. 적어도 명예살인, 투석형, 히잡에서 자유롭기 때문이다.

명예살인이란 이혼하고 친정으로 돌아왔거나 성적으로 난잡하다고 간주되는 여성을 가문의 명예를 더럽혔다는 이유로 남성 친척이나 오빠, 아버지가 살해하는 것이다. 이러한 폭력은 관습법에 기초하므로 가해자들은 처벌받지 않거나 가벼운 형량을 받고 풀려난다. 몇몇 이슬람 국가에서는 간통을 저지르면 남녀를 막론하고 투석형에 처한다. 간통죄는 여성에게 보다 불리하게 적용되어 여성이 투석형의 대상이 되는 경우가 더 많다. 또한 몇몇 무슬림 국가에서는 여성이 외출할 때 히잡을 쓰지 않으면 처벌을 받는다. 그 처벌 중에는 태형도 포함된다. 무슬림 여성은 차를 운전할 수 없으며, 남성 동행 없이 외출할 수 없다.

한국 여성은 몇몇 무슬림 국가의 여성보다 성평등한 사회에 사는 것처럼 보인다. 하지만 한국 여성이 평등한 사회에 살고 있다고 할 수 있을까? 전통적으로 한국 여성들은 제사 음식을 정성껏 준비하지만 여성이라는 이유로 제례에 참여할 수 없었다. 또한 여성의 몸은 출산의 도구로 여겨졌고, 남아의 출산이 여성의 운명을 좌우했다. 유교는 이상적인 인간상으로 군자君子와 성인聖人을 지향하지만 여성에게는 해당되지 않았다. 조선 시대에 여성이 글을 읽거나 인격을 도야할 기회는 극히 드물었다. 여성은 남성의 보조자로서 가사와 양육, 시부모 돌봄에 전념하며 평생 살아야 했다. '여성이 있어야 할 곳은 집'이라는 통념은 21세기에도 살아남아, 남아 선호와 남성의 가장권, 고용에서의 성차별 등으로 여전히 영향을 미치고 있다.

한편, 불교는 여성이 부처가 되기 전 남성의 몸으로 변화되는 과정을 거쳐야 한다는 교리를 수용했던 적이 있다. 또한 여성은 부처가 되기 위해 남성보다 많은 계율을 지켜야 했다. 여성은 설법을 할 수 없고, 여승은 남승의 지도를 받아야 한다는 전통에 복종하던 시절도 있었다. 이러한 전통은 저절로 사라진 것이 아니다. 여성의 고통과 저항으로 변화해온 것이다.

태국은 남부의 무슬림을 제외하고 대부분의 국민이 상좌부불교를 믿는다. 승려가 되는 것은 가문의 영광이고 승려들은 국민에게 최고의 존경을 받는다. 하지만 남성만이 승려가 될 수 있다. 여성은 영적 수련에 방해가 되는 존재로서, 승려의 몸을 만지거나 승려에게 물건을 건넬 수 없다. 태국에서는 가난한 아이들을 절에서 교육하기도 하는데, 이러한 규율 때문에 여아들의 교육 기회가 제한되기도 한다.

그렇다면 그리스도교 문화권에서 여성은 평등한 위치에 있었는가. 빙겐의 힐데가르트 수녀Hildegard von Bingen, 아빌라의 데레사 수녀Teresa de Cepeda y Ahumada, 멕시코의 후아나 수녀Juana Inés de la Cruz 등은 남성중심 사회에서 남성 신부들에게 영적 지도를 받아야 했고, 이들과의 관계에서 고통을 받았다. 영적 지도자인 남성 신부들은 때때로 재능 있고 영적인 수녀들을 질투하고 그들의 영적 진보를 방해했다. 뛰어난 재능과 능력을 발휘하면서 종교의 권위에 도전하고 새로운 역사를 쓴 여성 영성가들도 있었지만, 그들 중 일부는 남성의 승인을 받기 위한 투쟁에 생의 대부분을 소비하다가 지쳐서 세상을 떠났다.

몇몇 여성 신학자들은 유교의 교리가 남녀의 위계적인 위치를 전제하고 음양의 조화를 강조하기 때문에 여성해방의 요소를 찾을 수 없다고 한다. 이들은 여성해방의 전통을 성서, 그리스도교 교리에서 찾을 수 있다고 역설한다. 그러나 유교 문화권뿐 아니라 그리스도교 문화권의 역사 어디에서도 성평등이 실현된 적은 없었다.

어떤 종교가 더 여성친화적이고 어떤 종교가 더 남성중심적인가 하는 논의는 무의미하다. 종교는 인간 세계와 분리되어 산 위에 존재하는 것이 아니라 사회, 문화, 제도와 밀접하게 연관되어 있기 때문이다. 남성중심 문화에 오염되지 않은 '순수'한 종교는 어디에도 없다. 어느 종교가 얼마나 더 성차별적인가를 논하기보다 모든 종교 안의 성차별을 인식하고 시정해나가야 한다.

예수의 12제자 중에
여성은 없었다

예수님이 만났던 여성과 21세기의 교회 안의 여성은 상당한 차이가 있다. 당시의 여성들은 지금으로서는 상상도 하지 못할 정도의 취급을 받았지만 예수님은 가난하고 소외된 사람들, 그중에서도 온 마음과 정성을 다해 자신을 따르는 여성들을 사랑하셨다. 그럼에도 예수님의 12제자 중에 여성은 없었다.

가톨릭의 주요 행사인 성탄 전야와 부활 전야에서 촛불을 앞세워 입장하는 남성 사제와 신학생의 모습은 남성중심적인 교회를 실감하게 한다. 가톨릭 신학교는 수도자나 평신도의 입학을 허용하지만, 21세기에도 여성은 사제가 될 수 없고 여아들의 역할모델은 제한되어 있다.

여성 신자는 미사 시간에 미사포를 써야 한다. 이 전통은 성서에 제시되어 있다. 남성의 머리는 하느님을 상징하지만, 여성의 머리는 남성의 머리를 상징하기 때문에 머리를 가려야 한다는 것이다.

> 모든 남자의 머리는 그리스도이시고 아내의 머리는 남편이며 그리스도의 머리는 하느님이시라는 사실을 여러분이 알기를 바랍니다. 어떠한 남자든지 머리에 무엇을 쓰고 기도하거나 예언하면 자기의 머리를 부끄럽게 하는 것입니다. 그러나 어떠한 여자든지 머리를 가리지 않고 기도하거나 예언하면 자기의 머리를 부끄럽게 하는 것입니다. 그러한 여자는 머리가 깎인 여자와 똑같습니다. (…) 남자는 하느님의 모상이며 영광이기 때문에 머리를 가려서는 안 됩니다. 여자는 남자의 영광입니다.
>
> 1고린 11, 3-5. 7

이러한 전통이 오늘날 합리적이지 않다고 생각하더라도, 여성은 여전히 미사포를 써야 한다. 어떤 여성들은 미사포를 미사에 집중하고 거룩함과 아름다움을 표현하는 도구로 해석한다. 하지만 여성 신자가 미사포를 쓰지 않는 경우 '예의 없다'고 비난받는다. 엄격한 사제는 미사 중에 야단을 치기도 하고, 영성체를 못하게 하는 경우도 있다. 남녀 직분의 분리는 성체 분배에서도 나타난다. 수도자인 수녀와 중장년의 남성 신자가 성체를 분배하는 것은 흔히 볼 수 있지만, 여성 신자가 성체를 분배하는 상황은 매우 예외적이다.

그렇다고 가톨릭교회에서 변화가 없는 것은 아니다. 여성이 복사를 서고, 미사 전례에서 사회나 독서를 맡기도 한다. 성당을 청소하고 행사 음식을 마련하고 돌봄을 기초로 하는 자원활동에 참가하면서도, 단체장을 맡거나 예비자에게 교리를 가르치기도 한다. 사제들도 사석에서는 여성 사제를 반대할 만한 논리적인 근거가 없다고 말한다.

하지만 여성 신자는 여성이라는 이유로 신학을 공부하는 데 제약을 받으며, 성직자가 될 수도 없다. 이러한 제도 속에서 소녀들은 어떤 희망을 품고 미래를 꿈꿀 수 있을까? 교회 안에서도 여성은 끊임없이 상처 받는다. "하느님이 나를 사랑하신다"는 굳은 신앙만으로 교회에 머무를 순 없다. 교회 안에서 무언가를 해보고 싶었던 열정적인 여성들은 결국 교회를 등지고 만다.

폭력을
신앙으로 극복하라고?

종교는 세상에서 상처 받은 여성들을 위로하고 그들이 울 수 있는 공간을 마련해준다. 집이 휴식처가 되지 못하는 여성, 집을 나와 갈 곳 없는 여성에게 교회, 성당, 절은 어쩌면 유일한 안식처다. 그들의 이야기를 들어주고 상처를 보듬어줄 공간이 필요하다. 경제력이 충분하다면 심리상담사나 정신과 의사를 찾아갈 수 있을 것이다. 하지만 가난하거나 충분한 자원이 없는 여성은 막다른 골목에 다다랐을 때 종교에 의지하곤 한다.

종교는 소외된 여성에게 열려 있으며, 구원의 손을 내민다. 여성들은 기도하면서 자신과 거리를 두고 성찰하는 시간을 보낸 뒤 한결 가벼운 마음으로 다시 집으로 돌아간다. 이러한 측면에서 종교는 우리를 눈멀게 하고 불의한 현실을 정당화하는 아편과 같다. 실컷 울고 난 여성들은 일시적으로 카타르시스를 경험하고 가족에게 돌아간다. 종교는 여성에게 성역할에 충실하고 남편에게 순종하라고 가르친다. 여성은 어떠한 상황에서도 가족을 지켜야 하는 존재인 것이다. 종교는 여성에게 가정 내 불의에 맞서 싸우라고 권고하기보다는 "불평하지 말라"고 가르친다. 피해자인 '착한' 여성에게 침묵하고 희생하길 요구하는 것이다.

그뿐이 아니다. 종교는 매 맞는 여성에게, 남편의 외도로 분노하는 여성에게 '내 탓'으로 돌리라고 말한다. 그리고 자신의 삶을 반성하고 남편이 변화하기를 바라며 끊임없이 기도하고 기다리라고 가르친다. 매 맞는 여성들은 '내가 잘하면 언젠가는 남편이 변화할 것'이라 믿고 싶어 한다. 하지만 그런 일이 일어나는 경우는 드물고 남편의 폭력은 지속, 심화될 뿐이다. 남편이 변화한다 하더라도 어떻게 그 고통의 세월을 보상받을 수 있겠는가. 여성의 삶은 소중하며 남편의 회개를 위한 희생양이 되어서는 안 된다. 폭력 남편을 감화시키면서 신앙으로 극복하라고 가르치는 것은 피해자 여성의 고통을 가중할 뿐이다. 왜 여성은 다른 사람의 구원을 위해 희생해야 하는가. 이들에게 도움이 필요하다. 이들은 행복해질 권리가 있다.

종교는 궁지에 몰린 여성을 구조하기보다 방관했고 적극적으로 이들의 삶에 개입하지 않았다. 종교가 해야 할 일은 이들이 용기를 갖고 부정의한 현실에 저항할 수 있도록 돕는 것이다. 여성들이 내면의 힘을 키워 최선의 판단을 하도록 지지해야 한다. 인내만이 가족을 지키는 길이 아니다. 폭력적인 관계를 청산해야만 행복해질 수 있다.

생명 존중과
여성 인권의 이분법

가톨릭교회에서 가르치는 성性은 생명 존중과 인격적인 관계에 기반한다. 교회는 혼인성사로 맺어진 이성애

부부 관계를 공식적으로 인정하고, 혼전 성관계, 동거, 이혼, 동성애 등을 원칙적으로 허용하지 않는다. 현대 사회에서 결혼과 성은 연속선에 있지 않지만, 가톨릭교회는 결혼과 성의 관계를 강조한다. 이러한 교리는 여성의 피임, 낙태, 출산 등의 문제에서 여성 인권과 충돌하기도 한다.

여름이 되면 신부님들은 미사에 올 때 짧은 치마나 노출이 심한 옷을 입지 말라고 당부한다. 분심이 들어 미사를 드릴 수 없다는 이유다. 그 분심의 주체는 남성이다. 남성의 성적 욕망을 자극하지 않기 위해 여성은 몸을 조심해야 하는 것이다. 여성의 몸에 대한 가르침은 다른 종교에서도 비슷하다. 특히 금욕은 남성의 성화聖化를 위한 것으로 당연시된다. 종교적 수련을 위해 성욕조차 이겨낸 남성이 자기만족으로 기뻐하는 이면에서 여성은 물적인 존재, 극복해야 할 대상으로 폄하된다.

또한 가톨릭 교리에서는 인공피임과 낙태를 원칙적으로 허용하지 않는다. 자녀는 하느님의 선물이고 생명은 어떠한 상황에도 존중되어야 한다는 것이다. 그러나 강간 등으로 인한 원하지 않는 임신에 대해 출산을 권고하는 교리는 여성에게는 '죽음'과 같은 고통을 안긴다. 여성은 '생명'이라는 절대 불변의 진리 앞에서 살인자가 되고 죄인이 되지만, 남성은 이 책임에서 자유롭다. "성폭행을 당해서 임신해도 출산을 해야 한다", "남자친구와 헤어지고 임신한 여성은 출산을 해야 한다"라는 교리를 편안하게 받아들이는 여성 신자는 극소수다.

뒤에서 다시 언급하겠지만, 여성이 낙태를 하는 이유는 생명 감수성이 부족하기 때문이 아니다. 싱글맘으로 살아가야 하는 현실은 녹록지 않고 어머니로서 태어날 자녀에 대한 교육 환경을 고려하지 않을 수 없기 때문이다. 가톨릭교회는 출산 장려 정책 이전에도 미혼모 시설에 관심을 가져왔지만 '미혼모'에 대한 낙인을 없애는 데에는 관심이 부족했다. 싱글맘들은 사회적 편견 속에서 경제적 부담까지 떠안고 살아간다.

가톨릭교회는 낙태된 영혼을 위한 미사를 봉헌하고 낙태한 여성을 위한 치유 프로그램을 운영하고 있다. 하지만 이러한 프로그램은 여성들에게 위로가 되지 못한다. 낙태가 인생의 오점이고 수치심이라는 해석에 머물기 때문이다. 여성이 생명을 소홀히 다뤘거나 성적 욕망에 따라 행동한 탓이라는 비난에서 나아가지 못한다.

교회는 여성의 아픔을 위로하고 치유하는 듯 보이지만, 낙태가 자신의 미래와 자녀의 양육 환경을 위해 내린 주체적인 선택임을 인정하려 하지 않는다. 이는 태아의 생명과 여성의 권리를 서로 대치하는 가치로 인식하는 이분법하의 단순화된 이해에서 비롯한다. 여성에게 낙태가 간단하고 쉬운 결정이라는 통념도 그러하다.

가톨릭교회는, 생명 존중이라는 추상적이고 일반적인 덕목 뒤에 가려진 여성의 고통을 간과한다. 여성이 피임, 임신, 출산 문제에서 얼마나 취약한 구조에 놓여 있고 상대적으로 남성이 이 책임에서 얼마나 자유로운지를 인식하지 못하는 것이다.

물론 가톨릭교회가 항상 반反여성적인 입장을 취해온 것은 아니다. 교회는 생명 존중에 기초해서 난자 매매나 인공수정에 반대한다. 이러한 입장은 의료 권력하에서 여성의 몸이 도구화, 상업화될 위험성을 경고하는 데에 도움이 되었다. 또한 성매매 반대 운동을 통해—성매매 여성에 대한 도덕적인 낙인이나 피해자화에서 자유롭지 않다 하더라도—여성의 인신매매, 성폭력, 성 상품화에 반대함으로써 여성의 인권을 위해 노력해왔다.

이러한 운동은 가톨릭교회가 성평등에 대해 무엇을 논의하고, 여성을 위해 어떤 일을 해야 할지 방향을 제시한다. 교회는 성별 권력이 작동하는 가운데 주변화된 여성의 삶을 이해하고, 이들을 억압과 고통에서 해방할 해결책을 고민하면서 여성친화적인 공간을 구성해야 한다.

성평등한
교회를 위하여

오늘날 "여성을 차별한다"라고 당당하게 말하는 종교는 없다. 그럼에도 종교의 경전과 전통은 여전히 여성을 차별하고 있다. 종교의 성차별이 위험한 이유는 신의 이름으로 정당화되기 때문이다.

여성 성직자가 나오지 않는 가톨릭교회에 여성 신자들이 머물고 있는 것은 하느님께서 선택하신 남성 성직자의 우수한 지도력 때문이 아니다. 교회에 대한 애정과 하느님에 대한 사랑 때문이다. 그러나 이 여성들이 성차별을 경험하면서 언제까지 가톨릭교회 안에 남아 있을지는 알 수 없다.

나는 젊은 여성 신자들이 10년, 20년 후 이러한 문제로 교회를 떠나지 않기를 바란다. 오히려 여성들이 왜 그렇게 오랫동안 여성 성직자가 없었는지 의아해하고 여성 성직자를 당연하게 생각하는 세상에서 살게 되기를 기대한다. 설사 그들이 성직을 갈망했던 선배 여성 신자들의 고통을 이해하지 못한다 하더라도, 그런 세상이 펼쳐지기를 간절히 소망한다.

주님은 페미니스트?
성차별주의자?

대부분의 종교는 성적으로 보수적이다. 가톨릭교회에서 가르치는 성은 거룩하고 신성한 것으로, 부부간의 인격적 결합과 교감, 출산에 국한된다. 욕망이나 쾌락은 언급하지 않으며, 성을 통제해야 할 것으로 해석한다. 성에 대해 아무것도 이야기하지 않는 침묵 역시 성에 대한 교리이자 가르침이다. 대부분의 종교는 성적 욕망을 논하기 전에 절제를 강조하고 억압해야 할 것으로 해석한다. 여성을 유혹자로 간주해 편견을 유발하기도 한다. 또한 남성의 몸을 중심으로 금욕을 종교 수련의 절정으로 해석하는 경향이 있다.

종교 안에서
성을 논한다는 것

가톨릭은 개신교에 비해 피임, 낙태 등의 결정에 관한 여성의 권리를 인정하지 않으며 엄격하고 완고한 입장을 취해왔다. 가톨릭교회는 성폭력을 당해 임신한 여성조차 낙태를 해서는 안 된다는 원칙을 고수한다. 신자 교육이나 미사의 강론을 통해 강조되는 내용이지만 여성 신자들이 전적으로 동감하는 것은 아니다.

2009년 가톨릭 국가인 브라질에서는 의붓아버지에게 성폭행 당해 임신한 9살 소녀의 낙태를 가톨릭교회가 거부함으로써 전 세계적으로 논란이 되기도 했다. 가톨릭 국가인 필리핀에서도 낙태가 허용되지 않아 여성들이 불법적으로 낙태 시술을 받다가 사망하거나 후유증으로 고생하는 사례가 보고된다.

한국 가톨릭교회에서는 낙태한 여성과 낙태된 태아를 위한 기도회와 미사가 열리고 있지만 이러한 행사를 여성 신자의 고통을 덜어주고 치유하기 위한 것이라고 할 수는 없다. 이러한 예식은 불쌍한 태아의 영혼을 추모하기 위한 것이고, 낙태가 살인에 해당하는 중죄임을 재확인시킴으로써 여성들은 죄의식 속에 속죄의 시간을 갖는다.

낙태를 '쉽게' 결정하는 여성이 얼마나 있겠는가. 태아는 어머니와 연결된 존재이고 여성만큼 태아, 생명에 민감한 이들은 없을 것이다. 그럼에도 낙태를 선택하는 여성은 본인뿐 아니라 아이의 미래를 진지하게 고려하고, 그에 따르는 고통 또한 감수한다.

가톨릭교회는 피임과 낙태에 대한 결정을 생명에 대한 결정으로 해석함으로써 절대 양보할 수 없다고 강조한다. 하지만 싱글맘에 대한 지원이나 남성의 양육이나 책임을 논하는 데는 소홀했다. 싱글맘들이 어떠한 사회적 위치에 있는지는 무관심하면서, 이들을 성적으로 난잡한 여성으로 비난해왔다.

한편, 한국 사회에서는 성소수자 인권 단체와 종교적 신념을 지키려는 종교 단체의 충돌이 종종 불거진다. 일부 개신교 단체들은 2014년 서울시 인권조례 제정 과정에서, 그리고 퀴어 퍼레이드에서 성소수자에 대한 혐오와 반동backlash을 노골적으로 드러냈다.

가톨릭교회도 교리상으로 동성애를 금지한다. 사회에서 배척당해온 성소수자들은 종교 안에서도 이성애 질서하에 성적으로 타락한 자로 매도당하고, 이성애자로 살아야 한다고 강요받는다. 이들은 여타의 사회제도와 마찬가지로 종교 안에서도 인격적으로 존중받지 못하고 인내하다가 결국 교회를 떠난다.

종교 내 성폭력에
침묵하는 교단

교회는 신자들의 연애와 결혼을 성가정을 이루기 위한 아름답고 권고할 만한 것으로 해석한다. 하지만 성직자, 수도자, 신자의 관계에서 성적 스캔들이 일어나기도 한다. 당사자 간에 합의된 관계가 아니라면 문제는 더욱더 심각해진다. 믿었던 신자 또는 존경했던 성직자, 수도자에게 성폭력을 당하는 경우 피해자의 상처는 오랫동안 지속된다.

종교 내 성폭력은 가끔 신문의 사회면을 장식한다. 성직자가 안수를 준다는 명목으로, 또는 같이 잠을 자면 성화된다고 속여 여성 신자를 성폭행하는 사건이 보도되곤 한다. 대부분의 종교 조직 내에서 이러한 성폭력이 일어나지만 때때로 은폐된다. 종교에 현혹되어 판단력을 잃었다거나 꽃뱀이라고 비난하면서 그 책임을 피해자에게 돌리기도 한다. 하지만 제도종교 내 성직자와 여성 신자 간의 권력관계와 여성 신자들의 신심을 세심히 고려해 가해자에게 죄를 물어야 한다.

개신교회 A목사는 100명 이하의 작은 교회를 신도 2만 명의 대형 교회로 성장시킨 주역이었다. 그는 설교를 통해 신도들에게 신앙의 열정을 불어넣었다. 특히 그는 청년들에게 인기 있는 스타 목사였다. 하지만 여러 명의 여성 신도를 성추행했다는 사실이 밝혀졌고 결국 자신이 열심히 일군 교회를 떠나야 했다. 현재 그는 대학가에 교회를 개척하고 해외 선교에 주력하고 있다. 그는 자신이 사목했던 교회를 떠난 것으로 속죄했다고 생각하고 피해자들에게 공식적으로 사죄하지 않았다. 성폭력 피해자들은 용기를 내 책을 출판했고 종교 내의 성폭력에 대해 문제를 제기했다. 이들은 A목사에게 공식적으로 사과를 요청했지만 그는 오히려 명예훼손죄, 모욕죄 등으로 피해자들을 고소했다. 700여 명의 목사들이 A목사의 면직을 요청했지만, 성폭력의 진상을 조사, 규명하고 제재하는 개신교 내의 제도는 유명무실한 상태다.

가톨릭교회에서도 성직자에 의한 성폭력 피해가 발생한다. 개신교에 비해 중앙집권적 교계 질서와 순명을 중시하지만, 사제의 성폭력에 강력하게 대처하지는 않았다. 미국의 주교회의는 성직자의 아동 성폭력에 침묵으로 일관함으로써 비판받았다. 남성 피해자는 초등학교 시절 신부로부터 지속적으로 성폭력을 당하다가 성인이 되어 소송을 제기했다. B신부로부터 아동 성폭력을 당한 피해자는 지금까지 23명 이상으로 확인되었다.

여론이 거세지자 2014년 시카고 대교구는 성폭력 혐의를 받고 있는 신부 30명에 관한 보고서를 공개했고 아동 성폭력을 저지른 전직 B신부를 대신해서 피해자에게 보상했다. 하지만 그전까지 미국 가톨릭교회는 성폭력 가해자인 사제들을 처벌하지 않고 방관함으로써 지속적으로 피해를 키웠다. 가톨릭교회 내의 성직자와 신자의 위계적 관계하에 피해 신자들은 침묵 속에서 엄청난 고통을 감내해야 했다.

주님은
페미니스트

2015년 여성인권영화제에 상영된 〈주님은 페미니스트〉는 이 사건을 배경으로 한다. 이 다큐멘터리는 성직자의 성폭력을 방관해온 미국 가톨릭교회의 주교들에 저항하는 여성수도자지도자회의Leadership Conference of Women Religious 수녀들의 이야기를 출발점으로 삼는다.

수녀들은 낙태, 피임을 원하는 여성들에 대한 의료적 지원을 포함한 의료보험법 개혁에 동의함으로써 주교들과 갈등을 빚고 교황청의 조사를 받게 된다. 이 법은 아파도 치료받지 못해 죽음에 이르거나 질병이 악화되는 상황에 있는 가난한 이들을 지원하기 위한 것이다. 하지만 주교들은 이 법에 찬성하지 않았으며, 수녀들의 행동에 불만을 표시한다.

수녀는 낮은 곳에서 소외된 사람들과 함께하는 삶을 살기로 신과 약속한 사람이다. 여성수도자지도자회의 수녀들은 주교회의의 결정을 따르지 않고, 버스를 타고 사람들을 찾아다니면서 토론하고 소통하여 의료보험법을 통과시키기 위해 노력한다. 이들은 공평한 의료 서비스를 받는 것이 궁극적으로 낙태 건수를 줄이는 데 도움이 된다고 생각한다. "당신은 페미니스트입니까?"라는 질문에 수녀들은 주님은 성차별을 원하지 않는다고 강조하면서 자신이 페미니스트라고 대답한다. 주교단은 이 수녀들을 위험한 여성, 급진주의자로 인식하고 자신들의 결정에 따르라고 경고한다.

"피임, 낙태를 찬성하는 당신들은 아동 성폭력을 저지르는 신부들보다 나쁜 사람이야!" 몇몇 신자들은 젊은이들을 부추겨서 피임, 낙태를 유도한다고 수녀들을 비난하기도 한다. 이들은 피임과 낙태에 동의했다는 이유로 교단 내에서 사악한 집단으로 매도되며 수녀원에서 쫓겨날 위기에 놓인다. 하지만 하느님의 뜻에 따라 옳은 일을 한다는 신념으로 열심히 투쟁한 결과 사회적 공감을 얻었고 미국에서 의료보험개혁법의 통과라는 결실을 얻는다. 주교들은 수녀들의 행동에 유감을 표명하면서도, 낮은 곳으로 내려가 사람들의 목소리에 귀 기울이고 소통하는 그들의 모습이 교회에 귀감이 되었다며 이들의 열정을 인정한다.

타자의 고통에
귀 기울이는 희망의 교회

프란치스코 교황은 가난하고 소외된 자들의 고통에 관심을 기울인다. 그는 이혼, 낙태, 동성애에 대해서도 이전의 보수적인 교황들과는 달리 유연하고 파격적인 입장을 보여준다. 가족 구조가 변화하는 가운데 이혼, 재혼한 신자들이 교회를 떠나고 있다. 그동안 이혼한 신자는 결혼을 유지하지 못했다는 이유로 이기적이고 인내심이 부족하며 미성숙하다는 낙인을 감수해야 했고, 재혼한 신자는 간음한 자로 간주되어 미사 중에 영성체를 하지 못했다. 하지만 교황은 이들에게 영성체를 허용해야 한다고 강조하면서, 교회가 이혼한 가족을 포용하는 방법에 대해 고민한다.

동성애는 더욱더 어려운 주제다. 2013년 동성애에 관한 질문을 받은 교황은 "만일 동성애자인 누군가가 선한 의지를 갖고 신을 찾는다면 내가 어떻게 그를 심판할 수 있겠냐"고 하면서 열린 마음을 보여주었다. 이러한 언설은 동성애 신자뿐 아니라 동성애 성직자를 겨냥한 것이다.

프란치스코 교황이 동성애에 대해 우호적인 태도를 보였다 하더라도, 동성애 관련 교리를 공식적으로 수정한 것은 아니다. 또한 교황의 발언이 진보적이라고 해석되는 것은 그동안 가톨릭교회가 그만큼 사회 변화를 수용하지 못했고 성소수자의 고통과 인권에 둔감했음을 반증하는 것이다.

미국 성공회는 남성 동성애자로 커밍아웃한 진 로빈슨 신부에게 주교직을 수락했다. 또한 2015년 5월 가톨릭 국가인 아일랜드는 국민투표로 동성 결혼을 합법화했다. 이러한 시대 변화로 머지않아 가톨릭교회도 성소수자의 고통에 대해 더 민감한 감수성을 보여줄 것이라 기대한다.

한편, 교황은 교서를 통해 "낙태를 한 여성이 진심 어린 용서를 구한다면 모든 사제들이 '낙태의 죄'를 사할 수 있는 권한을 부여하기로 했다"고 밝혔다. 교황은 성폭력을 당한 여성 신자들, 낙태를 선택한 여성들의 심리적 고통을 고려하면서 자비의 희년 기간 동안 이들의 죄를 사해주기로 결정했다. 자비의 희년은 '원죄 없이 잉태되신 동정 마리아 대축일'인 2015년 12월 8일부터 '그리스도 왕 대축일'인 2016년 11월 20일까지를 의미한다. 이러한 조치는 낙태의 인정이 아니라 이 기간 동안 낙태한 여성들의 죄를 사면해준다는 것이다. 하지만 이를 계기로 가톨릭교회가 여성 인권에 대해 보다 진보적으로 나아가길 기대해본다.

성평등을 지향하는 사회 속에서 가톨릭교회는 여전히 문을 열지 못하고 시대를 역행하고 있다. 가톨릭의 성적 보수성은 가난하고 소외된 사람들에게 다가가 함께 어울렸던 예수 그리스도의 삶, 상처 받은 이들을 위로하고 치유하는 신의 모습과는 거리가 멀다. 그럼에도, 교황이 보여준 실천은 환영할 만한 일이다. 이러한 실천이 고통받았던 타자들과 함께할 수 있는 위로와 치유의 공동체를 구성하는 계기가 되길 바란다.

성모마리아, 어머니의 전형

영화 〈케빈에 대하여〉에서 주인공인 에바는 자신을 교묘한 방식으로 괴롭히는 아들 케빈에게 무한한 사랑을 준다. 하지만 그녀의 삶은 피폐해지고 마모된다. 아들을 낳기 전으로 돌아가고 싶지만, 그녀는 이해할 수 없는 잔인한 행동을 하는 아들을 용서해야 하고 모든 것을 포용해야 하는 어머니다. 영화는 살인을 저지른 사이코패스 아들과 어머니의 관계를 다룬다. 어머니는 아들이 어떠한 상황에 있더라도 끊임없이 사랑을 주어야 하는 존재로 그려진다. 모든 사람이 비난하고 등을 돌려도 어머니만은 자녀를 버릴 수 없고 버려서도 안 된다. 시대마다 어머니상이 달라진다고 해도, 어머니는 언제나 자녀의 행복을 위해 인내하고 희생하는 존재였다.

에이드리언 리치Adrienne Rich는 『더 이상 어머니는 없다』에서 여성들이 모성을 기쁨으로 받아들일 수만은 없는 억압적인 현실을 비판한다. 가부장제 사회에서 여성은 현재 어머니가 아니더라도 어머니가 될 존재로 다뤄진다. 여성은 자녀에 대해 모든 책임을 진다. 자녀에게 문제라도 생기면 '내가 잘못 키워서 저렇게 된 게 아닌가' 하는 생각으로 스스로를 괴롭힌다. 여성은 모성을 통해 권력과 자원에 접근하지만, 그로 인해 임금노동을 포기하고 경력이 중단되며 남성에게 경제적으로 의존하게 된다.

물론 자녀 양육이 고통과 희생, 인내만을 의미하지는 않는다. 부모는 자녀와 교감하며 자녀가 성장해가는 것에 행복을 느끼고, 타자에 대한 배려와 관심 등을 통해 인격적으로 성숙한다. 하지만 리치는 가부장제 사회가 자녀에 대한 책임을 여성, 특히 어머니에게만 전가하고 손쉽게 어머니를 비난한다고 비판한다. 이렇게 모성이 제도화된 사회에서는 여성들이 자녀를 키우며 모성의 기쁨을 누리기가 힘들다.

천주의 성모님,
내 아이를 위해 빌어주소서

우리가 상상하는 신의 이미지는 엄격한 아버지보다 위로하는 어머니에 가깝다. 인간은 한계에 부딪힐 때 잘못을 질책하는 아버지보다 아픈 마음을 감싸주고 용서해주는 어머니와 같은 신에게 위로받고 싶어 한다.

이러한 신에 대한 이미지도 성역할 고정관념에 기초하지만, 인간은 자애롭고 온유한, 여성적인 신의 모습을 기대한다. 묵주기도와 성모 신심은 마리아 우상화에 대한 외적인 비판에도 불구하고 가톨릭교회의 중요한 버팀목이다. 여성 사제가 허용되지 않는 가부장적 교계 질서에서 마리아에 대한 열정적인 신심은 역설적이다. 하지만 이러한 현상은 위계적이고 억압적인 관계보다 수평적이고 협력적인 관계를 바라는 신자들의 갈망이 반영된 것이기도 하다.

> 어머니시여 사랑에 넘친 어머니, 우리의 생명, 기쁨 희망이시여, 당신 우러러 하와의 그 자손들이 눈물을 흘리며 부르짖나이다. 슬픔의 골짜기에서. 우리들의 보호자 성모님. 불쌍한 저희를 인자로운 눈으로 굽어보소서. 귀양살이 끝날 때에 당신의 아들 우리 주 예수님 뵙게 하소서. 너그러우시고 자애로우시며 오 아름다우신 동정 마리아 님.
>
> 〈성모찬송〉 중

어머니의 위치에 있는 여성 신자들이 성모마리아를 호명하는 것은 특별한 의미가 있다. 이들은 자녀를 낳고 기르면서 마리아를 역할모델로 삼는다. 마리아와 같이 자녀를 위해 인내하고 희생하는 어머니는 아름다운 여성상으로 신비화된다. 또한 여성 신자들은 마리아를 어머니로 부르면서 자녀를 위해 기도한다. 이러한 행위는 가족이기주의에 기초한 미성숙한 기복 신앙으로 폄하되지만, 어머니의 간절한 기원은 지속된다. 이러한 기도는 가톨릭교회를 지지하는 버팀목이 되기도 한다.

경순 감독의 다큐멘터리 영화 〈쇼킹 패밀리〉에서는 모성이 우리 사회에서 어떠한 기능과 역할을 수행하고 있는지 보여준다. 고3 수험생 어머니들은 자신이 믿는 종교에 의지한다. 대학 입시가 다가올수록 자녀의 합격을 위해 헌금하고 지극정성으로 기도한다. 자녀들이 시험 보는 시간에 절과 교회에 모여 절하고 기도하며 안수를 받는 모습은 기괴하고 우스꽝스럽다. 영화의 내레이션처럼 "Oh, my God"을 연발할 수밖에 없다. 하지만 "자식이 힘들게 시험 보고 있는데, 편안하게 앉아 있을 수도 없고, 할 수 있는 것이 기도뿐"이라는 수험생 어머니들의 말이 이해되기도 한다. 자녀가 대학 입학에 실패하거나 원하는 대학에 가지 못하게 되면 자신의 탓이라고 자책하고 슬픔에 빠진다.

여성 신자들이 추구하는 어머니의 사랑은 모든 사람에게 열려 있는 신의 사랑과 다르다. 이러한 사랑은 특정한 대상, 즉 자신이 낳고 기른 자녀에 대한 폐쇄적이고 배타적인 사랑이다. 어머니는 자녀를 사회에 순응하는 인간, 성공한 인간으로 만들기 위해 노력하고 가족을 기초로 한 계층의 재생산에 기여한다. 또한 이 사랑은 핏줄로 연결돼 어떠한 상황에서도 해체되지 않는 강한 유대를 자랑하는 혈연중심주의를 초래한다. "뭐가 되려고 저러나 무던히 속을 썩였던 아이를 위해 끊임없이 기도하고 기다렸더니, 결국 주님이 바른 길로 인도하셔서 성공해서 제 몫을 다하고 있습니다." 이러한 여성 신자의 신앙 체험은 기도의 보상이 될지는 모르겠지만, 이러한 보상이 누구를 위한 것이고 교회가 추구하는 가치, 정의와 어떻게 연관되는지 의문이 든다.

기도하는 어머니,
실천하는 어머니

　　　　　마리아에 대한 호칭은 교회의 어머니, 창조주의 어머니, 정의의 거울, 신비로운 장미, 죄인의 피신처, 천사의 모후, 사도의 모후, 모든 성인의 모후, 가정의 모후, 평화의 모후, 슬기로운 어머니, 인자하신 동정녀, 하늘의 문, 근심하는 이의 위안 등 다양하다. 이러한 호칭은 마리아의 다양한 품성과 연관된다. 마리아는 아들 예수와 함께 구원과 생명의 길을 걸어온 사도이고 신자들의 모범이고 중재자이기도 하다. 십자가에 못 박혀 죽은 예수를 안고 있는 마리아는 인간으로서 가장 처참한 고통을 겪으면서도 알 수 없는 신의 뜻에 순명하는 강인하면서도 겸손한 면모를 보여준다.

　물론 교회 문헌이 어머니에게만 자녀 교육의 책임과 헌신을 강조하는 것은 아니다. 아버지에게도 하느님의 자녀로서 성장하도록 부모의 책임을 제시한다. 하지만 이러한 부분은 현실에서 간과돼왔다.

　성요셉은 마리아의 동반자로서 혈연을 넘어서서 사랑을 실천한 아버지였다. 이러한 성요셉을 마리아만큼 남성 신자들의 역할 모델, 가족 공동체의 이상으로서 적극적으로 제시해야 한다. 뿐만 아니라 교회가 말하는 '사랑'은 내가 좋아하는 사람, 부모와 자녀 등의 혈연에 한정된 사랑이 아니라 이웃과 원수에게까지 확장되는 사랑임을 분명히 해야 한다.

갓 태어난 아기는 부모의 도움을 전적으로 필요로 하는 존재이지만, 성장할수록 어머니의 도움을 받기보다는 독립적으로 행동하고 싶어 한다. 자녀는 스스로 결정하고 책임짐으로써 어머니로부터 분리되기를 원한다. 하지만 어머니는 자신이 방심하는 사이에 자녀가 위험에 빠질까 봐 노심초사하면서 감정이입을 하고 자녀와 강한 애착 관계를 형성한다. 어머니는 자기 욕구를 희생하고 스스로를 자녀와 동일시하며 보살피는 과정에서 정서적으로 취약해지고, 훗날 자녀가 성인이 되어 자신의 품을 떠나는 과정에서 상처를 받는다. 자녀에게 많은 것을 베풀면서도 그만큼 비난과 죄책감에 노출되어 있는 것이 어머니라는 존재다. 그럼에도 여성들은 어머니 역할을 수행하고 타자를 배려하면서 인격적으로 성장한다.

자신의 사랑이 자녀의 성장과 독립을 방해한다면, 그 여성은 사랑의 방식을 성찰해봐야 한다. "그 사랑은 무엇을 위한 것인가?", "자녀가 어떠한 사람이 되기를 원하는가?" 하고 질문을 던져야 한다. 어머니는 자녀가 부정의한 사회의 지배 가치를 수용하고 기존 사회에서 성공해 권력을 갖기를 바란다. 자녀가 우수한 성적을 얻고, 시험에 합격하며, 사회에서 선망받는 직업을 갖고 돈을 많이 버는 사람이 되게 해달라고 기도하는 것이다. 이러한 어머니의 모습이 마리아의 삶과 닮았다고 할 수 있을까?

자녀가 불의한 사회에서 빛과 소금 같은 사람이 되기를, 경쟁을 중시하는 사회에서 관계를 소중히 여기고 상처 받은 사람들을 보살피면서 살아가기를 기도할 때, 여성들은 다른 시선으로 아이를 키우고 자신과 세상을 변화시킬 수 있을 것이다.

착한 여자라는
환상

많은 여성이 착한 여자의 환상에 사로잡혀 있다. 착한 여자는 나쁜 여자와 대비되는 존재다. 나쁜 여자는 마녀, 나이 든 여자, 이기적인 여자, 거친 여자, 성적 욕망이 강한 여자 등으로 다양하게 해석될 수 있다. 착한 여자는 남성들이 통제할 수 있으며 순종적이고 의존적인 반면, 나쁜 여자는 남성들에게 길들여지지 않으며 주체적이고 독립적이다.

착한 여자와 나쁜 여자는 남성의 시선에서 만들어진 이미지임에도 불구하고, 여성들은 서로 반목하면서 분리된다. 가부장제에서 여성은 보호되어야 할 여성과 처벌받아야 할 여성으로 구분되고, 이런 분류는 여성들 간의 우정과 관계를 방해함으로써 연대를 약화시킨다. 나쁜 여자는 제도와 규범에서 탈주를 시도하는 사람들이고, 이러한 시도는 제도의 틀 안에서 정착하고자 하는 착한 여자들에게 위험하게 보이는 것이다.

착한 여자를 권하는
종교

전통, 가족, 종교는 여성에게 착한 여자가 될 것을 강요한다. 종교는 모든 층위에서 평등을 강조하지만, 그 사회의 제도와 규범을 반영하고 있으므로 성역할 고정관념이나 성차별에서 자유롭지 않다.

찬드라 모한티Chandra Mohanty는 『경계 없는 페미니즘』에서 서구 여성과 비서구 여성의 차이를 설명한다. 서구 여성들은 아내, 어머니 역할에서 벗어나 독립적인 자아의 공간을 창출하기 위해 노력하면서 이기적이라는 비난을 감수해야 했고, 나쁜 여자라는 오명도 기꺼이 받아들였다. 반면 아시아, 남미, 아프리카의 여성들은 여전히 가족 관계가 주는 억압에서 벗어나지 못하고 있다. 그동안 서구의 여성주의자들은 비서구 여성들의 힘을 폄하하거나 과소평가해왔다. 자신들과는 다른 비서구 여성의 상황을 제대로 이해하지 못한 것이다. 아시아, 남미, 아프리카의 여성은 모가장으로서 가족의 생계를 부양해왔고, 자연과의 교감을 통해 토착 지식을 보유, 전수함으로써 자연을 이용하고 착취하는 가부장제, 자본주의의 가치와 반대되는 대안적 가치를 창출해왔다.

한편, 가톨릭교회의 여성 신자들은 착한 여자가 되고 싶어 하지만 그렇지 못한 자신의 모습에 실망하고 죄책감을 갖기도 한다. 이들은 자신이 무엇을 원하는지 어떠한 감정 상태인지 알지 못하며 주변 사람들에게 인정받고 싶은 욕구가 강하다. 신심이 깊은 여성 신자들은 착한 여자를 이상적인 여성상으로 생각하면서 사랑이 많은 사람이 되고 싶다고 기도한다. 이러한 환상은 가부장제가 요구하는 성역할 규범과 질서를 강화한다.

자기만의 방이
필요해

결혼한 여성 신자들은 며느리, 어머니, 아내, 딸의 역할을 제대로 하지 못할 때 죄책감을 느낀다. 임금노동을 하는 경우 자책감은 더욱 크다. 집에서 기도하고 싶어도 혼자 있는 시간을 확보하기가 힘들다. 가족이 집에 없거나 잠든 시간에만 기도할 수 있다. 함께 있을 땐 가족들을 위해 일해야 하기 때문이다.

'자기만의 방'을 갖지 못한 여성들은 침잠할 시간을 갖기가 어렵다. 성당에 가거나 피정을 떠나는 것은 자신을 돌아볼 수 있는 최적의 기회이지만, 장시간 집을 비울 수 없는 처지다. 그래서 주로 가족들이 외출한 낮 시간을 이용한다. 하지만 집에 있지 않더라도 전화로 집안일을 처리해야 한다. 다양한 일을 동시에 해야 하는 상황에서 모든 것을 끊고 내면을 들여다보면서 스스로를 성찰하는 시간을 갖기란 쉽지 않다.

또한 어떤 여성들은 자신보다 신을 사랑할까 봐 질투하는 남편을 안심시키기 위해 기도를 안 하거나 기도로 많은 시간을 보내지 않는 척한다. 이들은 기도에 몰두하는 것이 이기적이라고 비난받을까 봐 두려워한다. 그나마 '나는 이기적이지 않다'고 안심하는 이유는 가족을 위해 기도하고 있기 때문이다. 이들의 기도는 자아 성찰을 위한 것이 아니라 가족의 건강과 성취를 염원하는 기복적인 특성과 폐쇄적이고 배타적인 가족이기주의의 속성을 보여준다.

진 시노다 볼린Jean Shinoda Bolen은 『우리 속에 있는 여신들』에서 그리스 여신 헤스티아를 소개한다. 헤스티아는 불과 화로의 여신으로서, 집을 깨끗이 청소하고 집 안을 환히 밝히고 기도하는 영적인 존재다. 여성 신자들이 헤스티아처럼 내면적 삶을 살기 위해서는 온전히 나 자신이 될 수 있는 시간과 공간이 필요하다. 기도는 자신을 성찰하고 가족에 대한 애착이나 성역할에서 자유로워질 수 있는 내적 공간을 창출한다. 여성들은 기도를 통해, 가족과의 거리 두기를 통해 자신과 대면하면서 상처를 치유하고 내면의 힘을 회복할 수 있다.

꽃, 음식, 청소를 넘어서서

꽃으로 제단을 장식하는 것은 신에 대한 감사와 찬미의 표현이다. 가톨릭교회에서 꽃 봉헌은 여성 신자들의 일이다. 여성 신자들은 계절에 따라 장미, 백합, 개나리 등 아름다운 꽃으로 제단을 화려하게 장식하는 데에 돈, 시간, 노동력을 바친다. 여성 신자들은 수녀님과 더불어 제의와 제대보를 세탁하고 다림질하고 미사를 준비한다. 아울러, 복도, 계단, 화장실, 유리창 등 성당 구석구석을 쓸고 닦고 청소한다. 또한 기념일에는 떡을 돌리고 음식을 해서 나눔을 준비한다. 집에서 평소에 했던 것처럼 공동체의 친교를 위해 음식을 만들고 나르고 설거지를 하면서 봉사한다. 또한 이들은 모임을 통해 보육원과 양로원, 장애인 시설 등을 방문한다. 목욕, 식사, 청소 등의 자원활동을 통해 기쁨을 느낀다. 봉사는 이웃에게 사랑을 실천하기 위한 것이다.

꽃, 음식, 청소는 성당 안에서 여성 신자들의 주된 역할이다. 이것은 전례와 친교에서 중요한 의미를 지니지만, 여성의 성역할과 연관돼 평가절하되면서 여성 신자들은 내적 갈등을 경험한다. 이 역할에 시간과 에너지를 쏟다 보면 정작 기도 생활에 소홀해진다. 마리아와 마르타가 교회 안에서 각자의 몫을 맡고 있다 해도, 마리아가 되고 싶은 여성에게 마르타의 역할을 요구한다면 혼란에 빠질 수밖에 없다.

한편, 전업주부들은 종교 활동을 통해 숨겨진 재능을 발휘하고 성장할 수 있다. 미사 전례에 참여하고 모임을 이끌고 교육을 담당하면서 리더십을 발휘하고, 기도 모임과 자원활동을 통해 많은 인간관계를 맺는다. 특히 여성 신자들 간의 관계는 가족, 친족, 학부모 관계를 넘어선 우정을 창출한다. 여성 신자들이 종교

생활을 하려면 가족과의 협상이 필요하다. 기도 시간을 확보하기 위해 가족의 눈치를 봐야 하고, 성역할로 인해 갈등을 빚을 때도 있다. 하지만 여성들은 이기적이라는 비난을 감수하고, 착한 여자의 환상에서 벗어나야 한다.

종교 활동은 관계를 확장시키고 자신의 삶을 다른 시선으로 바라보게 한다. 여성들이 종교를 통해 착한 여자의 환상에서 벗어나서 다른 시선으로 자신을 바라보고 다른 가치를 지향할 때, 비로소 종교가 여성을 위한 해방의 공간이 될 수 있을 것이다.

당신은 누구의 하느님입니까

　　가톨릭 신자들은 교황 프란치스코에게 기대하는 바가 많다. 가톨릭은 교황청의 부패, 사제들의 독신 성소와 성폭력, 여성의 피임과 낙태, 여성의 성직 배제 등과 관련해서 해결해야 할 많은 사안을 안고 있다. 교황 프란치스코는 낮은 곳으로 가서 가난하고 소외되고 차별받는 이들과 함께하고 이들의 이야기를 듣는다. 역대 교황들이 보여주지 않았던 소박하고 겸손한 모습이다.

　　그는 사제들의 성폭력에 대해 엄중히 대처하겠다고 선언하고 성목요일 미사의 세족례에서 여성 신자의 발을 씻겨주는 등 전례 없는 행동을 하면서 귀감이 되었다. 하지만 교황의 행동을 특별한 것으로 해석하는 현실에 마냥 기뻐할 수만은 없다. 이는 지금까지 교회에 헌신해왔음에도 여성이 남성과 동등한 존재로서 대우받지 못했다는 것을 의미한다. 여성이 하느님의 모상으로서 인간다움을 누리기 위해서는 갈 길이 아직도 요원하다.

　　가톨릭교회의 역사에서 성직의 자격은 남성에게만 한정되었다. 『하나님 아버지를 넘어서』, 『교회와 제2의 성』의 저자인 여성 신학자 메리 데일리Mary Daley는 가부장제 종교와 상징체계, 언어 속에서는 진정한 하느님을 만날 수 없다고 생각했다. 이러한 이유로 데일리는 하느님을 만나기 위해서 수녀원을 떠났다. 그녀의 행동을 '성직'에 대한 권력욕이라고 해석할 수만은 없다. 그녀가 교회를 떠난 것은 하느님을 남성으로 가르치는 교회, 남성 성직자의 위치에서 보편성과 일반성을 강조하는 교회에서 여성이기 때문에 자신의 경험을 설명하기 힘들었고 자기 분열을 경험했기 때문이다.

교회를 나온 그녀는 지배적이고 권위적이며 폭력적인 남신을 하느님으로 우상 숭배하는 권력에 대항했다. 데일리는, 활을 쏘기 위해 불편한 가슴을 도려내는 아마존의 여전사처럼, 용감하게 가부장제의 상징 질서와 싸웠고 여성을 위한 전례를 만들기 위해 노력했다. 그녀가 세상을 떠난 지 수년이 지났지만 아직도 여성들은 교회 안팎에서 하느님을 만나는 데에 많은 어려움을 겪고 있다. 가톨릭교회가 성평등한 종교가 되기 위해서는 더 많은 쇄신과 변화가 필요하다.

하느님은
남자가 아니다

종교는 여성들에게 결혼 생활에서 희생하고

인내할 것을 요구하며, 남편이 때리더라도 그를 위해 기도하면서 남편이 회심하게 될 날을 참고 기다리라고 가르친다. 여성들은 이러한 가르침을 조용히 수용하려 하지만 분노를 억누르면서 이렇게 질문한다.

"당신은 누구의 하느님이신가요?"

"제가 무엇을 그렇게 잘못했기에 이렇게 가혹하십니까?"

남편의 외도와 폭력에도 불구하고 아이들을 위해 가족을 지키고자 했던 여성 신자 A는 아파트 창문을 바라볼 때마다 뛰어내리고 싶은 충동을 억눌렀다. 그녀는 아이들의 행복을 위해 인내하며 우울증에 시달리다가 50대에 이혼을 했다. 또 다른 여성 신자 B는 평생 동안 자신을 때린 남편과 함께 살면서 생계를 부양하고 자녀들을 키웠다. 자녀들은 결혼해서 집을 떠났고 그녀는 노인이 되어 아픈 남편을 보살피고 있다.

교회 안에서 여성들이 믿어야 하는 하느님은 남성을 대변하는 억압자다. 이러한 하느님은 여성을 보호하거나 위로하지 못한다. 여성들은 정의의 하느님, 평등한 하느님을 믿고 싶어 하지만, 때때로 교회는 이러한 하느님을 대변하지 못한다. 데일리는 아버지 하느님의 상징이 여성 억압을 자연스러운 것으로 정당화하면서 여성에 대한 지배를 공고히했고, 여성들도 남성의 동조자로 억압적인 체제를 뒷받침해왔다고 강조했다.

데일리는 교회에서 여성들이 하느님을 아버지라 부르고 남신으로 하느님을 상상할 때 진정으로 하느님을 만날 수 없다고 한다. 남성중심 세계에서 여성이 이방인으로서 살면서 자신의 경험을 설명해내기란 어렵다. 데일리는, 여성들이 빼앗겼던 명명naming의 힘을 회복하고 여성 자신의 삶을 설명해야 한다고 주장했다. 여성이 자신의 삶을 제대로 표현하고 해석하기 위해서는 새로운 언어가 필요하다.

> 여성들은 우리가 빼앗겼던 명명의 힘을 가지고 있다는 기본적인 사실을 파악하는 것이 필수적이다. 우리들은 우리 자신과 세계 혹은 신을 명명하는 우리 자신의 힘을 사용하도록 허락되지 않았다. (…) 여성들은 남성들에 의해 보편적으로 강요된 이름들을 인식하고 있었다.
>
> 메리 데일리, 『하나님 아버지를 넘어서』 중

데일리는 가부장제에서 아내, 어머니 역할을 하면서 하느님을 만날 수 없다고 말한다. 가부장제의 편견에 맞서 싸우고 자신을 성찰하는 자유로운 삶을 통해서만이 하느님을 만날 수 있다는 것이 그녀의 주장이다. 특히, 그녀는 가톨릭교회의 중심이 되고 여성 신자들의 모범이 되는 성모마리아를 비판한다. 마리아는 가부장제의 지배, 권위, 폭력의 피해자, 희생자인 동시에 이러한 제도에 순응함으로써 남성에게 인정받는 여성의 상징인 것이다. 가부장제 사회는 여성의 성을 통제하고 정숙한 여성을 이상적인 여성상으로 삼는다. 이러한 사회에서 여성들은 딸, 아내, 어머니의 위치에 있을 때만 보호받는다. 하지만 여성들은 자신을 억압하고 자책에 빠져 슬퍼하고 자기기만과 분열로 고통 받는다. 이러한 역할모델은 여성의 열정, 꿈, 에너지를 빼앗고 위축시키면서 심신을 소진시킨다.

처녀와 마녀의
이분법을 넘어서서

데일리는 여성이 열정과 재능, 에너지를 마음껏 펼칠 것을 권고하면서 새로운 역할모델을 제안한다. 그녀가 제시하는 모델은 희생을 자처하고 인내하며 피학적이어서 치유가 필요한 여성인 '마리아'가 아니다. 그녀는 가부장제의 불의에 저항하는 '마녀'를 여성의 역할모델로 든다.

마녀는 위험하고 나쁜 여성이지만 남편과 자녀, 가족에게 종속되지 않으면서 자신의 언어를 찾고자 노력한다. 이러한 여성의 모습은 기존의 질서에 도전하는 것이기에 탄압받기도 하지만 내가 누구인지 찾고자 혼란을 두려워하지 않고 길을 떠난다.

또한 데일리는 순수하면서도 열정적인 처녀 하와를 역할모델로 제안한다. 여기서 처녀 모델은 마리아의 이미지와 같이 '남자를 모르는 처녀', '남자와 성관계를 하지 않은 여성'을 의미하는 것이 아니다. 하와는 뱀의 유혹에 동조해 아담에게 선악과를 권유함으로써 아담을 낙원에서 쫓겨나게 한 사악한 여성으로 비난받아왔다. 이러한 이유로 하와의 후손인 여성들은 남편에게 순종하고 아이를 낳아야 하는 운명의 굴레를 쓰게 되었다고 설명되기도 한다. 하지만 하와는 아담의 동반자로서 낙원을 자유롭게 뛰어다녔고 지혜롭고 열정적이며 무한한 가능성을 가진 존재이기도 하다.

자신의 의사를 표현하고 독립과 자유를 추구하며 자신의 삶을 살아가려는 생명력 있는 존재, 가부장제 규범을 넘어서고 도전하는 '처녀'의 모습은 가부장제의 상징체계 속에서 사고하느라 자기기만과 혼란에 빠진 여성들에게 진정한 자신을 만나게 한다.

한편, 데일리는 여성들의 의식화와 여성 간의 우정, 자매애 sisterhood를 강조했다. 가부장제, 이성애 질서하에서 여성은 남성에게 헌신하는 반면, 여성 간의 관계에 소홀했다. 남성과의 관계는 여성의 에너지를 빼앗고 소진시켰지만, 여성이 자원과 권력을 간접적으로 접하는 생존 방식이기도 했다. 여성은 남성을 보살피면서도 여성들끼리 서로 보살피는 일에는 관심을 갖지 못했고 때로는 여성들과 갈등 상태에 놓이기도 했다.

이러한 제도 속에서 여성 연대는 어려웠다. 이제는 여성들끼리 서로 배려하고 치유하면서 힘과 용기를 얻어야 한다. 여성들이 스스로의 욕망과 열정에 충실하도록 서로를 격려할 때만이 사회를 변화시킬 수 있다. 교회 안팎에서 여성들은 억압적인 규범에 도전하고 문제를 제기하면서 자신들의 하느님을 만나야 한다.

낳지 않을 권리를
허하라

2017년 9월 30일 청와대 홈페이지에 '낙태죄 폐지와 자연유산 유도약 합법화 및 도입'에 관한 청원이 올라왔고 20만 명 이상이 동의했다. 청와대는 임신중절 실태 조사를 한 이후 정책을 마련하겠다고 했다.

하지만 낙태죄 폐지에 대한 반대도 거세다. 한국기독교생명윤리협의회는 낙태를 살인이라고 규정했고 가톨릭도 강경한 태도로 낙태죄 폐지에 반대하고 있다. 반면 대한불교조계종은 생명존중에 기초해 낙태에 반대하면서도 현실을 고려해 임신중절의 한계를 최소화해야 한다는 입장을 밝혔다.

2017년 11월 21일 한국천주교주교회의 생명윤리위원회 위원장 이용훈 주교는 인간의 생명권을 다수의 의견으로 결정할 수 없고 심각한 고려와 깊은 성찰이 필요하다고 말하면서 낙태죄 폐지에 관한 입장을 표명했다. "모든 인간 생명은 수정되는 순간부터 아버지의 것도, 어머니의 것도 아닌, 새로운 한 사람의 생명으로 보호되어야 하고, 그 존엄성이 존중되어야 한다는 것은 우리의 확고한 믿음이며, 우리 교회가 양보할 수 없는 기본적인 가르침"이라고 강조했다. 태아의 생명은 하느님에게 속한 것이기에 부모가 자녀의 생사여탈권을 갖지 못한다는 것이다.

또한 한국천주교평신도사도직단체협의회는 2017년 11월 30일 낙태죄 폐지에 반대하면서 "낙태는 살인임을 천명하고 낙태죄 존치에 앞장설 것"이라고 선언했다. 염수정 서울대교구장은 2017년 성탄절 메시지에서 낙태죄 폐지를 비판하는 입장을 공고히 했다.

> 최근에는 낙태죄 폐지에 관한 사회적 논의도 활발합니다. 그러나 어떠한 경우에도 교회는 잉태된 생명, 즉 인간 배아도 온전한 인간이며 아직 세상에 나오지 않았다고 해서 약하고 힘없는 생명을 마음대로 없앨 권리는 누구에게도 없다고 분명하게 가르치고 있습니다. 프란치스코 교황은 '인간 배아를 보호하지 않는다면, 우리 주변에 존재하면서 때로는 성가시거나 귀찮게 하는 약한 존재를 받아들이라고 가르치는 것은 불가능하다'고 언급하셨습니다. 스스로를 보호할 힘이 없는 태아는 우리가 돌봐야 할 가장 약한 존재이며 또한 가장 소중한 생명입니다.
>
> 《서울주보》 2017. 12. 24

가톨릭교회는 낙태죄 폐지 반대를 위한 100만 인 서명운동을 펼쳤으며, 각 본당에서 미사 때마다 서명을 권고했다. 가톨릭

대 인천성모병원은 로비와 교직원 식당에서 낙태죄 폐지를 막기 위한 서명을 받기도 했다. 또한 비가톨릭 신자 중 뜻을 같이하는 사람들에게도 서명을 독려했다. 이렇게 받은 서명은 낙태죄 규정의 위헌 여부를 심리하는 헌법재판소에 제출되었다.

결혼 이외의 성을
부정하는 가톨릭교회

> 부부애는 전체성 곧 인격 전체의 모든 부분——육체와 본능의 요구, 감정과 애정의 힘, 정신과 의지의 소망——을 포함한다. 부부애는 육체의 일치를 넘어, 한마음 한 영혼을 이루는 깊은 인격적 일치를 도모하는 것이며, 저 결정적인 상호 증여의 불가 해소성과 신의를 요구한다.
>
> 가톨릭교리서, 1643항

> 성性은 남녀의 부부애를 위해 있는 것이다. 혼인 생활에서 부부의 육체관계는 정신적 일치의 표징과 보증이 된다. 세례 받은 사람들 사이에서 혼인 유대는 성사로써 성화된다.
>
> 가톨릭교리서, 2360항

가톨릭의 가르침에 따르면, 성적 결합은 곧 인격적인 결합으로 신중해야 하는 일이다. 상대방을 소중히 여기고 서로 하나가

되는 신성한 일이지만, 이러한 가르침은 혼전 성관계에 반대하고 결혼 이외의 성을 부적절한 것으로 해석한다.

성 문제에서 개인의 선택과 책임을 중시하는 사회의 변화 속에서 가톨릭교회가 혼전 순결을 중시하는 것이 성의 고귀한 가치를 강조하기 위한 것이라 할지라도 여성들의 상황을 간과하고 만다. 혼전 순결이라는 통념은 역사적으로 남성과 여성에게 동등하게 적용되지 않았고, 여성의 성을 통제하는 가부장제에서 여성은 고통 받았다.

2017년 3월 불꽃페미액션은 성교육 프로그램을 계획했지만 건학 이념에 위배된다는 이유로 가톨릭 대학인 서강대로부터 대관 취소를 통보받았다. 성관계, 피임, 낙태는 젊은 여성들의 현실이지만 이러한 상황은 고려되지 못한다. 교회는 성폭력 예방 교육은 수용하지만, 성적 자기결정권을 피임 만능주의나 쾌락으로 해석함으로써 여성에게 폭력적인 구조를 공고히 한다. 순수 혹은 오염이라는 이분법은 여성을 성적 주체로 인식하지 못한다.

프로라이프 연합회에서는 미혼부 책임법을 시행하기를 원하고, 가톨릭 신자들도 이러한 입장을 지지한다. 미혼부가 아이를 보다 편안한 환경에서 양육할 수 있도록 재정적, 심리적으로 지원하는 일은 필요하다. 하지만 미혼부의 책임 강화만이 완벽한 대안이 될 수는 없다. 재생산을 둘러싼 여성들의 선택을 고려하지 않기 때문이다.

평신도들은 교회와 세상에서 다양한 사도직을 수행한다. 이 두 질서에는 사도직 활동의 여러 분야가 있으므로, 여기서 그 가운데 중요한 것들을 이야기하고자 한다. 곧 교회 공동체, 가정, 청소년, 사회 환경, 국가와 국제 질서 들이다. 또한 사회생활 전반에 걸쳐 여성들이 더욱더 능동적인 역할을 하는 오늘날, 교회의 여러 사도직 분야에도 더 폭넓은 여성 참여가 매우 중요하다.

바티칸공의회문헌, 평신도교령 9항

21세기 여성은 아내, 어머니뿐 아니라 사회적 구성원으로서 임금노동과 공적 참여를 하고 있다. 가톨릭교회는 여성이 남성과 동등한 위치에 있음을 인정하고, 평신도 여성의 사도직 수행을 중시한다. 하지만 낙태에 관한 교리는 모성을 신비화하고 여성의 역할을 가족, 어머니에 한정함으로써 시대 변화에 부응하지 못하고 있다.

성별 분업이 유연화되고 있지만, 취업 여성들은 보육 제도의 미비와 남편들의 무관심과 비협조 속에서 독박 육아, 경력 단절로 이중고를 겪는다. 이러한 현실을 인지하지 못하면서 미혼부의 책임감에 기대어 문제를 해결하고자 하는 것으로는 충분하지 않다. 또한 부모들이 자녀에 대한 책임을 지지 못해 결국 기아棄兒, 학대 등으로 아동이 피해자가 되는 현실에서 당위만을 강조할 수는 없다.

성관계의 선택, 피임, 낙태, 미혼모로서 출산, 입양 등의 과정이 여성에게 죽음과 같은 상처를 입힐 수 있음을 인지하지 못하고 '생명'의 거룩함만을 거론하는 것은 모순이다. 여성이 원치 않는 성관계를 거부할 뿐 아니라, 성에 대해 스스로 선택하고 결정할 수 있는 주체적인 존재로 인정받는 것 역시 중요한 부분이다. 성관계를 나쁜 일로 여기며 몸을 조심하라고 가르치는 교회는 정숙한 여성의 이상에서 어서 벗어나야 한다.

가톨릭 국가의 낙태 금지와
여성들의 고통

> 인간의 생명은 임신되는 순간부터 철저하게 존중되고 보호되어야 한다. 인간은 존재하는 첫 순간부터, 인간의 권리들을 인정받아야 하며, 그중에는 모든 무죄한 이들의 생명 불가침의 권리도 포함되어 있다.
>
> 가톨릭교리서, 2270항

가톨릭교회는 인간의 생명은 불가침의 가치이며 낙태는 살인과 같은 행위라고 규정한다. 인공피임, 인공수정 등 생명에 관한 기술, 의학의 개입도 반대한다. 인간, 특히 여성의 몸이 의료 권력의 대상이 될 위험성을 인식한다면 이러한 가르침이 부정적인 것만은 아니지만, 원하지 않는 임신을 한 여성의 경우에는 심각한 상황이 초래된다.

유럽이나 중미, 남미의 가톨릭 국가에서 낙태를 하는 여성들은 처벌을 받는다. 성폭력을 당하거나 산모의 생명이 위험한 경우 예외적으로 낙태를 허용하지만, 그런 사태가 벌어져도 낙태를 할 수 없는 나라도 있다.

1960년대 초 아프리카 벨기에령의 콩고에서 내전이 일어나서 많은 여성이 강간을 당했다. 이때 강간은 한 종족을 없애기 위한 제노사이드genocide의 전략이었다. 교황 바오로 6세는 수녀들이 피임약을 먹을 수 있도록 예외적으로 허용했다. 아일랜드에서는 1992년 성폭력을 당한 14세 소녀의 불안한 정서 상태를 고려해 낙태를 허용한 바 있다. 소녀가 현실을 감당하지 못해 자살할 위험이 있었기 때문이다.

또한 아일랜드에서는 2012년 12월 인도 출신의 산모가 조산 후 1주일 만에 패혈증으로 사망한 사건을 계기로 낙태 금지에 반대하는 시위가 일어났다. 그녀는 조산 전 여러 병원에 낙태를 요청했지만 태아의 생명권을 이유로 낙태를 거절당했다고 한다. 아일랜드는 2018년 5월 국민투표를 통해 낙태 금지법을 폐지하기로 결정했다. 칠레에서는 2017년 8월 21일 산모나 태아의 생명이 위험하거나 성폭력에 의한 임신인 경우 낙태를 허용하는 법안을 통과시켰다. 진보 성향의 미첼 바첼레트Michelle Bachelet 전 대통령은 "모든 여성이 자신의 가치, 종교, 원칙, 실제 환경에 따라 결정을 내릴 수 있게 됐다"고 밝혔지만, 칠레가톨릭협회는 낙태의 부분적 허용이 시민의 양심과 공동선을 저해한다고 비난했다.

2016년 브라질에서는 지카 바이러스의 확산으로 낙태를 한시적으로 허용해야 한다는 주장이 나오기도 했다. 카니발 동안 지카 바이러스가 더욱 확산될 것이라 예측되었고, 불법 낙태 시술의 증가로 여성들의 건강과 생명이 위험해질 것을 염려했기 때문이다. 2017년 2월 낙태 금지국인 과테말라는 네덜란드 여성 단체 '파도 위의 여성들Women on Waves'의 정박 금지와 출국을 명령했다. 이 단체는 임신중절을 원하는 과테말라 여성들에게 피임, 임신에 대한 상담을 해주고 낙태약을 지급하는 등 비수술적인 낙태를 도왔기 때문이다.

필리핀의 경우 가난으로 아이를 키울 수 없는데도 출산을 함으로써 여성들이 빈곤의 악순환 속에서 양육의 부담까지 짊어지고 있다. 원하지 않는 임신을 한 여성들은 해로운 약을 먹거나 불법 시술을 받는 과정에서 목숨을 잃거나 부작용으로 고통 받고 있다. 그럼에도 처벌을 받을까 봐 두려워 문제 제기를 하지 못한다. 폴란드 여성들이 벌인 낙태죄 폐지 시위에서는 옷걸이가 등장했다. 옷걸이는 자가 낙태에 쓰이는 도구다. 많은 여성이 낙태죄 처벌을 피하기 위해 계단에서 굴러 떨어지거나 몸에 좋지 않은 약품을 사용하고, 비싼 비용을 지불하면서 안전하지 않은 불법 낙태를 하고 있다. 또한 유럽의 가톨릭 국가 여성들은 낙태가 허용된 나라로 시술을 받으러 떠나기도 한다.

미국은 여성 건강 운동을 통해 여성의 낙태권을 쟁취하는 성과를 거두었다. 미국의 가톨릭 여성 신자들은 자연피임만을 실천해야 하는 교회의 가르침에 따르지 않고 낙태뿐 아니라 자궁 내 피임 장치를 삽입하거나 피임약을 복용한다. 한편, 트럼프 대통령은 보수적인 입장에서 낙태 반대를 공식적으로 표명했고 이는 미국뿐 아니라 관련 국가의 정책에 영향을 미치고 있다. 그는 '2018 생명을 위한 행진'에 수만 명의 프로라이프 활동가와 함께 참가했고, "모든 태아는 하느님의 소중한 선물"이라고 연설했다. 트럼프 정권에서 17세 멕시코 소녀는 불법 체류자라는 이유로 낙태를 할 수 없었고, 임신 15주째에야 인권 단체의 도움으로 간신히 낙태 시술을 받았다. 아프리카의 병원들은 미국의 원조에 의존하고 있는데, 낙태 지원 시 말라리아, 암 같은 치료의 지원이 끊기기 때문에 여성들을 돕지 못한다.

낙태죄 폐지에 반대하는 가톨릭 여성 신자들

> 낙태에 대한 분명한 협력은 중죄가 된다. 교회는 인간 생명을 거스르는 이 죄를 교회법적 벌인 파문으로 제재한다. '범죄 사실 자체로', 그리고 교회법으로 정해진 조건들에 따라, '낙태를 주선하여 그 효과를 얻는 자는 자동 처벌의 파문 제재를 받는다.'
>
> 가톨릭교리서, 2272항

2017년 19대 대선 기간 동안 가톨릭 신자인 문재인 후보와 심상정 후보는 생명과 인권에서 가톨릭교회와 유사한 입장을 취하면서도 낙태 쟁점에서는 다른 입장을 보였다. 문재인 후보는 생명을 존중하는 교회의 가르침과 함께 여성의 결정권을 고려해야 하며, 낙태 합법화에 대해서는 사회적 합의를 거쳐야 한다고 답했다. 심상정 후보는 낙태죄 폐지에 관한 입장과 더불어 모자보건법 14조에 사회경제적 사유를 포함해야 한다고 강조함으로써 가톨릭교회와 다른 입장을 밝혔다.

몇몇 가톨릭 여성 신자들은 낙태죄 폐지에 찬성하는 입장을 밝혔다. 정의당 대표 이정미 국회의원은 가톨릭 여성 신자로서 여성의 자기결정권인 낙태 보장을 통해 여성의 존엄성을 실현할 수 있기 때문에 낙태죄 폐지 개정안을 발의하겠다고 선언했다. 또한 불꽃페미액션 소속 정겨운 씨(세례명 라파엘라)는 2017년 12월 4일 《오마이뉴스》에 모태신앙을 가진 가톨릭 여성 신자라고 밝히면서 낙태죄 폐지를 주장했다. 그녀는 교회 내부에서 경험한 성차별을 비판했다. 하지만 이들은 살인 정책을 지지한다는 이유로 다른 신자들에게 비난받으면서 가톨릭 신자의 정체성을 의심받았다.

물론 인간의 자기결정권과 인권을 위해 다른 생명을 빼앗는 것이 생명 존중의 측면에서 합당한가 하고 질문하는 여성 신자들도 있다. 이들은 생명의 수호자, 양육자의 역할에 여성의 정체성을 강조한다. 여성 신자들은 낙태죄 폐지에 찬성한다는 이유로 믿음이 부족하다는 비난을 받거나 파문을 당하고 싶어 하지 않는다.

한편, 가톨릭교회에서 진보적인 여성 단체들은 낙태죄 폐지에 대한 입장을 표명하지 않는다. 이 단체들은 그동안 다양한 사회 문제 해결에 투신해왔다. 성폭력, 성매매, 가정 폭력 등의 문제에 나서서 여성 인권을 위해 노력해왔고, 전쟁, 가난, 기아로 인한 여성의 고통에 감정이입을 하고 상처 받은 여성들을 구조했다. 이러한 행동은 여성주의에 기초한 것으로, 하느님의 모상대로 창조된 인간 존엄성의 실현을 위한 노력이었다. 하지만 그들은 낙태에 대해서는 침묵하고 있다. 침묵이 교회 내의 성차별을 시정하기 위한 힘 모으기 전략일 수도 있겠지만 이제는 다른 목소리를 내야 할 시기라는 생각이 든다. 태아의 생명과 여성의 결정권을 상반되는 가치로 이분화하는 논리, 여성을 단죄할 수밖에 없는 논리를 넘어서야 한다.

여성의 경험에
귀 기울여야 할 때

신학, 철학, 여성학 연구자로 구성된 생명윤리 연구자연대는 2017년 12월 14일 낙태죄 폐지에 찬성하는 성명서를 발표했다. 낙태에 대한 반대가 윤리적, 신학적으로 올바른 것만은 아니라고 밝혔다.

낙태가 생명윤리의 관점에서 문제가 있다고 주장하는 것과, 이를 국가의 법률 조항에 넣어 모든 낙태를 일괄적으로 규제하고 처벌해야 한다고 주장하는 것은 엄연히 다르다. (…) 낙태죄 폐지 주장이 곧 모든 낙태를 윤리적으로 정당화하자는 것은 아니며, 우리들 내부에서도 낙태에 대한 윤리적 입장은 매우 다양하다. 이미 낙태를 통해 충분한 고통을 받고 있는 여성을 형법으로 단죄하여 얻을 수 있는 실익이 없으며, 이는 여성에게만 가혹한 불공정한 일이고 낙태를 불법으로 단죄하는 것만이 유일한 바람직한 길이 아니라는 데 모두 동의할 뿐이다.

생명윤리연구자연대, 2017. 12. 14

생명윤리 연구자들은 "현실과 법의 괴리는 여성의 고통을 가중시켰고 의료인의 윤리에도 깊은 상처를 남겼다"는 점을 강조한다. 이들은 여성이 낙태로 인한 처벌의 공포와 죄의식에서 벗어나기를 바랐으며, 아울러 찬반론을 넘어 보다 성숙하게 낙태에 대한 논의가 진행되기를 기대했다.

가톨릭교회에서 피임, 낙태에 대한 찬반을 묻고 낙태를 찬성하면 독실하지 않은 신자로 치부하는 것은 바리사이파의 판난이다. 애초에 여성의 위치와 경험을 고려하지 않은 어리석은 질문이다. 여성은 이러한 감시 속에서 단죄되고 죄책감을 갖는다.

당연한 일이지만, 그 어떤 여성도 가볍고 즐거운 마음으로 낙태를 하지 않는다. 낙태를 위해 수술대 위에 누운 여성, 낙태를 위해 약을 먹는 여성, 피임 없이 성관계를 한 후 임신 불안에 떠는 여성, 임신에 대해 상의할 사람이 없어 혼자 고민하다 출산하는 여성, 출산 이후 미혼모라는 낙인을 짊어져야 하는 여성……. 이들의 고통은 가시화되지 않고 있다. 여성이 상처 받기 쉬운 구조에 놓여 있다는 사실을 생명 수호라는 추상적 명분보다 앞서서 고려해야 한다. 여성은 무지한 잠재적 살인자 취급을 받고 모성의 틀 속에서 침묵을 강요받으며 지옥 같은 모욕을 감내하고 있다.

여성에게 낙태는 절박하고, 생존과 건강, 생명과 연관되어 있는 사안이다. 태어날 아이의 환경과 자신의 삶을 계획하는 것을 이기적이라고 단정할 수만은 없다. 아이에 대한 책임을 모성에서 사회적 책임으로 변화시키고, 사회 전반에서 생명 감수성을 높여야 한다. 하지만 그보다도 지금은 여성들의 경험에 먼저 귀 기울여야 할 시기다.

독신과
종교

한국 사회에서 가족 구조가 달라지고 있다. 결혼, 이혼, 재혼, 독신, 연애는 청년층에 국한된 일이 아니라 중년, 노년에게도 해당된다. 1인 가구의 비율이 증가하고 있고, 초혼 연령은 30대로 늦춰졌다. 이러한 현상은 결혼을 의무가 아닌 선택지로 받아들이려는 변화로 해석할 수 있다.

이제 여성들은 결혼 후 남편에게 경제적으로 의존해서 아이를 키우는 전업주부의 삶을 택하기보다 자신의 일을 중시한다. 하지만 일과 가정을 병행하기 힘들기 때문에 많은 여성이 학위나 경력을 취득하기 위해 독신을 원하거나 결혼을 미룬다.

여성의 교육 수준 증가, 고소득 전문직 여성의 등장은 여성의 성공과 경제적 독립을 의미한다. 하지만 독신 여성의 삶이 반드시 화려하고 행복한 것만은 아니다. 독신 여성은 가장으로서 생계를 책임지기도 한다. 물론 모두가 고소득 전문직에 종사하는 것도 아니다.

신자유주의 시대에 능력과 기회는 역설적으로 고용 불안을 의미하고, 여성들은 낭만적 사랑과 행복한 결혼의 신화에 대해 회의한다. 이들은 '결혼이 곧 행복'이라는 것을 더 이상 믿지 않는다. 비정규직 저임금 노동에 종사하는 여성의 비율이 전 연령층에서 높아지고 있기에, 여성의 독신이 경제적 독립을 의미한다고도 볼 수 없다.

한편, 독신 여성은 사회적으로 '노처녀'라는 낙인과 더불어 불완전성, 미성숙함, 이기심 등의 단어와 쉽게 연관된다. 이러한 편견은 핵가족을 기초로 한 근대의 정상가족 이데올로기에 기반한다. 부부와 자녀로 이루어진 핵가족을 정상으로 상정하고 그렇지 않은 가족은 비정상으로 간주함으로써 결혼 제도를 강화하는 효과를 낳았다. 독신 여성은 '골드미스'라는 호칭에도 불구하고, 여성성이 결핍된 존재, 아름답지 않은 여성, 이기적인 여성, 미성숙한 여성의 이미지로 재현되어왔다. 돈만 밝히는 이해타산적인 태도의 소유자거나 더 나은 조건의 남자와 결혼하고 싶지만 젊고 아름다운 여자들과의 경쟁에서 뒤처져 결혼하지 못한 불완전한 존재로 여겨진다.

이러한 골드미스 담론 속에는 '여성이 있어야 할 곳은 집', '여성은 능력보다는 젊고 아름다운 외모'라는 성에 관한 고정관념이 작동하고 있다. 독신 여성은 나이와 상관없이 아직 짝을 못만나 결혼하지 못한 사람으로, 결혼 이전에 '과정으로서의 독신'을 유지한다고 해석된다. 또한 결혼의 사회적 압력에서 자유롭지 못하고, 만혼, 저출산 등의 사회문제를 일으킨 장본인으로 비난받는다.

이러한 맥락에서, 종교에서 독신의 성별화된 의미를 살펴보고자 한다. 종교마다 차이는 있지만, 여성의 독신은 남성과는 다른 의미를 내포한다. 종교에서 독신은 관계에 대한 책임, 생계부양의 짐을 내려놓고 영적 생활에 몰두하기 위한 중요한 선택으로 제시된다. 영적 여정에서 독신의 우월성은 남성중심적으로 해석되었지만, 여성 수도 공동체는 여성의 독립적이고 해방된 공간으로서 중요한 함의를 갖는다.

종교에서 독신의
성별화된 의미

태국을 여행하는 서구 여성들은 아시아, 불교에 대한 호기심으로 템플 스테이와 명상 프로그램에 참여하곤 한다. 이들은 딱딱한 마룻바닥에서 좌선을 하고 바닥에 요를 깔고 자며 화장실의 불편함도 감수한다. 이러한 행동은 불교를 이해하기 위한 노력이다. 하지만 서구의 여성 방문객들은 태국 불교의 명상과 화두에 관심을 가지면서도 성차별적인 불교의 전통은 자세히 알지 못한다.

태국 남성들은 승려의 삶을 명예롭게 생각하고 일생에 잠시 동안이라도 승려 체험을 하고자 한다. 이들은 적게는 한두 달, 길게는 수년 동안 머리와 눈썹을 밀고 승복을 입고 절에서 생활한다.

수도 생활을 준비하는 여성을 위한 학교도 있지만 태국의 불교 교단은 여성의 승려 생활을 공식적으로 허락하지 않는다.

태국 여성들은 출가한 가족 내 남성을 대신해서 생계를 짊어지고 탁발하는 남승들을 지원한다. 모가장 중심의 가족 구성에서 가난한 집안의 딸들은 가족을 부양하기 위해 갖은 고생을 한다. 노부모를 보살피기 위해 성매매에 종사하는 여성도 있다.

반면 태국의 남승들은 생계부양에서 해방되면서 영적 수련에 정진한다. 아들의 출가는 부모의 극락왕생을 기원하는 것이기 때문에 가족 내에서도 영예로운 일로 해석된다. 이러한 구조 속에서 여성이 남성을 대신해서 생계부양의 짐을 떠맡고 희생과 고통을 감내하는 것이다. 남성의 독신이 거룩한 삶으로 여겨지는 반면, 여성의 독신은 그만큼 가치를 인정받지 못한다. 여성의 몸은 남성의 영적 수련을 방해하는 육적인 존재로 해석될 뿐이다. 그러나 성속의 분리는 삶의 조건을 왜곡할 뿐 아니라 남성의 몸과 욕망을 인정하지 않음으로써 자기 분열을 초래한다.

가톨릭교회에서는 모든 사람이 사제, 수도 성소나 결혼 성소로 부름 받는다. 모든 성소가 다 중요하다고 가르치지만 성직을 더 중시하는 경향이 있다. 성직자와 수도자는 하느님과의 합일을 위해 가난, 정결, 순명의 서원을 한다.

신부들은 신의 소명을 받고 독신을 선택함으로써 명예와 권력을 얻는다. 이러한 명예와 권력은 성스러운 직무를 수행하기 위한 것이다. 신과의 합일 혹은 목자로서 평신도의 헌신은 최고의 가치이다. 성직에서 배제된 여성들은 수도 성소나 결혼 성소를 선택할 수 있다. 이들은 수도 공동체에 소속되어 영적 수련을 하거나 결혼을 통해 아내, 어머니 역할을 수행한다.

독신 성소는 신부나 수도자 외에 독신의 삶을 부름 받는 것을 의미한다. 독신 성소는 단순히 혼자 사는 삶이 아니라 교회 안에 봉헌하는 평신도의 삶을 의미하고, 수도자, 성직자가 수행하지 못하는 특수한 직무를 수행하는 것을 의미한다. 하지만 가톨릭교회는 수도 성소와 결혼 성소의 이분법하에서 수도자가 아닌 독신의 삶에 관심을 갖지 않는다. 1인 가구, 독신의 증가에도 불구하고, 성직자, 수도자, 종교 공동체에 소속된 사람 외의 독신 생활은 비정상으로 해석될 뿐이다.

수녀원,
해방과 자유의 공간

가톨릭교회에서 여성이 성직을 수행할 수는 없었지만, 수도 공동체를 통해 결혼이 아닌 다른 삶을 선택할 수 있었다. 수녀를 선택한 여성들은 아내, 어머니의 역할에 얽매이지 않고 자유로운 삶을 살고자 했다.

수녀원은 여성에게 결혼이 아닌 다른 선택지를 제공했지만, 그렇다고 그곳의 생활이 안락한 것만은 아니었다. 엄격한 규칙을 지켜야 했고 위계질서 속에서 순명해야 했기 때문이다. 그래도 수녀들은 지적인 작업을 하고 창작에 몰두할 수 있었다. 이들은 교육을 받았고 책을 읽었고 글을 썼으며, 그림을 그리고 연극을 하며 노래하고 작곡도 할 수 있었다. 또한 신학자와 지도신부에게 영적 지도를 받았다. 몇몇 남성 신학자들은 뛰어난 수녀들의 영적 진보에 질투를 느껴 괴롭히기도 했다. 그럼에도 수녀들은 수도 생활을 통해 잠재적 재능을 계발하고 전인적으로 성장할 수 있었다. 성녀들이 수녀원의 창립 과정에서 보여주었던 리더십은 기도와 신의 보호 아래서 나온 것이지만, 수도 공동체의 지지를 받았기에 가능한 일이었다.

한편 베긴회Beguines는 12세기 네덜란드에서 시작해서 13세기 벨기에, 프랑스, 독일, 이탈리아에서 자발적으로 발생했다. 베긴회는 경제적, 영적인 여성 공동체로서 수녀원보다 규칙이 자유로웠다. 회원들은 공장의 공원, 하녀, 간병인, 교사 등으로 일했고 요양원을 설립해서 환자들을 간호하며, 지역의 언어로 성서를 가르치는 학교를 운영했다. 하지만 베긴회는 14세기에 교회의 압력을 받아 규약을 만들어야 했고 이단으로 공격받고 쇠퇴했다.

그리스 철학자 아리스토텔레스는 '친구란 또 다른 자아'라고 하면서 인간의 중요한 덕목으로 우정을 권고했다. 하지만 여기서 우정은 남성에게만 해당되는 것이었다. 여성은 타자를 보살피는 성역할을 수행하면서 다른 사람에게 민감해짐으로써 관계 속에서 자아를 잃기 쉬운 존재로 해석되었기 때문이다. 또한 여성은 우정보다 사랑에 중요한 가치를 부여한다고 생각되었다. 남성중심 사회에서 여성은 남성을 통해 자원과 권력에 접근할 수밖에 없었고, 이 상황에서 여성들의 관계는 우정이 아니라 '질투'로 설명되었다. 어쨌든 여성들은 서로를 위로하고 집으로 돌아와서는 남편을 위해 헌신했다. 여성은 생존을 위해 남성에게 의존할 수밖에 없었고 남성 없이는 독립하기 어려웠다.

그러나 여성들은 수녀원을 선택함으로써 성폭력에서 보호받았고 재능과 역량을 마음껏 펼칠 수 있었다. 수녀원은 여성 공동체였지만 남성에게는 배타적이고 불편한 공간이기도 했다. 여성이 남성 없이도 독립적으로 존재할 수 있음을, 여성의 우정이 어떠한 힘을 발휘하는가를 보여주는 해방과 자유의 공간이었기 때문이다. 또한 수도 공동체에서 여성들의 관계는, 남편에게 헌신하면서도 존중받지 못하는 불평등한 부부 관계와 달리 상대를 소중하게 여기고 배려함으로써 서로에게 힘이 되는 연대의 관계였다. 수도 공동체는 신과의 일치를 위해 기도에 몰두해야 했으므로, 머리나 화장 등 외모에 신경을 쓰지 않아도 되었다. 기존의 여성성을 위반하는 일이었으나 문제 되지 않았다.

수녀들은 독신을 선택함으로써 관계에 얽매이지 않고 독립적인 여성상, 남성중심 질서에 도전하는 새로운 여성상을 만들어냈다. 엄마와 아내 역할 외의 사회 활동을 수행함으로써 여성의 새로운 역할모델을 제시한 것이다. 또한 여성 수도 공동체는 여성의 우정 실현과 자아 성장이 가능한 공간을 구성했다는 점에서 종교적 측면뿐 아니라 여성사에서 중요한 의의가 있다.

종교계 미투 운동과
가톨릭 내의 성폭력

2018년 현재 미투 운동으로 문화계, 종교계 등에서 비로소 성폭력이 쟁점화되었다. 한국 가톨릭교회에서도 성폭력 피해가 가시화되고 언론에 보도되면서 사람들에게 충격을 주었다. 성폭력 가해자 중에는 인권 활동가도 있었고, 가톨릭 사제도 포함되어 있었다. 특히, 사제에 의한 성폭력은 가톨릭 신자뿐 아니라 대중에게도 실망감을 주었다. 그동안 쌓아왔던 가톨릭의 도덕적인 이미지에 큰 타격을 주었다. 하지만 그동안 교회 내 성폭력 사건이 전무했다고 단언할 수 있을까? 대부분의 사람들은 쉬쉬하던 문제들이 불거져 나왔을 뿐이라고 말한다.

성적 타락과
성폭력은 다르다

가톨릭의 사제들은 정결 서원을 하고 금욕적인 삶을 살아야 한다. "간음하지 말라"는 십계명에 기초해 사제가 하느님이 아닌 특정한 사람을 사랑하는 것은 죄가 된다. 사제는 하느님의 신부新婦로서 독신으로 부름 받았기에 사랑하는 사람이나 가족 대신 교회와 세상을 위해 투신해야 한다.

몇몇 사제들은 한 사람을 사랑하거나 성적 스캔들에 연루되어 중도에 성직을 포기하고 결혼하기도 한다. 그럼에도 '남성이 여성보다 성욕이 강하고 금욕이 어렵다'는 생물학적 결정론은 사제들의 성적 스캔들에 관대하게 작용한다. 스캔들에 연루된 여성만이 '순진한' 신부를 유혹했다고 비난받는다.

성에 대한 보수적인 시각과 여성혐오misogyny는 이러한 문제가 여성의 탓이며 결국 여성의 몸가짐이 중요하다는 불합리한 결론으로 이어진다. 여성에 대한 경계는 여성을 인격적으로 대우하지 않는다는 것을 의미하기도 한다. 여성에게 매혹되거나 욕망의 대상이 될까 두려워하는 이면에는 여성이 성직 수행에 방해가 된다는 전제가 깔려 있다. 그래서 가톨릭 사제의 성폭력 문제에서도 "여자들이 문제야"라는 식의 매도가 빈번하다. 이는 성폭력의 원인이 피해자의 행실에 있다고 해석하는 피해자 유발론과 맞닿아 있다. 이러한 제도와 문화에서는 피해를 입증하거나 가해자를 처벌하기 어렵다.

한편 성에 대한 금기로 성폭력과 성관계가 구분되지 않고 성적 타락으로 뭉뚱그려 해석되지만, 사제의 성폭력은 정결 서원을 깨뜨린 성적 타락과는 명백히 구분되어야 한다. 여기서 사제의 정결 서원이 바람직한가에 대한 논의는 하지 않겠다. 그러나 사제들이 성소에 대해 고민하면서 어떤 여성을 사랑하거나 합의하에 연애와 성관계를 한 것과, 여성이 원하지 않는데도 의사에 반해 강제로 성폭력을 저지른 것은 엄연히 별개의 문제다. 성적 타락은 정결 서원을 어긴 사제에 대한 판단이지만, 성폭력은 범죄이자 폭력이기 때문이다.

여성 수도회의 수녀들도 정결 서원을 하는데, 남성 사제나 수도자들보다 엄격한 성적 제재를 받는다. 여성은 성적으로 소극적인 존재, 무성적 존재로 해석되기 때문에 금욕 생활을 잘 해낼 것으로 여겨지면서 오히려 여성에겐 남성보다 억압적인 규범과 통제를 적용한다.

반면에 남성의 성욕을 인간으로서 참기 힘든 욕구로 이해하는 경우, 금욕의 괴로움으로 사제들이 성폭력을 행사했을 것이라며 동정하거나 관대한 시선을 보내기도 한다. 이러한 남성중심적인 의식은 사제들의 성폭력을 정당화하고 제2, 제3의 피해자를 낳는다.

가톨릭 내의
성폭력 피해

가톨릭 여성 신자 A씨는 2011년 4월 신부 3명과 자원봉사자 1명과 함께 남수단에서 선교 활동을 했다. 함께 생활하던 H신부는 A씨에게 수차례 강간을 시도했다. 그는 수원

교구의 사제로 정의구현사제단 소속이었다. 그는 남수단의 성자聖子로 불리는 고故 이태석 신부의 유지를 이어받아 사목을 해왔다. 이태석 신부는 영화 〈울지 마, 톤즈〉의 주인공으로 남수단에서 청소년 사목에 헌신함으로써 존경을 받다가 갑작스럽게 암으로 사망했다. H신부의 성폭력 사건은 많은 이들에게 충격을 주었다.

A씨는 다른 신부들이 이러한 상황을 알고 있었으면서도 도와주지 않았다고 했다. H신부는 이들의 선배였고 교계 질서에 순종해야 했기에 침묵할 수밖에 없었겠지만, 성폭력 사실을 알고도 방관했던 행위는 도덕적 책임과 비난을 면하기 어렵다. A씨는 내전으로 생존의 위협을 받는 머나먼 선교지에서 믿었던 신부에게 성폭력을 당했고, 다른 신부들의 침묵에 더욱더 큰 상처를 받았다. 그녀는 고통스러운 경험을 가슴에 묻고 신앙의 힘으로 버텼다. 하지만 더 이상 잘못된 교회의 현실에 침묵할 수 없었던 A씨는 성폭력을 가시화함으로써 가해자에 대한 징계와 가톨릭교회의 각성을 요구했다.

상처와 분노를 가슴에 안고 오랜 기간 고통스럽게 살아온 여성들이 교회의 쇄신과 자성을 촉구하며 성폭력의 피해를 용기 있게 고발한 점은, 사제들이 세속적인 문화와 쾌락의 폐단에 빠져 있다는 질책이었습니다. (…) 교회는 이번 일을 거울 삼아 속죄하고 통회하는 마음으로 사제들의 성범죄에 대한 제보의 사실 여부를 철저히 확인하여 교회법과 사회법 규정에 따라 엄중하게 처벌할 것입니다. 또한 한국 주교단은 사제 영성의 강화와 사제 교육은 물론 사제 관리 제도의 보완과 개혁에 대해 진지하게 논의하여 대응책을 마련해 나갈 것입니다.

한국주교회의 회장 김희중 대주교는 가톨릭 사제의 성폭력에 대해 사죄 담화문을 발표했다. 한국주교회의는 이 사건의 피해자와 가족, 전 국민에게 사죄하면서 엄중하게 성폭력 가해자인 사제를 처벌하고 사제 양성과 교육을 강화하면서 성폭력 예방을 위한 장치를 마련하겠다고 약속했다.

하지만 이후 가해 사제가 수원교구의 본당에서 계속 사목을 한다는 소식이 전해지면서 공분을 샀다. 법적 처벌과 별개로, 가톨릭교회에서 성폭력 가해 신부에 대한 징계는 기껏해야 정직停職이 전부다. 정직은 면직免職이 아니라 성무 집행을 일시적으로 정지하는 것이다. 이러한 솜방망이 징계는 가해자에게 면죄부를 줌으로써 피해자인 여성의 고통을 축소한다. 보다 철저한 조사와 강력한 징계가 이뤄져야 한다.

또 하나는 2002년 대전교구의 J신부가 종교 교육을 담당했던 고등학교의 여학생에게 야외에서 성폭력을 시도했던 사건이다. 그 여학생은 성인이 되어 충격적인 경험을 털어놓았고 가해 신부에게 사죄를 요구했다. 이에 가해 신부는 사과의 뜻을 밝혔다. 또한 대전의 교구장 유흥식 주교는 특별 서한을 통해 공식적으로 사과했으며, 대전교구는 자체적으로 조사한 후 정직 처분을 내렸다.

솜방망이 징계의 한계,
성폭력 예방을 위해

한 사람의 신학생이 사제가 되기 위해서는 장기적이고 쉽지 않은 수련을 거쳐야 한다. 한국 사회에서 가톨릭 사제가 된다는 것은 힘든 과정을 통과했다는 의미이기에 가문의 영광으로 받아들여지고 사제에 대한 존경과 권위의 근거가 된다. 그렇다고 해서 성직 수행에서 심각한 문제가 발견된 경우에도 이를 은폐하거나 경고로 끝내서는 안 된다. 그동안 사제에 의한 성폭력은 사소한 사건으로 처리되어왔다. 과거 성폭력 가해자였던 사제들은 가톨릭교회 내에서 징계를 받지 않고 계속 사목을 수행했다.

2015년 4월 K신부는 외부에서 미사를 드리고 돌아오는 도중, 버스 안에서 잠든 여성 평신도를 강제 추행했다. 그는 이 사건으로 벌금형을 선고받았지만 가톨릭교회에서는 별다른 징계를 하지 않았고, 2018년 현재 서울 대형 병원의 원목실에서 사목하고 있다. 또한 2016년 청소년 수련관의 관장인 사제가 성희롱을 하는 사건이 발생했고 조사 기관에서는 관장 교체와 정직 3개월의 징계를 권고했다. 하지만 그는 관장직에서만 물러났을 뿐, 여전히 중요한 위치에서 사목을 하고 있다.

이러한 교회의 조처는 가해 사제를 보호하고 성폭력을 은폐함으로써 피해자들의 고통을 헤아리지 못하고 부정의를 간과한다. 징계 없는 관용은 제2, 제3의 성폭력 피해를 초래할 수 있으므로 철저한 조사와 징계, 교육 등을 포괄하는 제도적 장치를 마련해야 한다.

미국 주교회의는 사제들의 아동 성폭력을 은폐함으로써 장기간 다수의 피해자를 낳았다. 가해 사제들의 성범죄와 성폭력은 비가시화되었고 법률과 종교 제도에 의해 처벌받지 않음으로써 직위와 권력을 이용한 피해가 늘어갔다. 당연히 피해자들의 고통도 배가되었다.

한국 가톨릭교회는 사제에 의한 성폭력 사건에 대해 공식적으로 사과했다. 하지만 사과를 넘어서서 신학교에서 자체적으로 해왔던 영성 교육이나 성교육의 내용과 방법에서 질적 개선이 대폭적으로 요구된다. 즉, 신학교의 교육 과정에 여성주의의 관점이 반영된 성평등 교육, 성폭력 예방 교육을 필수적으로 포함시켜야 한다. 이는 사제의 성폭력을 예방할 뿐 아니라 사제들이 성평등한 의식으로 사목하고 교회 내에서 성차별이나 성폭력 사건이 발생했을 때 엄중하고 적절하게 대처하기 위해 필요한 과정이다.

사제들의 성평등 의식과
성폭력에 대한 감수성

가톨릭교회는 하느님의 창조물이자 남성과 동등한 여성을 존중하고 인권을 보호해야 한다고 강조한다. 하지만 교계 질서 내에서 수녀는 남성 성직자보다 하위에 존재한다. 교구에서는 요리, 청소, 빨래, 다림질의 소임을 맡고, 고학력의 수녀조차 능력이 무시된다.

수도회의 특성상 수녀들은 자신의 삶을 영위하기 위해 가사노동을 하지만 남성 성직자를 위해 돌봄을 수행하면서 남성을 보조하는 전통적인 여성의 역할도 병행하고 있다. 이러한 소임은 교회 내 여성 수도자들의 지위와 연결된다. 또한 가톨릭 여성 평신도들은 교회를 위해 봉사하고 헌신할 것을 요청받지만, 사제에게는 가까이 해서는 안 되는 성적으로 위험한 여성, 통제 불능한 마녀로 해석된다.

가톨릭 사제는 신자들의 '아버지'로서 양 떼를 이끄는 목자로서 존경받기를 원한다. 이러한 권위는 신으로부터 받은 것이다. 하지만 아버지라는 명명은 신으로부터 부여받은 관리자나 안내자의 역할이 아니라 여성에 대한 억압과 지배를 기초로 하는 가부장제를 연상시키기도 한다. 성평등 의식조차 보호, 혐오, 찬미 등에 기초함으로써 왜곡된 경우가 많다. 이러한 인식은 사제의 강론이나 사목 활동 등에서 간간이 나타난다. 여성 신자들이 이를 인식하지 못하는 것이 아니다. 다만 불편함을 감수하면서 인내할 뿐이다.

가톨릭 내 성폭력에 대한 처벌과 근절은 여성에 대한 인격적인 존중에 기초해야 한다. 교회의 권력을 남용해서 여성을 성적 대상으로 이용해서는 안 된다. 가톨릭에서 사제에게 정결 서원을 요구하는 것과는 별개로, 여성을 성적으로 위험한 존재로 여긴다거나 남성에게 영감을 주는 존재, 보조자로 인식하는 것은 분명한 문제다. 가해 신부들의 성폭력을 실수로 해석하고 교회의 명예를 위해 징계 없이 용서하는 것은 오히려 교회의 도덕성을 추락시키고 여성 신자들을 무시하는 처사다. 세상의 빛과 소금이 되기 위해서는 성폭력이라는 부정의를 개선해야 한다.

미국 주교회의의 사제 성폭력 은폐에 맞서 싸웠던 미국의 여성 수도자들처럼 한국 가톨릭 내 성폭력에 적극적으로 문제를 제기하는 여성 평신도, 수도자의 움직임이 보이지 않는 것도 아쉬운 지점이다. 미투를 외친 피해자가 가톨릭의 이름을 더럽혔다고 비난받거나 꽃뱀으로 몰리면서 2차 피해를 당할 때, 이들을 보호하고 지지해줄 만한 가톨릭 내의 여성 연대가 아직은 미미한 실정이다. 가톨릭 내의 여성들이 사제의 성폭력에 대해 목소리를 내지 못하는 것은 그만큼 주변화된 그들의 위치를 드러내는 한편, 성직자 중심의 교계 질서하에서 여성이 연대하기가 어렵다는 것을 보여준다.

교회를 진정으로 사랑한다면 성폭력에 대해 침묵하거나 피해자에게 용서를 요구하고 문제를 봉합할 것이 아니라 철저히 조사, 규명함으로써 잘못을 바로잡아야 한다. 또한 정의의 기준과 내용에 성폭력을 반드시 포함해야 한다. 아울러, 성폭력을 예방하고 왜곡된 성의식을 개선하기 위해 성교육을 실시해야 한다. 이를 위해 외부의 여성주의 전문가들을 초빙해 자문을 구하고 성폭력에 관한 상담, 조사, 교육을 연계해 수행할 실효성 있는 제도를 설치, 활성화해야 한다. 이러한 과정은 갈등을 초래하기 위한 것이 아니라 폭력과 불의를 시정하기 위한 것이다.

마리아 막달레나와
여성 리더십

그녀는
누구인가

2018년 3월 영화 〈막달라 마리아 : 부활의 증인〉이 상영되었다. 부활절 즈음에 개봉한 이 영화는 마리아 막달레나의 일생을 그린다. 영화에서 마리아 막달레나는 마귀에 시달리다가 예수에게 치유받는다. 그녀는 예수의 삶에 감명 받고 용기 있게 결단을 내린다. 고향을 떠나 예수를 따라가는 힘든 여정을 선택한 것이다. 남성 제자들과 함께 먹고 길에서 자야 했고 여성이라는 이유로 차별과 무시를 당하지만 꿋꿋이 잘 버텨낸다. 이 영화에서 마리아 막달레나는 예수와 여성들 사이에서 중재자 역할을 한다. 예수가 가난으로 고통 받는 여성들에게 다가가 구원의 복음을 전할 때 그녀가 중요한 역할을 했고 예수의 제자로서 여성들에게 세례를 준다. 또한 남성 제자들이 명예, 권력, 야망에 집착하고 생명을 경시하거나 예수의 가르침을 잘못 이해할 때 뛰어난 직관과 통찰력을 보인다.

신약성서의 저자들은 많은 여성들이 예수를 따랐다고 기술한다. 또한 가톨릭교회 안에는 성모마리아를 비롯한 많은 성녀가 있고 신자들에게 존경을 받는다. 그럼에도 가톨릭교회는 여성에게 사제직을 허용하지 않기 때문에 종교의 가르침이 과연 여성과 남성을 동등한 존재로 전제하는지 회의가 든다. 예수의 12제자로 알려진 베드로가 최초의 교황이 된 이래로 여성은 사제직을 수행한 적이 없다.

프란치스코 교황은 2016년 마리아 막달레나의 의무 기념일을 축일로 승격시켰다. 한국 가톨릭교회는 2017년부터 7월 22일을 마리아 막달레나의 축일로 기념하고 있다. 2016년 6월 3일 교황청 경신성사성은 교령「사도들의 사도de apostolorum apostola」에서 "이 결정은 하느님 자비의 신비에 힘입어 현대 교회의 상황에서 여성의 존엄과 새로운 복음화를 더욱 깊이 성찰한다"고 하면서 마리아 막달레나를 교회의 모범으로 삼아야 한다고 강조했다. 동방교회에서는 일찍부터 향유를 든 성녀 마리아 막달레나를 공경하고 기념했다. 가톨릭교회는 성녀 마리아 막달레나의 기념일을 제정하긴 했지만 그녀의 행적에 대해 평가절하한 측면이 있다. 마리아 막달레나의 이야기는 부활 이후 미사 전례에서 복음으로 봉독되고 있다. 그녀는 예수의 부활을 목격한 여성이다.

하지만 그녀는 예수의 제자가 아니라 예수를 사랑한 여인으로 알려져 있다. 예수의 부활이 없다면 그리스도교가 성립하지 않았을 것이다. 따라서 '부활의 증인'이라는 것은 제자로서 중요한 자격 조건이다. 이는 사도 중의 사도라는 것을 입증하는 동시에, 초대교회에서 마리아를 비롯한 여성 제자들이 남성 제자들과 마찬가지로 동등한 직무, 즉 교육, 예언, 말씀 전파 등을 수행해왔음을 인정하는 것이다.

죄 많은 여인, 참회하는 여인

그 뒤에 예수님께서는 고을과 마을을 두루 다니시며, 하느님의 나라를 선포하시고 그 복음을 전하셨다. 열두 제자도 그분과 함께 다녔다. 악령과 병에 시달리다 낫게 된 몇몇 여자도 그들과 함께 있었는데, 일곱 마귀가 떨어져 나간 막달레나라고 하는 마리아, 헤로데의 집사 쿠자스의 아내 요안나, 수산나였다. 그리고 다른 여자들도 많이 있었다. 그들은 자기들의 재산으로 예수님의 일행에게 시중을 들었다.

루가 8, 1-3

예수님께서는 주간 첫날 새벽에 부활하신 뒤, 마리아 막달레나에게 처음으로 나타나셨다. 그는 예수님께서 일곱 마귀를 쫓아주신 여자였다.

마르 16, 9

신약성서의 4복음서에서 마리아 막달레나는 죄인, 마귀 들린 여자, 부활의 증인, 십자가의 처형을 지켜본 여성, 예수를 따르는 여성 등으로 표현된다. 마리아 막달레나는 예수의 치유로 '일곱 마귀'를 내쫓은 여성으로, 일곱 마귀가 들렸다는 이유로 죄 많은 여인으로 폄하되었다. 그녀는 치유를 경험하고 예수와 동행하면서 예수의 구원 사업을 도왔다.

또한 마리아 막달레나는 예수를 사랑한 여성으로 재현된다. 그녀는 비싼 향유를 붓고 머리로 예수의 발을 닦으면서 사랑을 표현한다.

> 예수님께서는 파스카 축제 엿새 전에 베타니아로 가셨다. 그곳에는 예수님께서 죽은 이들 가운데에서 다시 일으키신 라자로가 살고 있었다. 거기에서 예수님을 위한 잔치가 베풀어졌는데, 마르타는 시중을 들고 라자로는 예수님과 더불어 식탁에 앉은 이들 가운데 끼여 있었다. 그런데 마리아가 비싼 순 나르드 향유 한 리트라를 가져와서, 예수님의 발에 붓고 자기 머리카락으로 그 발을 닦아드렸다. 그러자 온 집 안에 향유 냄새가 가득하였다. 제자들 가운데 하나로서 나중에 예수님을 팔아넘길 유다 이스카리옷이 말하였다. "어찌하여 저 향유를 삼백 데나리온에 팔아 가난한 이들에게 나누어 주지 않는가?"
>
> 요한 12, 1-5

마리아의 모습은 가난한 사람을 돕는 현세의 구원을 생각했던 유다와 같은 제자들에게 비난을 받았다. 하지만 마리아는 이들과 다른 차원의 믿음을 보여주었다.

> 예수님께 말하였다. "스승님, 이 여자가 간음하다 현장에서 붙잡혔습니다. 모세는 율법에서 이런 여자에게 돌을 던져 죽이라고 우리에게 명령하였습니다. 스승님 생각은 어떠하십니까?" (…) 그들이 줄곧 물어대자 예수님께서 몸을 일으키시어 그들에게 이르셨다. "너희 가운데 죄 없는 자가 먼저 저 여자에게 돌을 던져라." (…) 그 여자가 "선생님, 아무도 없습니다" 하고 대답하자, 예수님께서 이르셨다. "나도 너를 단죄하지 않는다. 가거라. 그리고 이제부터 다시는 죄 짓지 마라."
>
> 요한 8, 4-5. 7. 11

교황 그레고리오 1세는 마리아 막달레나를 향유를 부으면서 회개하는 여성, 마르타와 라자로의 동생인 마리아를 한 인물로 결합했다. 그녀는 죄 많은 여성, 즉 성적으로 난잡한 여성 또는 창녀로 해석되기도 한다. 하지만 마리아가 창녀였다는 증거는 불충분하다.

> 그 고을에 죄인인 여자가 하나 있었는데, 예수님께서 바리

사이의 집에서 음식을 잡수시고 계시다는 것을 알고 왔다. 그 여자는 향유가 든 옥합을 들고서 예수님 뒤쪽 발치에 서서 울며, 눈물로 그분의 발을 적시기 시작하더니 자기의 머리카락으로 닦고 나서, 그 발에 입을 맞추고 향유를 부어 발랐다. (…) "너는 내 머리에 기름을 부어 발라주지 않았다. 그러나 이 여자는 내 발에 향유를 부어 발라주었다. 그러므로 내가 너에게 말한다. 이 여자는 그 많은 죄를 용서받았다. 그래서 큰 사랑을 드러낸 것이다. 그러나 적게 용서받은 사람은 적게 사랑한다.

루가 7, 37-38. 46-47

마리아 막달레나는 영육 이원론하에서 여성이 몸으로 해석되고 여성의 성적 쾌락을 죄악시하는 문화에 위치했다. 또한 그녀는 금욕, 편태 등 극단적인 수행을 강조했던 중세 수도회의 수호성인이 되면서 존경을 받기도 했다. 마리아는 죄가 많은 사람도 구원을 받을 수 있다는 확신을 주는 모델로서 제시된 것이다.

마리아 막달레나,
부활의 증인

마리아 막달레나는 예수의 십자가 처형 과정에서 남성 제자들이 두려워 숨어 있을 때에도 어머니 마리아와 함께 예수의 곁을 지켰다. 그 당시에 여성이 십자가형에 처한 예수의 곁을 지키고 무덤을 찾아가는 것은 생명의 위험을 감수해야 했다. 그만큼 그녀는 예수의 수난, 죽음, 부활을 함께한 용기 있는 믿음의 여성이었다.

> 예수의 십자가 밑에는 그 어머니와 이모와 글레오파의 아내 마리아와 막달라 여자 마리아가 서 있었다.
>
> 요한 19, 25

> 여자들도 멀리서 지켜보고 있었는데, 그들 가운데에는 마리아 막달레나, 작은 야고보와 요셉의 어머니 마리아, 그리고 살로메가 있었다. 그들은 예수님께서 길릴래아에 계실 때에 그분을 따르며 시중들던 여자들이었다.
>
> 마르 15, 40-41

> 주간 첫날 이른 아침, 아직도 어두울 때에 마리아 막달레나가 무덤에 가서 보니, 무덤을 막았던 돌이 치워져 있었다. 그래서 그 여자는 시몬 베드로와 예수님께서 사랑하신 다른 제자에게 달려가서 말하였다. "누가 주님을 무덤에서 꺼내 갔습니다. 어디에 모셨는지 모르겠습니다."
>
> 요한 20, 1-2

마리아 막달레나는 예수의 죽음 이후에 무덤을 찾아갔다. 그녀는 천사와 예수의 명에 따라 제자들에게 예수의 부활을 알렸으나 제자들은 그녀의 말을 믿지 않았다. 마리아 막달레나는 성모마리아를 제외하고 4복음서, 마태오, 마르코, 루가, 요한복음 모두에 실명이 기록된 인물이다.

여성 신학자들은 마리아 막달레나를 예수가 사랑한 수제자로 해석하고 교회 내에서 여성 신자들의 역할모델로 연구해왔다. 마리아 막달레나는 부활을 목격한 것만으로도 사도 중의 사도로서 권위를 인정받을 수 있었지만 남성중심 공동체에서 여성 사도의 행적은 의도적으로 배제, 삭제되었다. 정경인 4복음서에는 마리아의 이야기가 적게 할애되어 있지만, 외경에서는 마리아 막달레나가 예수의 말씀을 잘 알아들었던, 예수가 아꼈던 제자로 재현된다. 그녀는 12제자에 포함되지 않았지만 사도 바오로만큼 예수의 중요한 제자로 기록되었다.

외경에서 마리아 막달레나는 예수의 수제자로서 베드로를 비롯한 남성 사도들의 질투를 받았고 베드로와 갈등했던 것으로 기술된다. 마리아는 갈릴래아에서 예수의 시중을 들고 따랐던 여성 중 한 명이다. 하지만 그녀는 음식 준비 등의 시중만을 든 것이 아니라 예수의 가르침을 듣고 전했던 제자다. 그녀는 다른 남성 제자들에 비해 직관과 통찰력을 지녔고 예수의 사랑과 인정을 받았다. 외경에는 베드로가 마리아와 예수의 관계를 질투하는 내용이 나온다. 베드로는 예수가 마리아와 단독으로 대면하면서 다른 제자들과의 시간을 마리아가 독점한다고 불평했다. 이러한 상황은 마리아가 직접 예수의 가르침을 받았고 남성 제자들을 가르치는 위치에 있었던 것으로 해석된다.

당시 남성 제자들은 여성인 마리아를 인정할 수 없었다. 하지만 예수는 누구나 구원받을 수 있다고 말하면서 베드로를 비롯한 남성 제자들을 꾸짖었다. 외경에서는 남성 제자들이 베드로를 중심으로 예수의 애제자인 마리아를 어떻게 배제하면서 권력을 구축했는지 기술한다.

외경 『피스티스 소피아Pistis Sophia』는 베드로와 마리아 막달레나의 갈등을 다루는 한편, 마리아 막달레나를 요한과 어머니 마리아와 함께 예수의 가장 뛰어난 제자로 전한다. 그녀는 복되고 순수한 영, 지혜롭고 영적인 여성으로 해석된다.

외경 『필립보 복음』은 〈다빈치 코드〉에 모티프를 제공했다. 영화 〈다빈치 코드〉는 댄 브라운의 동명 소설을 영화로 만든 것이다. 〈다빈치 코드〉에서 마리아 막달레나는 최후의 만찬에서 성배로 제시되며 역사에서 삭제되었지만 예수의 연인이자 제자로 예수의 아이를 출산하기도 한다. 『필립보 복음』에서 마리아 막달레나는 예수의 어머니 마리아보다는 낮은 지위에 있지만 다른 여성들보다 높은 위치에 있다. 예수의 어머니 마리아는 가장 먼저 등장하고 '하느님을 낳은 자'로서 여성 중에서 가장 높이 자리매김한다. 마리아 막달레나는 어머니 마리아에 이어서 소개되는데, 예수의 동반자로서 다른 남성 제자들보다 사랑받았다고 기술된다.

외경 『토마 복음』에서 베드로는 여성이 참여하는 것이 합당하지 않다고 주장하면서 마리아 막달레나를 예수의 제자로 인정하지 않는다. 하지만 예수는 마리아 막달레나를 남성 제자들에 못지않은 동등한 존재로 만들겠다고 말하면서 베드로를 꾸짖는다. 토마 공동체에서는 여성이 예수의 제자가 되지 못할 근거가 없다고 주장한다. 인간이 구원받기 위해서는 물적인 존재에서 영적인 존재로 변화해야 하고 남성과 여성이라는 구분은 극복해야 할 물질성에 기초하기 때문이다.

한편 『마리아 막달레나 복음』은 1896년에 발견되었고 1955년 출간되었다. 지금까지 여성의 복음서가 없었기 때문에 의미가 더 컸다. 이 복음서는 고대에는 인기 있는 문서였지만, 남성중심의 신학계에서 발표 이후에도 큰 주목을 받지 못했다. 하지만 『마리아 막달레나 복음』은 여성인 마리아 막달레나를 예수의 후계자로 제시한다. 이 복음서에서 마리아 막달레나와 남성 제자의 대립은 2세기 영지주의와 정통 교회의 대립을 상징한다. 마리아 복음서는 총 10장으로 마리아 막달레나를 중심으로 기술되어 있다.

마리아 막달레나는 예수가 세상을 떠난 후 두려워하는 제자들을 격려했고 제자들을 비롯해서 많은 사람들을 가르칠 만큼 초대교회에서 권위가 있었다. 남성 제자들은 예수의 가르침을 이해하지 못했기 때문에 마리아 막달레나에게 가르침을 청했다고 기록되기도 한다. 『마리아 막달레나 복음』에서 마리아는 예수로부터 직접 단독으로 배웠고 다른 제자들을 가르쳤다. 베드로는 예수가 남성 제자들이 모르는 비밀을 여성인 마리아에게 말했다는 사실에 자존심이 상했다. 예수는 남성중심적인 관행을 깨뜨렸고, 남성 제자들은 여성 제자인 마리아가 자신들보다 영적으로 우위에 있다는 것을 받아들여야 했다.

마리아가 부활의 증인이었지만 정경인 4복음서의 저자들은 이를 강조하지 않았다. 남성 제자들은 부활한 예수를 여성이 처음 보았다는 사실을 용납할 수 없었고 여성의 증언을 인정하지 않거나 여성에게 침묵을 강요했다.

그러고는 눈을 들어 바라보니 그 돌이 이미 굴려져 있었다. 그것은 매우 큰 돌이었다. 그들이 무덤에 들어가 보니, 웬 젊은이가 하얗고 긴 겉옷을 입고 오른쪽에 앉아 있었다. 그들은 깜짝 놀랐다. 젊은이가 그들에게 말하였다. "놀라지 마라. 너희가 십자가에 못 박히신 나자렛 사람 예수님을 찾고 있지만 그분께서는 되살아나셨다. 그래서 여기에 계시지 않는다. 보아라, 여기가 그분을 모셨던 곳이다. 그러니 가서 제자들과 베드로에게 이렇게 일러라. '예수님께서는 전에 여러분에게 말씀하신 대로 여러분보다 먼저 갈릴래아로 가실 터이니, 여러분은 그분을 거기에서 뵙게 될 것입니다.'" 그들은 무덤에서 나와 달아났다. 겁에 질렸던 것이다. 그들은 두려워서 덜덜 떨면서 아무에게도 말을 하지 않았다.

마르 16, 4-8

마르코 복음서에서 마리아 막달레나와 야고보의 어머니 마리아와 살로메는 죽은 예수의 몸에 향료를 발라드리려고 무덤으로 갔다. 하지만 무덤은 비어 있었고 천사로부터 부활의 소식을 전하라고 들었다. 여성들은 예수의 부활을 체험하고도 두려워서 침묵한다.

> 예수님께서는 주간 첫날 새벽에 부활하신 뒤, 마리아 막달레나에게 처음으로 나타나셨다. 그는 예수님께서 일곱 마귀를 쫓아 주신 여자였다. 그 여자는 예수님과 함께 지냈던 이들이 슬퍼하며 울고 있는 곳으로 가서, 그들에게 이 소식을 전하였다. 그러나 그들은 예수님께서 살아 계시며 그 여자에게 나타나셨다는 말을 듣고도 믿지 않았다.

마르 16, 9-11

마르코 복음의 저자는 부활을 보고도 믿지 않는 여성들과 제자들을 질타한다. 부활의 증인인 여성들은 믿음이 부족한 사람, 어리석은 사람으로 해석된다. 이러한 모습은 여성들이 사도직을 수행했지만, 예수의 죽음 이후 남성 제자들에게 순종하고 제자 직분에서 어떻게 배제되었는지 권력의 변화 과정을 보여준다.

주간 첫날 새벽 일찍이 그 여자들은 준비한 향료를 가지고 무덤으로 갔다. 그런데 그들이 보니 무덤에서 돌이 이미 굴려져 있었다. 그래서 안으로 들어가 보니 주 예수님의 시신이 없었다. 여자들이 그 일로 당황하고 있는데, 눈부시게 차려입은 남자 둘이 그들에게 나타났다. 여자들이 두려워 얼굴을 땅으로 숙이자 두 남자가 그들에게 말하였다. "어찌하여 살아 계신 분을 죽은 이들 가운데에서 찾고 있느냐?" (…) 그러자 여자들은 예수님의 말씀을 기억해내었다. 그리고 무덤에서 돌아와 열한 제자와 그 밖의 모든 이에게 이 일을 다 알렸다. 그들은 마리아 막달레나, 요안나, 그리고 야고보의 어머니 마리아였다. 그들과 함께 있던 다른 여자들도 사도들에게 이 일을 이야기하였다. 사도들에게는 그 이야기가 헛소리처럼 여겨졌다. 그래서 사도들은 그 여자들의 말을 믿지 않았다.

루가 24, 1-5. 8-11

　루가 복음에서 마리아 막달레나는 '귀신 들린 여자'로 해석된다. 또한 이 복음서에서는 마리아 막달레나를 비롯한 여성들이 빈 무덤을 발견하고 당황하는 모습으로 그려진다. 이때 천사들이 나타나 예수 부활을 알리고 여성들은 사도들에게 이 일을 전한다. 하지만 사도들은 여성들의 말을 믿지 않았고 베드로는 무덤을 찾아가서 무덤이 비어 있는 것을 발견하지만 예수의 부활을 믿지 않는다.

> 그 여자들은 두려워하면서도 크게 기뻐하며 서둘러 무덤을 떠나, 제자들에게 소식을 전하러 달려갔다. 그런데 갑자기 예수님께서 마주 오시면서 그 여자들에게 "평안하냐?" 하고 말씀하셨다. 그들은 다가가 엎드려 그분의 발을 붙잡고 절하였다. 그때에 예수님께서 그들에게 말씀하셨다. "두려워하지 마라. 가서 내 형제들에게 갈릴래아로 가라고 전하여라. 그들은 거기에서 나를 보게 될 것이다."
>
> 마태 28, 8-10

루가, 마르코 복음과 다르게, 마태오 복음에서는 부활 소식을 전하는 마리아 막달레나의 용기 있고 강한 모습을 보여준다. 마태오 복음에서는 예수 부활을 알게 된 여성들이 적극적으로 메시지를 전하는 모습이 등장한다. 두렵지만 기쁨으로 부활을 알리는 여성들의 모습은 사도의 징표로 해석된다.

> 예수님께서 마리아에게 "여인아, 왜 우느냐? 누구를 찾느냐?" 하고 물으셨다. 마리아는 그분을 정원지기로 생각하고, "선생님, 선생님께서 그분을 옮겨 가셨으면 어디에 모셨는지 저에게 말씀해주십시오. 제가 모셔 가겠습니다." 하고 말하였다. 예수님께서 "마리아야!" 하고 부르셨다. 마리아는

돌아서서 히브리 말로 "라뿌니!" 하고 불렀다. 이는 '스승님!' 이라는 뜻이다. 예수님께서 마리아에게 말씀하셨다. "내가 아직 아버지께 올라가지 않았으니 나를 더 이상 붙들지 마라. 내 형제들에게 가서, '나는 내 아버지시며 너희의 아버지신 분, 내 하느님이시며 너희의 하느님이신 분께 올라간다.' 하고 전하여라." 마리아 막달레나는 제자들에게 가서 "제가 주님을 뵈었습니다" 하면서, 예수님께서 자기에게 하신 이 말씀을 전하였다.

요한 20, 15-18

요한복음은 마리아 막달레나를 12제자들에 앞선 예수 부활의 증인으로 기록한다. 몇몇 성서학자들은 요한 공동체가 영지주의 속성을 띠고 있으므로 마리아 막달레나를 호의적으로 기술했다고 말한다. 또한 요한 공동체는 베드로와의 관계가 좋지 않았으므로 마리아 막달레나의 위상을 높임으로써 베드로의 권력을 견제하려고 했다고 해석한다.

영지주의 공동체는 여성의 영적 지위를 인정했고 많은 여성이 남성과 마찬가지로 동등한 직무를 수행했다. 남성중심의 정통 교회는 여성의 영적 지위를 인정한 영지주의를 두려워했고 이단으로 단죄했다. 결국, 영지주의 공동체는 정통 교회의 인정을 받지 못하다가 쇠퇴했다. 하지만 영지주의 문헌들은 교회 내에서 여성의 활동을 적극적으로 인정했기 때문에, 마리아 막달레나를 사도들을 가르친 존재로 부각했다. 하지만 여성 신학자들은 영지주의 공동체가 마리아 막달레나의 권위를 인정했다고 해서 성평등한 공동체를 의미하는 것은 아니라고 주장한다.

동등한 제자직의 수행을 위해

> 나도 전해 받았고 여러분에게 무엇보다 먼저 전해 준 복음은 이렇습니다. 곧 그리스도께서는 성경 말씀대로 우리의 죄 때문에 돌아가시고 묻히셨으며, 성경 말씀대로 사흘날에 되살아나시어, 케파에게, 또 이어서 열두 사도에게 나타나셨습니다. 그다음에는 한 번에 오백 명이 넘는 형제들에게 나타나셨는데, 그 가운데 더러는 이미 세상을 떠났지만 대부분은 아직도 살아 있습니다. 그다음에는 야고보에게, 또 이어서 다른 모든 사도에게 나타나셨습니다. 맨 마지막으로는 칠삭둥이 같은 나에게도 나타나셨습니다.
>
> 1고린 15, 3-8

사도 바오로는 12제자에 속하지 않지만 그리스도 선교를 위해 노력한 인물로 교회에서 베드로만큼 중요한 사도로서 평가된다. 그는 "여성의 머리는 남성의 머리를 상징하므로 머리를 가려야 한다"고 했고, 12제자만을 부활의 증인으로 제시하며 마리아 막달레나의 공헌을 축소한다. 그럼에도 그는 선교 과정에서 자신을 도와준 많은 여성을 기억한다.

> 우리의 자매이며 켕크레애 교회의 일꾼이기도 한 포이베를 여러분에게 추천합니다. 성도들의 품위에 맞게 그를 주님 안에서 맞아들이고, 그가 여러분의 도움이 필요하게 되면 무슨 일이든 도와주십시오. 사실 그는 나를 포함하여 많은 사람의 후원자였습니다. 그리스도 예수님 안에서 나의 협력자들인 프리스카와 아퀼라에게 안부를 전해주십시오. 그들은 생명의 위험을 무릅쓰고 내 목숨을 구하여주었습니다. 나뿐만 아니라 다른 민족들의 모든 교회가 그들에게 고마워하고 있습니다. 나의 동포이며 나와 함께 감옥에 갇혔던 안드로니코스와 유니아에게 안부를 전해주십시오. 그들은 뛰어난 사도로서 나보다 먼저 그리스도를 믿은 사람들입니다.
>
> 로마 16, 1-4. 7

성서에서 여성들은 교회에서 중요한 직분을 수행했다. 바오로 서간인 로마서에서 포이베, 브리스카, 유니아 등이 남성 사도들과 마찬가지로 교회를 위해 헌신하고 봉사했다. 이중에서 포이베는 부제직을 수행했다고 알려져 있다. 사도 바오로가 이끌었던 교회에서는 여성들이 그의 동반자로서 전례를 주도했다. 그래서 사도 바오로는 몇몇 문헌에서 성차별적인 사고를 드러냄에도 불구하고 하느님의 자녀로서 모든 사람은 평등하다고 말한다.

> 여러분은 모두 그리스도 예수님 안에서 믿음으로 하느님의 자녀가 되었습니다. 그리스도와 하나 되는 세례를 받은 여러분은 다 그리스도를 입었습니다. 그래서 유다인도 그리스인도 없고, 종도 자유인도 없으며, 남자도 여자도 없습니다. 여러분은 모두 그리스도 예수님 안에서 하나입니다. 여러분이 그리스도께 속한다면, 여러분이야말로 아브라함의 후손이며 약속에 따른 상속자입니다.
>
> 갈라 3, 26-29

성서에 나타난 것처럼 초대교회에서 많은 여성은 남성과 동등하게 중요한 직분을 수행하였다. 마리아 막달레나는 예수 생전에 그리고 예루살렘 교회의 수립 직후에 베드로 못지않게 권위가 있었다. 여성 신학자 엘리자베스 슈슬러 피오렌자Elisabeth Schüssler Fiorenza는 남성 제자들이 마리아 막달레나가 부활의 증인, '사도들의 사도'였다는 사실을 평가절하했다고 지적한다. 남성 제자들은 베드로의 역할을 강조하고 여성 제자들을 축소해왔다.

메리 데일리는 여성의 역할모델로 하와와 마리아 막달레나를 강조한다. 교회에서 성모마리아를 모성의 상징, 고통에 매몰된 피학적인 존재, 가부장제에 충실한 여성으로 신비화하기 때문에,

성모마리아를 통해서는 여성 신자들이 진정한 자아를 찾지 못한다고 강조한다. 반면, 마리아 막달레나를 성역할에 국한되지 않고 생명 감수성을 가지면서도 남성 제자들과 동등한 위치에서 열정, 자유, 해방을 갈구한 여성으로 해석한다.

마리아 막달레나는 여성 제자들의 대표였고 여성의 목소리를 대변했다. 하지만 부활을 알리는 여성들의 목소리는 삭제되었고 인정받지 못했다. 초대교회에서 여성들은 교회의 최고 지도자, 교사, 예언자로서 직분을 수행했지만 베드로가 수장이 되면서 교회 내 여성의 활동은 제한되었다.

교회는 지배, 억압, 죽음의 가부장제와 반대되는 사랑, 위로, 치유, 생명, 보살핌 등의 가치를 강조한다. 교황은 역대의 교황과 다르게 여성친화적인 모습을 보여준다. 가톨릭교회에서 부활의 증인으로서 막달레나를 기억하는 것은 기쁜 소식이다. 개신교의 교단에서 많은 여성들이 목사가 되어 사목을 하는 현실에 비하면, 가톨릭교회가 가야 할 길은 너무나도 멀다. 마리아 막달레나에 대한 재평가와 함께, 가톨릭교회에서도 여성의 동등한 제자직 수행, 여성 부제, 궁극적으로 여성 사제의 탄생이 하루빨리 실현되기를 기대한다.

2장

사랑은 혐오보다
강하다

여성혐오 사회에서
여성으로 산다는 것

2016년 5월 강남역 근처 상가의 화장실에서 20대 초반의 여성이 흉기에 찔려 살해당했다. 가해자는 30대 남성으로 피해자와는 일면식도 없는 사이였다. 그는 자신의 범행에 대해 죄책감조차 보이지 않았다. 그는 구직 중이었는데 평소 여성들에게 불만을 품다가 살인을 저지르게 됐다고 했다. 여성들이 담배꽁초를 버리거나 거짓말을 하는 것이 불만이었다는 것이다. 경찰은 그의 살인 동기를 정신 질환, 조현병으로 해석했다. 하지만 여성주의자들은 이 사건을 우발적인 범죄가 아니라 계획적인 범죄, 여성혐오 범죄로 명명했고, 여성 인권 보장과 안전에 대한 대책을 강력하게 요청했다.

단지 여성이라는
이유로

여성은 단지 여성이라는 이유로 폭력을 겪고

살해당한다. 우리는 여성이 인간적인 삶을 향유할 수 없는 사회에서 살아가고 있다. 강남역 살인 사건을 보면서 '그 사람이 나일 수 있다'는 생각은 여성들로 하여금 여성혐오에 적극적으로 저항하게 했다.

강남역 살인 사건 직후 강남역에는 여성혐오로 희생된 피해자 여성에 대한 추모 물결이 이어졌다. 전국적으로 많은 이들이 죽음을 애도하는 쪽지를 보냈다. 남녀를 불문하고 여성혐오에 반대하는 시민 의식을 보여줌으로써 희망을 주었다. 하지만 사이버 마초에 대항하던 여성들은 공격적이고 폭력적이라고 비난받았다.

이러한 와중에 2016년 9월 제주도의 성당에서 새벽에 기도하던 60대 여성이 50대 중국인 남성 관광객에게 살해당하는 사건이 발생했다. 그는 우연히 성당에 들렀다가 기도하는 여성을 보고 자신에게 상처를 주었던 이혼한 아내들이 연상되어 범죄를 저질렀다고 진술했다. 이 사건도 가해자가 계획적으로 범행 장소와 대상을 살폈기 때문에 여성혐오 범죄로 명명된다. 지역의 특수성을 고려한다 하더라도, 강남역 사건이 발생한 지 불과 몇 달 만에 다시 여성혐오 살인이 발생했다는 점에서 공분과 충격을 주었다.

누구도 여성혐오에서
자유로울 수 없다

'혐오 범죄'란 특정 집단의 구성원을 혐오함으

로써 폭력을 가하는 행위다. 이러한 범죄를 저지르는 이들은 이주민, 성소수자, 여성, 무슬림 등에 대해 '역겹다', '더럽다'는 감정을 품고 폭력을 정당화한다.

2011년 7월 26일 노르웨이 오슬로의 한 섬에서 발생한 총기 및 폭탄 테러로 76명이 살해당했다. 이 사건은 백인 중심주의에 기초한 이주민, 무슬림에 대한 혐오 범죄로 알려져 있다. 역설적이게도 이 사건의 가해자는 한국의 가부장제를 칭찬했고, 이는 소수자 혐오와 약자 차별이 만연한 한국의 현실을 다시 한 번 성찰케 하는 계기가 되었다.

2016년 4월 13일 국회의원 선거에서 모 정당은 종교적인 신념을 기초로 성소수자, 무슬림, 이주민에 대한 혐오를 명백히 드러냈다. 차별과 혐오에 기초한 정당이 공적으로 활동을 한다는 사실 자체가 문제이지만, 이러한 현상이 한국 사회에서만 발견되는 것은 아니다.

민주주의와 다양성을 표방하는 미국에서 대선 후보였던 트럼프는 여성, 유색인종에 대한 혐오 발언을 남발했음에도 대통령에 당선되었다. 미국 사회 전반에 퍼진 무슬림에 대한 혐오는 무고한 희생자를 낳으면서 심각한 사회문제로 대두되었다. 소수자 혐오에 대한 제재는 민주주의 사회에서 표현의 자유와 상충하는 것처럼 보이지만 타자에게 상처를 입히는 행위이므로 금지되어야 한다.

일본의 사회학자 우에노 지즈코는 『여성 혐오를 혐오한다』에서 성별 이분법의 구도하에서는 어느 누구도 여성혐오에서 자유로울 수 없다고 설명한다. 그녀는 여성으로 살아가느라 자아존중감이 낮아졌거나 여자로 태어나서 손해라는 생각을 해보지 않은 여성이 없을 거라고 말한다. 여성조차 남성의 시선으로 자신을 바라보며 진정으로 자신을 사랑하지 못하는 것이다. 또한 여성혐오는 모녀 관계를 비롯한 여성 간의 관계에서도 서로 화해하지 못하고 갈등하게 한다. 한편, 여자를 좋아한다고 강조하는 남성들에게도 여성혐오가 발견된다. 이러한 남성들은 여성을 인격적으로 대우하는 것이 아니라 성적 욕구를 채우기 위한 대상으로 취급하기 때문이다.

마사 누스바움Martha Nussbaum은 『혐오와 수치심』에서 혐오의 감정 속에는 동물성에서 벗어나려는 인간의 욕구, 오염에 대한 두려움이 담겨 있다고 설명한다. 인간이 육체를 갖고 있다는 불쾌감은 소수자 집단에 투사되어 위협을 가한다. 이러한 상황은 근대 남성들이 정신과 몸, 이성과 감정의 이분법에서 여성을 물질, 육체로 환원함으로써 자신들을 정신, 이성으로 배치하고 여성과 구분하려 한 데에서 기인한다. 남성은 여성을 통해 성적 욕망을 충족하려 하지만 자신의 동물성, 유한성을 확인함으로써 좌절을 경험하고 여성에게 불쾌감을 느낀다는 것이다.

대부분의 문화에서 여성은 월경, 임신, 출산, 수유를 하는 변화하는 몸, 통제할 수 없는 몸으로 해석된다. 여성의 몸은 동물성, 유한성을 보여주기 때문에 여성과의 성관계를 통해 남성이 오염된다고 여김으로써 여성을 혐오의 대상으로 삼아왔다. 요컨대, 여성혐오란 여성을 정신과 대비되는 물적인 존재로 간주하고, 여성과의 성관계를 통해 성적 욕망을 관철시키면서도 여성의 몸을 유혹하는 몸이거나 더러운 몸, 역겨운 몸으로 폄하하는 것이다. 이러한 생각은 성차별과 여성에 대한 폭력을 정당화하는 결과를 초래한다.

한국 사회에는 여성에 대한 비난과 폄하를 내포하는 용어들이 난무한다. 김치녀, 된장녀, 보슬아치, 김여사, 맘충, 성괴, 꽃뱀, 걸레, 삼일한 등의 속어는 여성을 성기에 비유하거나 이성적 판단력이 부족한 존재로 비난한다.

보호와 의존의 대상으로서 여겨졌던 여성은 이제 독립적인 주체로서 교육과 취업에서 남성과 경쟁하고 있다. 하지만 남성들은 이러한 변화에 적응하지 못하고 여성혐오를 드러낸다. 남성 간의 경쟁에서 패배한 경우 결과를 깨끗이 인정하지만, 여성과의 경쟁에서 졌을 때는 인정하지 못하는 것이다.

여성학자 김신현경은 《말과 활》 11호에서 여성에게 돌봄을 요구하는 것을 당연한 권리로 인식해왔던 남성들이 돌봄을 받지 못하는 상황에 분노하면서 여성혐오가 가시화된다고 해석한다. 근대의 성별 분업하에서 여성을 아내와 어머니로 규정짓고 아내에 대한 소유와 권력을 행사하려던 남성의 좌절이 여성혐오로 표현된다는 것이다. 한편 젊은 남성들은 자원이 있는 경우에만 연애하고 결혼할 수 있는 현실에서 사회구조적 문제의 원인을 여성에게 투사한다.

여성혐오와
남성 혐오는 다르다

중노년 여성들은 성차별을 당하면서도 저항
하지 못했지만 청년 여성들은 다르다. 부모로부터 사랑과 지원을
받고 성평등을 지향하면서 독립적으로 성장한 이들은 성차별적
인 상황을 대면하면서 불편함을 호소한다. 이들은 사이버 마초
에 적극적으로 대항하고, 여성혐오 살인에도 저항하며 연대한다.

남성 혐오를 논하는 이들은 여성이 수적으로 다수라고 할지
라도 지배적인 위치를 경험해보지 못한 사실상 소수자 집단이
라는 사실을 간과한다. 남성 혐오, 역차별, 여성 상위를 이야기
하려면 여성이 권력과 자원을 소유하고 남성을 차별할 수 있는
지배적 위치에 있음을 입증해야 한다. 하지만 여성과 남성은 현
실적으로 엄연히 다른 위치에 있고, 여성은 남성이 자연스럽게
취득한 것을 갖지 못했다.

여성혐오는 여성들이 자초한 것이 아니라 여성에게 상처를 주
는 제도와 문화 속에서 형성된 것이다. 여성은 남성에 비해 교육
과 노동을 비롯한 공적 활동에서 제약을 받았고 어쩔 수 없이 남
성에게 의존하고 보호받는 존재로서 살아왔다. 여성은 참정권을
위해 오랫동안 투쟁해야 했고 성별 위계적인 가족 관계 속에서

인내하면서 아내, 어머니로서 살아야 했다. 여성혐오는 여성의 탓이 아니다.

하지만 사람들은 극단적 페미니즘이 위험하다고 생각하고 여성학, 여성운동, 여성주의보다 젠더, 성평등이라는 용어에 편안함을 느낀다. 역차별과 남성 혐오를 문제 삼는 사회에서 여성은 여전히 일, 가사의 병행이라는 이중고를 겪고 있으며, 노동시장에서 성차별을 겪는다. 남성이 과연 여성만큼 성폭력을 경험하고 이로 인해 행동에 제약을 받고 있는지 의문이다.

페미니스트라고 얘기하면 편파적이라는 소리를 들을까 봐 두려워하고 휴머니스트라고 얘기하면 객관적인 입장에 있다고 안심하는 여성들도 있다. 이런 검열 가운데에서 대체 어떻게 성평등을 논의할 것인가.

주디스 버틀러Judith Butler는『혐오 발언』에서 타자에게 상처 입히는 언어와 행위를 최소화해야 하지만, 상처 입힌 사람의 입을 막는 것만으로는 해결되지 못한다고 주장한다. 말의 효과는 사라지지 않는다. 상처를 치유하려면 소수자로 하여금 고통에 침묵하게 하는 것이 아니라 이러한 언어가 얼마나 폭력적인지를 드러내는 것이다. 또한 버틀러는, 혐오 발언이 발화자가 창조했다기보다 문화적 맥락에 기초하기 때문에 그런 발언이 문화 속에서 어떠한 권력을 갖는지 살펴야 한다고 주장한다.

소통은 상처 받은 타자들의 이야기를 듣고 공감하는 데서 시작되어야 한다. 타자가 얼마나 피해 의식에 사로잡혀 있는 인간인지를 입증하려는 태도를 앞세우면 제대로 대화할 수 없다. 여성은 남성과 똑같은 위치에서 이야기할 권리를 갖지 못했다. 성별 권력이 작동하는 현실 속에서 여성의 목소리는 삼켜지고 사라졌다.

여성주의는 남성에게 차별받는 구조와 문화를 인식하고 인간다운 삶을 살기 위해 출발했다. 여성주의자들은 여성의 이해와 권력이 아닌 평등, 평화, 공존을 지향하며 다양한 전략과 방법을 탐색해왔다. 소수자 집단으로서 여성의 분노는 구조적 억압과 차별, 불합리에 대한 인식과 연관된다. 이러한 맥락에서 여성의 분노는 기득권자인 남성의 성차별과는 구분되어야 한다.

그동안 성평등이 지연되었던 것은 사회 전반에서 여성들의 고통에 대한 감수성이 부족했기 때문이었다. 여성의 목소리에 귀 기울이는 것은 남성의 관용과 양보에 근거하는 시혜적인 태도로 행해져서는 안 된다. 아직도 사라지지 않은 성차별과 여성혐오라는 부정의를 시정하기 위한 정의로운 행위로 인식돼야 한다.

사랑이라는
이름의 폭력

이들은 8년여 동안 만나다가 어느 날부터 멀어지기 시작했다. B씨는 식당을 운영하던 A씨에게 간간이 돈을 요구했고 심지어는 협박까지 했다. 참다못한 A씨는 지난해 경찰에 협박 피해를 신고했고 B씨는 재판에 넘겨져 벌금 50만 원을 선고받았다. 한번 갈라진 이들 관계는 좀처럼 회복되지 못하다가 최근 A씨가 이별을 통보하기에 이르렀다. B씨는 홧김에 술을 마셨고 혈중 알코올 농도 0.069퍼센트 상태에서 지난 2일 오후 5시 40분께 A씨가 운영하는 대구 시내 한 식당으로 승용차를 몰고 돌진했다.

《연합뉴스》 2016. 2. 3

성탄절 전날 밤 옛 애인에게 염산을 뿌리고 도주한 40대 남성이 이틀 만에 자수했다. (…) 경찰에 따르면 C씨는 지난 8월부터 교제해오던 D씨와 헤어진 뒤 이를 받아들이지 못해 범행에 나선 것으로 드러났다. (…) C씨는 D씨가 자신과 헤어진 뒤에도 힘들어하는 기색이 없고, 곧바로 다른 남자를 만난다고 의심해 범행을 결심했다고 진술했다.

《경향신문》 2015. 12. 27

우리 사회에서 연인이라는 친밀한 관계에서 발생하는 폭력은 '사랑싸움'으로 해석돼왔고 폭력으로 명명하기까지 어려움을 겪었다. 데이트폭력은 사생활을 존중한다는 이유로 제3자가 개입하거나 법적으로 처벌하기를 꺼려왔고 피해자의 고통은 무시되었다. 헤어진 연인이 이별을 인정하지 않으며 휘두르는 폭력은 심리적 괴롭힘에서 가택 침입, 납치, 폭력, 살인 등으로 이어진다. 헤어진 사이뿐 아니라 아는 사이 또는 모르는 사이에서도 일방적으로 애정을 표현하며 선물과 편지를 보내는 등 전화, 이메일, SNS을 통한 스토킹도 증가하고 있다.

한국여성의전화에서는 '너는 사랑이라 부르고 나는 폭력이라 부른다'라는 모토 아래 데이트폭력에 대해 문제를 제기해왔다. 이별 폭력과 스토킹 피해자는 20, 30대의 젊은 세대에 국한되지 않는다. 연애는 전 연령층에서 이뤄지고 폭력의 피해자도 중장년층까지 나타난다.

데이트폭력은 난폭한 로맨스가 아니라 성별 권력이 작동하는 분명한 폭력이다. 데이트 과정에서 여성은 폭력을 당해도 상대방의 보복이 두려워 만남을 지속하기도 한다. 이별 폭력은 헤어진 후에 갑자기 발생하는 것이 아니다. 이별 폭력의 피해자들은 데이트 과정에서도 크고 작은 폭력을 경험해왔다. 이별 폭력은 일상적으로 행해졌던 데이트폭력의 연속선에서 일어난다. 이러한 맥락에서 데이트폭력에 관한 법적 처벌과 관계에 대한 성찰이 필요한 시점이다.

당신이 나와
같지 않다면

어떤 사람들은, 여성이 관계 지향적이고 의존적이므로 이별에 상처 입기 쉽다고 생각한다. 이들은 여성이 헤어진 남자친구에 집착하기 때문에 스토커가 될 확률이 높다고 주장한다. 하지만 오늘날 젊은 여성들은 독립적이고 자신의 감정을 솔직하게 이야기하며 주체적으로 사랑을 한다. 이들은 연애에서도 남자친구와 동등한 관계를 유지하고자 한다. 연애 과정에서 남자친구에게 보호받거나 공주처럼 대접받기보다 상대방에게 구속되지 않고 자유로운 삶을 살아가고 싶어 한다.

데이트폭력 가해자의 대다수가 남성인 이유는, 여성을 소유, 정복, 지배하려는 남성중심 문화와 관련되어 있다. 여성이 적극적으로 구애하는 것은 여성으로서 자기 가치를 떨어뜨리거나 연인 관계에서 손해 보는 행위라 여겨져왔다. 반면, 남성에게는 구애에서 적극적으로 행동하기를 요구한다.

"열 번 찍어 안 넘어가는 나무는 없다"는 말은 여성의 의사는 무시해도 되고 본인의 감정만 중요하다는 것을 강조하는 표현이다. 남성이 구애하면 여성은 무조건 이를 수용해야 한다고 생각하는 것이다. 남성의 집착은 사랑의 깊이와 크기로 긍정적으로 해석된다. 하지만 구애를 받은 여성이 거절하면 냉정하거나 콧대 높다고 비난받는다. 이러한 문화는 남성의 구애를 받아들여야 한다고 여성에게 압력을 가하며, 집착이나 폭력을 사랑으로 미화함으로써 여성들의 고통을 사소하게 만들어버린다.

"네가 나를 떠나서 잘 살 수 있을 것 같아?"

"왜 나한테 잘해주면서 내 마음을 흔들어놓고 지금 와서 딴소리하는 거야?"

"내가 너에게 얼마나 공들였는데, 이제 와서 단물 다 빼먹고 가겠다는 거야?"

자신의 감정만 소중히 여기며 너는 내 것이라고 주장하는 것은 상대방에게 고통을 주는 행위다. 네가 나를 사랑하지 않아도 내가 너를 영원히 사랑하겠다는 것은 사랑하는 사람의 의사와 상관없이 상대방을 소유하고 지배하며 정복하겠다는 이야기다.

스토킹, 일탈이 아닌
성별 권력관계

'짝사랑'도 한 개인에게는 소중한 감정이다. 하지만 그러한 감정을 표현하지 않고 상대방과 교감하지 않는다면

'관계'라고 규정할 수는 없다. 짝사랑은 어떤 사람을 사랑하는 감정을 즐기는 상태로서 사랑에 빠진 내 감정을 즐기는 나르시시즘으로도 해석된다. 짝사랑은 자유이지만, 상대방에게 내 감정을 강요하거나 상대방을 부담스럽게 한다면 상황은 달라진다.

> "너 왜 이렇게 쌀쌀맞냐? 전화도 안 받고 문자도 씹고."
> "내가 언제 너를 좋아했어?"
> "우리는 밀당이라고 하는 거야. 네가 좋아하는 사실은 하늘도 알고 땅도 알고. 네가 나를 좋아한다고 해서 내가 희망을 얻은 건데. 이제 와서 왜 이러는 거야?"
>
> 드라마 〈치즈인더트랩〉 중

위의 드라마는 같은 과의 남학생이 여학생을 따라다니면서 괴롭히는 스토킹을 재현한다. 그는 외롭고 힘들 때, 같은 과 친구로서 친절하게 대해주고 위로해준 여학생이 자신을 좋아한다고 오해하고 심지어 사귀는 것으로 착각한다. 한 여성의 배려와 호의는 악의로 돌아온다. 스토커는 상대가 자신을 싫어하거나 부담스러워한다는 사실을 인정하고 싶어 하지 않는다. 상대가 아니라고 부인해도, 그는 현실을 왜곡한다. 그는 그녀를 따라다니거나 추근대고 껴안기도 하고 때리기까지 한다. 그러면서 선후배들에게 헛소문을 퍼뜨려 피해자가 학교생활을 하지 못하도록 방해한다.

스토킹은 악의적이고 계획적이며 치근대며 괴롭히는 행위, 일 방적이고 이기적인 행위다. 정서적 괴롭힘에 그치지 않고 폭행, 납치, 감금, 살해로도 이어져 생명과 안전까지 위협한다. 스토킹은 내가 소유할 수 없는 대상을 어느 누구도 가질 수 없도록 보복하는 행위다. 스토커는 분노와 좌절의 원인을 피해자 탓으로 돌린다. 누군가 나에게 집착하고 있고 나를 끊임없이 지켜보고 있다는 느낌, 누군가에게 항상 감시당하고 구속당하는 느낌은 삶을 옥죈다. 혼자 있을 때나 외출할 때나 엄청난 불안과 공포를 야기함으로써 피해자가 일상생활을 유지할 수 없게 한다.

피해자가 명확히 의사를 표현했다면 가해자가 오해하지 않았을 거라고 생각하는 것은 피해자를 비난하는 잘못된 태도다. 피해자의 행동으로 스토킹을 당하는 것이 아니다. 스토커는 정신과 치료가 필요한 환자 취급을 받곤 하지만 스토킹을 질병으로 해석하는 경우 개인적인 일탈로 국한함으로써 구조적인 성별 권력관계를 간과하게 된다.

스토커를 처벌하기 위해서는 편지와 선물, 전화, 문자메시지, 폭력 등 스토킹을 당한 기록 증거를 수집해야 한다. 스토킹의 위험을 감지하면 혼자 고민하지 말고 주위에 도움을 요청하는 것이 좋다. 스토커의 행동에 반응하면 스토커가 자신을 좋아하는 줄 착각하거나 스토커의 술책에 빠져 더욱더 위험해질 수 있다. 그러므로 스토커의 행동에 흥분하거나 분노하지 말고 무시하는 것이 그나마 가장 효과적인 대응법이다.

정서적 괴롭힘은 생명을 위협하지 않는다 하더라도, 개인의 삶에 매우 부정적인 영향을 미친다. 미국에서는 1990년 캘리포니아주에서 스토킹 방지법이 제정되었고, 1993년에는 미 전역에서 스토커에 대한 처벌법이 마련되었다. 당시 미국에서는 여배우 레베카 쉐퍼Rebecca Schaeffer를 비롯하여 여성 네 명이 연속으로 스토커에게 살해당하는 사건이 발생했다. 이 사건을 계기로 스토킹의 심각성을 인식하게 되었고 강력한 법적 제재를 마련했다.

한국 사회에서 스토킹은 폭행죄, 협박죄 등으로 처벌할 수 있기 때문에 특별법의 제정이 불필요하다고 생각했다. 스토킹은 처벌이 10만 원 이내의 벌금형에 불과하다. 피해자가 받은 고통을 생각한다면 상당히 약한 처벌이라 할 수 있다. 게다가 정서적 괴롭힘은 법적 처벌이 어렵고 경범죄로 처리된다. 여성주의 활동가들과 법학자들은 여성 피해자의 인권을 묵과해서는 안 된다고 강조하면서 스토킹 관련법을 강화할 것을 주장한다. 스토킹에 관한 법적 제재 강화는 스토킹이 범죄라는 것을 인식하게 함으로써 여성 인권 보호에 기여한다.

사랑할 자격과
사랑에 관한 윤리

과도한 집착은 상대방을 힘들게 하고 좋은 관계를 유지할 수 없게 만든다. 내 감정이 소중한 만큼 상대방의 감정에 민감해져야 한다. 내 감정을 강요하고 상대방을 불안하게 하며 공포로 몰아넣는 행위는 피해자에게 치명적인 상처만을 입힌다. 아무도 너를 가질 수 없고 나만이 너를 가질 수 있다는 생각, 내가 가질 수 없다면 파괴시키겠다는 생각은 염산 테러, 납치, 감금, 살인 등 강력 범죄로 이어진다. 이러한 행위는 사랑이 아니라 폭력이고 범죄다. 피해자가 잘못된 행동을 했기 때문에 부당한 일을 당하는 것이 아님을 인식하고 피해자를 보호, 지원해야 한다.

내가 좋아하는 대상이 나를 좋아하지 않는다는 사실을 받아들이는 것, 내가 거절당했다는 것을 인정하는 것은 쉽지 않다. 사랑하는 사람에게 자신의 감정을 고백하지 않고 소위 '썸'의 미묘한 감정만을 즐기는 것도 그런 이유일 것이다. 거절당하는 것은 그만큼 힘든 경험이지만 내가 인정받지 못했다는 것, 그 사람과 나의 생각이 다르다는 것을 받아들이는 건 인격적으로 성숙해지는 계기가 된다.

상대방의 감정과 의사를 배려하는 것은 사랑하는 사람에 대한 기본적인 예의다. 내가 어떤 사람과 교제한다 하더라도 그 사람을 소유할 수는 없다. 그 사람과 교감하고 행복했던 시간이 있다 하더라도 상대방이 더 이상 관계를 지속하고 싶어 하지 않는다면 그 의사를 존중해야 한다. 관계는 일방적인 것이 아니라 상호작용에 기초하는 것이기 때문이다.

어떻게 헤어지는 것이 잘 헤어지는 것인지 그 해답을 찾기는 어렵다. 문자메시지나 SNS를 통한 갑작스런 이별 통보는 상대방을 당혹스럽게 한다. 상대방에게 자신의 상황을 설명하고 이별을 준비할 시간을 갖도록 배려하는 것이 필요하지만, 현실적으로 쉬운 일이 아니다. 상대방에게 이별의 이유를 충분히 설명하고 받아들일 시간을 주는 것이 오히려 이별을 더욱더 어렵게 하거나 원치 않는 관계를 지속하게 할 수도 있다. 상대방의 태도를 이해할 수 없고 관계에 대한 미련이 남아 있다 하더라도, 이별을 원하는 상대방의 의사를 존중해주는 것이 자신이 사랑한 사람에 대한 예의다. 사랑은 혼자 하는 것이 아니라 관계 속에서 이뤄지는 것이다. 한 사람이 원하지 않는다면 더 이상 관계를 지속할 수 없다. 사랑은 시작하기도 어렵지만 잘 끝내기는 더욱 어렵다. 상대방의 미래를 축복하고, 소중했던 시간이 좋은 추억으로 남을 수 있도록 관계를 마무리하는 것은 사랑한 사람에 대한 배려이자 윤리적 책임이다.

왜 성희롱을
이야기해야 하는가

한국 사회에서 성차별이 더 이상 없다는 주장, 여성혐오의 확산, 페미니스트를 바라보는 곱지 않은 시선 속에서 성폭력 사건은 여전히 신문의 사회면을 오르내리고 있다. 성폭력은 생물학적 충동에 의한 것이 아니다. 성별 권력이 불균형한 상태에서 이뤄지는 성폭력은 성차별과 연관된다.

'성희롱'은 성폭력의 일종으로, 미국의 법학자 캐서린 매키논 Catharine A. MacKinnon이 최초로 명명했다. 그녀는 상급자의 성적 괴롭힘으로 여성들이 직장을 그만두는 사례를 접하면서 여성들의 고통을 인식하고, 개인적 문제가 아니라 여성 공통의 문제, 사회 구조와 문화의 문제로 해석한다. 성희롱은 여성들의 근로 의욕을 저하시키며 노동시장의 성차별과 여성의 노동권, 생존권 문제와 밀접하게 관련된다. 따라서 여성에게 적대적인 근무 환경을 개선하기 위해 성희롱에 대한 법적 처벌과 제재를 요청하게 되었다.

한국 사회에서 최초로 성희롱이 수면 위에 올라온 것은 1993년 서울대에서 발생한 신 교수 성희롱 사건이었다. 피해자는 조교로 근무하면서 교수에게 지속적으로 성희롱을 당했다. 대학원생이었던 여성 피해자가 억울한 사정을 밝히기란 쉽지 않았다. 권력의 위계 속에서 성희롱 가해자와 맞서야 했기 때문이다. 그녀는 성희롱의 개념조차 존재하지 않았던 한국의 남성중심 문화에 저항했을 뿐 아니라, 학위논문, 졸업, 취업 등 미래를 좌지우지할 권한이 있는 가해 교수와 갈등할 경우 당면할 현실적 불이익까지 감수해야 했다. 하지만 그녀는 인간으로서 존엄성을 유지하기 위해 자신의 피해 사실을 세상에 드러냈고, 여성운동은 그녀를 적극적으로 지원했다.

이 싸움은 성희롱이 여성에 대한 폭력이고 범죄이며 성차별이라는 사실을 사회적으로 명백히 인식시키는 계기가 되었다. 두려움을 떨쳐낸 여성이 있었기에 가능했던 변화다. 그녀의 투쟁으로 우리는 성희롱 처벌이 법제화된 사회에서 살게 되었다.

성희롱이
끊이지 않는 이유

성희롱은 교수(교사)와 학생, 상급자와 하급자의 위계적 관계에서 권력의 작동으로 발생한다. 피해자는 성폭력을 당했지만 고용, 인사, 졸업, 진학, 취업 등에서 불이익을 당할 수 있으므로 권력을 가진 상급자에게 저항하지 못한다.

「남녀고용평등과 일·가정 양립 지원에 관한 법률」 1장 2조에 따르면, '직장 내 성희롱'이란 사업주·상급자 또는 근로자가 직장 내의 지위를 이용하거나 업무와 관련하여 다른 근로자에게 성적 언동 등으로 성적 굴욕감 또는 혐오감을 느끼게 하거나 성적 언동 또는 그 밖의 요구 등에 따르지 아니하였다는 이유로 고용에서 불이익을 주는 것을 말한다. 성희롱은 신체적 폭력뿐 아니라 언어폭력, 성적으로 음란하게 쳐다보는 것, 성적 수치심을 일으킬 만한 성적 표현물을 게시하는 행위 등을 포함한다. 보다 구체적으로는 회식에서 여성에게 강제로 술을 따르게 하거나 친밀감 형성이나 조직 내의 단합을 핑계로 원치 않는 신체적 접촉을 하는 행위, 여성의 어깨나 몸을 만지거나 껴안는 행위, 악수하는 척하면서 상대의 손을 주물럭거리는 행위, 피곤하다는 이유로 안마를 요구하거나 해주겠다고 하는 행위, 여성의 옷차림이나 몸매에 대해 평가하거나 성적 농담을 하는 것, 하급자나 동료의 성생활, 임신, 출산에 대해 언급하거나 묻는 행위 등을 말한다.

성희롱이 법제화되었지만 남성들의 반동도 만만치 않다. "그런 것까지 생각하면 삭막하게 어떻게 한 사무실에서 근무하냐", "별 의도하지 않은 행동에 대해 너무 예민하게 반응한다"는 불평까지 잠재운 것은 아니기 때문이다. "아니 땐 굴뚝에 연기 날까. 먼저 꼬리 친 거 아닌가", "직장 분위기를 어수선하게 한다"라는 비난 속에서 피해자의 자아존중감은 낮아진다. 이들은 피해자의 고통을 별것 아닌 것으로 치부해버린다. 우리 사회는 여전히 성희롱에 대해 둔감하다.

무타 가즈에牟田和恵는 『부장님, 그건 성희롱입니다』에서 일본 직장 내 성희롱 가해자들의 사고방식을 분석하고 있다. 가해자 중에는 피해자와 연애했다고 오해하는 경우가 많다고 한다. 피해자가 정신적 고통을 겪고 우울증에 시달리거나 휴직하는 반면, 가해자는 피해자의 고통을 인지하지도 못하는 것이다.

직장 내에서 성희롱을 명확히 판단하기는 쉽지 않다. 성희롱을 무마하려는 복잡한 상황이 많기 때문이다. 가해자와 피해자의 관계는 적대적이지 않으며, 여성이 업무 파악과 직장 적응을 위해 상급자에게 일을 배우거나 협조해야 하는 상황에 놓여 있다. 피해자 여성은 대개 가해자에게 친절할 수밖에 없다. 또한 그들은 상급자나 선생의 능력, 경험, 성취에 대해 존경심을 표하면서 자신도 탁월한 능력을 발휘하고 싶어 한다.

한편, 가해자는 상급자나 선생의 부탁에 기꺼이 응하며 열심히 일하려는 여성의 모습을 보고 자신을 좋아하거나 성적인 호감이 있다고 오해한다. 가해자는 피해자가 성행위에 합의하거나 자신을 좋아했다고 주장하지만, 피해자의 생각은 다르다. 피해자는 가해자가 집요하게 교제를 요구하고 성행위를 강요했다고 주장한다. 권력이 불균형한 상태에서 성희롱 문제를 제대로 제기하기란 어렵다. 업무 협력이 필요한 상황이라면 그 피해는 더욱더 심각해질 수 있다.

무타 가즈에는 여성에 대한 고정관념이 강한 남성일수록 성희롱을 저지르기 쉽다고 강조한다. 여성을 커피 타주는 사람이나 직장의 꽃으로 생각하는 조직 문화, 여성을 성적 대상화하는 데 익숙한 문화에서 성희롱은 일상화된다. 사람들은 성희롱을 '폭력'으로 인식하지 못한다.

여성을 동등한 직장의 구성원으로 인정하고 인격적으로 존중하는 문화를 만들어가야 한다. 가해자가 상대방을 괴롭히려는 고의성 없이 무심코 저지른 행동이라고 하더라도, 상대방이 성적 수치심을 느끼거나 괴로워한다면 책임에서 자유로울 수 없다. 친밀감을 표현하기 위해 한 행동이라 해도 상대방에게 고통을 줄 수 있다. 내 몸은 내 것이고 상대방의 몸은 상대방의 것이다. 함부로 상대방의 몸을 다루거나 접근해서는 안 된다.

은폐로
끝나지 않는다

「남녀고용평등과 일·가정 양립 지원에 관한 법률」 제2절에서는 성희롱 방지에 대한 사업주의 책임을 규정한다. 즉, 사업주는 직장 내 성희롱을 예방하고 근로자가 안전한 근로 환경에서 일할 수 있는 여건을 조성하기 위해 성희롱 예방 교육을 실시해야 하고 사업주 및 근로자가 교육을 받아야 한다. 또한 직장 내 성희롱이 발생했을 때 사업주가 적절한 조치를 하지 않거나 피해자에게 불이익을 주었다면 과태료를 지불해야 한다. 고객으로부터 여성 노동자가 굴욕감 또는 혐오감 등을 느낀다고 호소할 경우, 사업주는 근무 장소의 변경, 배치 전환 등 적절한 조치를 취해야 하고 피해자가 고용에서 불이익을 당하지 않도록 해야 한다.

이러한 법 규정에도 불구하고, 직장 내 성희롱은 끊이지 않는 실정이다. 특히, 피해자가 비정규직이거나 계약직 등 불안한 고용 상태인 경우, 성행위를 허용하지 않으면 계약 연장을 하지 않겠다거나 성행위를 하면 정규직으로 전환해주겠다고 하면서 피해자를 괴롭힌다. 가해자가 교사일 때 "문제를 제기하면 성적이나 상급학교 진학 원서에 불이익을 주겠다"라고 협박할 경우, 피해자는 더더욱 움츠러들고 침묵하게 된다. 가해자는 "네가 좋아서 한 일이다"라고 피해자의 자발성을 강조하면서 책임을 회피하고 성희롱을 은폐한다.

B사 성희롱 사건의 피해자는 회사 측에 성희롱 피해를 호소했다. 회사는 상급자인 가해자에게 가벼운 징계를 내렸고, 이후 가해자는 업무에 복귀했다. 피해자는 예전처럼 상급자에게 지시를 받으면서 업무에 몰두할 수 없었고, 동료들에게 심한 배신감을 느꼈다. 동료들은 그녀가 상급자에게 성적으로 접근했다는 소문을 냈고, 성희롱에 관한 증거를 수집하기 위한 협조 요청을 거절했다. 이러한 이면에는 성희롱 사건의 영향을 최소화하려는 회사의 압력이 있었다. 동료들은 피해자를 위해 증언하면 불이익을 당할까 봐 꺼렸던 것이다.

피해자는 법적으로 문제를 제기하는 과정에서 심리적 고통을 받았을 뿐 아니라 회사로부터 최하위 고과를 받아 인사 불이익까지 당했다. 회사 측은 대외적 이미지를 위해 사건을 축소, 은폐하고자 했지만, 이는 오히려 회사에 독이 되었다. 성희롱 사건에 엄중하게 대처하지 않는다면 제2, 제3의 피해자가 속출하는 악순환을 멈출 수 없다.

성희롱은 피해자에게 고통과 수치심을 안긴다. 가해자 중심의 언설은 피해자를 혼란스럽게 하고 스스로 자신의 경험을 부정하게 만든다. 그리고 문제를 제기하는 피해자에게 오히려 조직 구성원들은 의혹의 눈길을 보낸다. 피해자는 조직의 화합이나 조화를 저해하는 문제 인물이자 남성을 유혹하는 꽃뱀으로 비난받으면서 결국 회사를 그만둔다. 피해자가 용기 있게 나서도 사회적으로 지지받지 못한다. 이러한 상황이 정서적인 어려움을 초래해 최악의 경우에는 '자살'로 귀결되기도 한다.

하지만 자신의 현실을 인식하고 연대를 통해 힘을 내는 여성도 있다. 2016년 3월 A대는 성희롱 가해 교수를 파면했다. A대는 2015년에 유사한 사건으로 교수를 파면한 경험이 있어 이 사건을 더 엄중히 받아들였다. 가해 교수는 수업 뒤풀이의 술자리에서 여학생들에게 속옷 사이즈를 묻고 키스를 요구하면서 성적 수치심을 일으키는 언행을 일삼았고 문자와 메일로 개인적인 만남을 요구했다. 학생들은 학교 측에 공식적으로 문제를 제기했다. 학점이나 인사 등에서 불이익을 당할 수 있지만 불의한 권력에 저항하기를 선택한 것이다. 이러한 행동은 여성들 스스로를 권력화하고 성희롱을 근절하는 데에도 일조한다.

한편 대부분 이성애 관계에서 여성이 성희롱 피해자가 되지만 남성 가해자와 여성 피해자의 구도뿐 아니라 남성 간, 혹은 여성 가해자와 남성 피해자의 구도에서도 문제가 발생한다. 여성 상급자에 의한 남성 하급자의 피해도 가시화되고 있다. 여성이 성적으로 공격적인 태도를 취하는 것을 주체성으로 해석하는 것에 대해서도 비판적인 접근이 필요하다.

성희롱 예방을 위한 법률을 제정하고 성희롱 사건을 방임하는 기관에 대한 처벌 규정이 마련되었지만, 성희롱은 여전히 벌어진다. 상대방의 의사를 존중하고 인간다운 삶을 보장하는 문화, 여성을 성적으로 대상화하지 않고 여성의 성적 결정권을 확보하는 문화를 만들어가는 것만이 개선책이다.

이를 위해서는 성희롱이 폭력이고 범죄라고 인식하는 민감성이 필요하다. 예를 들어, 방송 프로그램에서 성희롱을 소재로 사용하는 것을 '재미'로 웃어넘기지 않고, 여성혐오와 성적 대상화로 분명히 인식하는 감수성을 길러야 한다. 사회에 미치는 영향력을 고려해서, 미디어는 성희롱을 제재하고 감시하는 장치를 마련함으로써 성평등한 문화를 구성해야 한다.

성소수자 차별과
이성애 권력

성소수자 운동은 이성애 제도와 권력에 대한 비판적 성찰과 더불어 성소수자 차별과 인권에 대한 관심을 불러 일으킨다. 하지만 최근 한국 사회에서 성소수자 운동은 사회적 반동에 부딪히면서 어려움에 직면했다. 이러한 반동의 중심에는 자신의 아이를 동성애로부터 보호해야 한다는 '학부모 단체'와 동성애는 죄악이고 절대로 허용할 수 없다는 '기독교 단체'가 있다.

성적 지향, 성별 정체성에 따른 차별을 제재하는 차별금지법은 그동안 기독교 단체의 반대로 국회를 통과하지 못했다. 2015년에는 성소수자 단체들이 서울시민 인권헌장에 성적 지향과 성별 정체성을 포함시키기를 요구했지만, 이 또한 학부모 단체와 기독교 단체의 반발로 시민 위원회에서 합의를 이루지 못했다. 인권에 관한 사안을 합의로 결정하는 것 자체가 문제라는 비판이 있었지만 결국 인권헌장의 선포는 유보되었다.

또한 2015년 대전시의회는 대전시 기독교 단체의 반발에 부응해서 대전 성평등조례에서 성소수자 인권 보호에 관한 조항을 삭제하기로 결정했다. 여성가족부가 '양성평등 기본 조례'로 명칭을 변경하고 성소수자에 관한 조항을 삭제할 것을 권고한 것이다. 남녀 이분법에 근거한 '양성평등' 정책의 한계와 여성 안에도 다양한 성 정체성과 성적 지향이 존재할 수 있음을 인식하지 못하는 문제점을 동시에 보여준다.

하느님의 이름으로 행해지는 폭력과 차별

커밍아웃은 성소수자가 용기를 내어 어두운 벽장 속에서 나와 자신을 드러내는 행위다. 그런데 이러한 정치적 실천은 성소수자에게 빛이 아니라 낙인과 고통을 준다. 주변의 공격에 노출되고 자신의 정체성을 숨겼던 때보다 더 힘든 상황에 놓일 수도 있다. 그럼에도 성소수자들은 커밍아웃을 통해 솔직하게 살아가고자 노력한다. 그들은 행복할 권리, 인간으로서 존중받을 권리가 있다.

대학은 다른 공동체보다 표현의 자유가 보장되고 비판이 허용되는 열린 공간으로 간주된다. 여러 대학에는 성소수자 동아리들이 존재한다. 2015년 서울대 총학생회장 단독 후보는 레즈비언으로 커밍아웃했고 2016년 서울대 총학생회장이 되었다. 이후 대학 내 성소수자들의 커밍아웃이 이어지며 변화의 기미가 일어났다. 하지만 커밍아웃은 그리 간단한 문제가 아니다.

기독교 재단의 사립대학들은 기독교 이념에 부응해서 교육을 실시한다. 몇몇 대학의 학생들은 종교 예식에 의무적으로 참여해야 한다. 교수들은 신자가 되기를 요구받으며, 기독교 신자가 아닌 경우 채용, 고용에서 차별을 받기도 한다. 이러한 상황은 종교 차별, 인권침해로 이어져서 국가인권위원회의 시정 명령을 받기도 한다.

또한 기독교 재단의 대학들은 성소수자의 인권에 관한 강좌나 행사를 제재해왔다. 2013년 11월 김조광수 감독은 기독교 재단인 A대학 학생회의 제의로 〈로빈슨 주교의 두 가지 사랑〉이라는 영화를 함께 보고 논의하는 행사를 계획했다. 그는 동성 결혼식을 준비하면서 많은 사람과 성소수자의 결혼에 관한 쟁점을 이야기하고자 했다. 하지만 A대학은 이를 허용하지 않았다. 동성애자로서 커밍아웃한 로빈슨 성공회 주교의 투쟁을 다룬 다큐멘터리를 상영하는 것이 기독교의 건학 이념에 어긋난다는 이유에서였다.

또한 2015년 11월 김조광수 감독은 기독교 재단인 B대학의 성소수자 모임과 총여학생회에서 주최하는 인권 영화제에서 다큐멘터리 〈마이 페어 웨딩〉을 상영하고 동성 결혼과 성소수자의 인권에 대해 논의하기를 기대했다. 하지만 B대학도 행사를 허용하지 않았다.

한편 C대학은 기독교 재단의 학교로 다수의 기독교 동아리와 더불어 성소수자 동아리도 활동하고 있다. 외견상 대학 내에 다양성이 보장되는 듯 보이지만, 성소수자 동아리가 문화제를 개최할 때마다 기독교 동아리 학생들은 게시물을 훼손해왔다. 하지만 기독교 동아리 학생들은 이에 대해 공식적으로 사과하지 않는다. 폭력이 아니라 하느님의 이름에 기초한 정의라고 확신하기 때문이다.

그리스도 안에서
한 몸인 우리

가톨릭 신자였던 19세 육우당은 2003년 세상을 떠났다. 그는 동성애자로서 '소돔과 고모라' 운운하는 교회로부터 외면당했지만, 교회를 떠나지 않았다. 그는 학교에서 따돌림 당했고 학교를 떠난 후 동성애 운동에 헌신했다.

또한 그는 여린 감성을 지닌 시인이었다. 그는 청소년 유해매체물 심의 기준에 동성애를 포함시키는 것에 문제를 제기하고, 국가인권위원회로부터 시정 권고를 받아내기 위해 노력했다. 하지만 기독교 단체들은 인권위의 결정에 반대했고, 그는 호모포비아에 분노하면서 자살했다. 많은 사람이 그를 추모하며 성소수자 차별에 저항하고 있다.

성소수자들은 신앙을 포기하고 싶지 않아도 차별적인 시선과 낙인 때문에 교회를 떠난다. 기독교 단체의 성소수자 차별은 하느님이 인간을 남자와 여자로 만들었고 이성애가 본질이라는 데에 근거한다. 이러한 진리는 성서에 기초하므로 어떠한 상황에서도 수정될 수 없다고 강조한다. 이들은 동성애를 악으로 규정하고 하느님의 이름으로 동성애자를 심판하며 이성애자로 전환해야 한다고 주장한다.

영화 〈바비를 위한 기도〉는 실화를 배경으로 한 드라마다. 주인공 바비는 동성애자로 커밍아웃했지만, 기독교 신자인 부모와 교회는 그의 성 정체성을 인정하지 않았다. 그는 이성애자로 살도록 강요받았고 결국 자살을 선택한다. 어머니는 자신의 편견 때문에 어린 아들이 죽었다는 생각으로 자책하며, 다른 성소수자들의 억울한 죽음을 막기 위해 퀴어퍼레이드에 참여하고 성소수자 차별에 저항한다.

한국 사회에서도 성소수자를 치료의 대상으로 인식하고 가족, 종교에 의해 폭력적으로 이성애자로 전환하려는 치료가 행해져 왔다. 현재 미국을 비롯한 세계 각국에서는 성소수자의 인권 보호를 위해 전환 치료를 법적으로 금지하고 있다. 한국 역시 이제 전환 치료는 금지되었고 법적으로 처벌받는다.

『하느님과 만난 동성애』는 교회 내부의 동성애 차별, 가족과 성소수자 구성원의 관계에 대해 성찰한다. 한채윤은 서문에서 "하느님에게 버림받았다고 여겼고 하느님의 교회에서 모욕과 내침을 당했지만 자신은 차마 하느님을 버릴 수 없었던 이들의 진심과 사랑이 담겨 있습니다. (…) 오래전 사도 바울이 외쳤던 '유대인이나 그리스인이나 종이나 자유인이나 여자나 남자나 아무런 차별이 없습니다. 그리스도 예수 안에서 여러분은 모두 한 몸을 이루었기 때문입니다'라는 말씀을 오늘날에도 실천하기 위해 애쓰는 이들의 갈망이 담긴 책입니다"라고 쓰고 있다.

호모포비아의 이면에서 진보 신학자, 성소수자 신자, 성직자들은 성소수자 차별에 저항하고 있다. 성소수자 부모들은 자녀의 고통을 이해하고 성소수자 부모 모임을 결성했다. 또한 성소수자 차별을 반대하는 종교 모임들도 조직되었다. 종교는 권력을 가진 자를 위한 것이 아니라 가장 낮은 자, 소외된 사람들을 위한 것이라는 믿음으로, 미미하지만 힘을 모으고 목소리를 내는 사람들이 있다. 그리고 그 힘은 파장을 일으킨다.

이성애 제도와 여성

수도 공동체는 동성이 함께 살면서 수련 과정에서 서로를 독려하고 종교적 목적에 도달하기 위한 최선의 제도이다. 수련 과정에서 성적 욕망은 가장 절제하기 힘든 유혹으로 해석되기에 이 수도 공동체는 금욕, 정결이라는 장점을 부각한다. 하지만 이 제도는 이성애의 틀 안에서 상상력의 한계를 여실히 보여준다. 수도 공동체는 이성애자를 위한 제도이기에 동성애자에게는 의미가 없기 때문이다.

이성애 중심 사회는 남성과 여성의 구분을 본래적이고 선천적인 것으로 전제하여 생물학적 성차에 따라 사회적 역할을 구분한다. 성소수자의 존재는 이성애 제도 내에서 당연시해왔던, 남성은 여성을 사랑하는 사람, 여성은 남성을 사랑하는 사람이라는 개념을 흔든다. 그러면서 공고했던 이성애 제도의 모순과 문제점이 드러난다.

이성애의 시각에서 남성을 사랑하는 남성, 여성을 사랑하는 여성은 진정한 남성, 진정한 여성이 아니다. 이성애에 기초한 핵가족은 결혼, 출산을 정상의 삶으로, 독신, 이혼, 무자녀, 성소수자 커플, 한부모 가족 등을 비정상 가족으로 규정하고 비난과 낙인을 감수하게 한다. 이들은 국가에 공헌하지 못하는 집단으로 여겨진다.

성소수자 커플은 가족, 부부로 인정받지 못하기 때문에 사회적으로 차별을 겪는다. 수술 동의, 면회 등 의료 과정에서 보호자로서 권리를 행사하지 못하며, 건강보험, 연금, 보험, 금융 상품, 주택 문제에서 결혼한 부부들이 누리는 혜택을 받지 못한다. 장기간 관계를 지속했다 하더라도 세제 감면을 받지 못한다.

한편, 레즈비언은 게이에 비해서 주체적인 존재로 인식되지 못했다. 여성은 성적 수동성을 요구받기 때문에 성소수자의 쟁점에서도 레즈비언은 비가시화되었다. 여성이 남성성을 표현하는 것은 허용되지 않았기에, 레즈비언은 남성 같은 여성, 여성답지 못한 여성으로서 비난을 감수해야 했다. 그럼에도, 영화 등에 재현된 레즈비언의 독립적이고 주체적이고 당당한 모습은 여성성에 귀속되었던 여성들에게 새로운 역할모델이 된다.

모니크 위티그Monique Wittig에 따르면, 레즈비언은 여성을 사랑하는 여성으로서, 기존의 정의에서 여성이 아니면서도 여성임을 부정하지 않는 존재다. 레즈비언은 이성애 여성과는 다른 의미를 지닌다. 위티그는 가부장제뿐 아니라 가모장제도 거부한다고 말한다. 가모장제 또한 이성애에 기초한 제도이고 여성의 역할을 전제하기 때문이다. 레즈비언은 이성애 제도에 기반한 출산, 모성 등의 재생산에서 해방된 여성이다. 레즈비언은 남성에게 의존해서 살아왔던 여성들에게 독립적인 가능성을 제공한다. 이러한 의미에서 여성주의자에게 레즈비언은 여성 연대와 독립이 가능한 상상적 공동체로 해석된다.

우아한 호모포비아도 벗어던져라

앞에서 살펴본 일련의 사건들은 한국 사회 전반에 퍼진 호모포비아를 여실히 드러냈다. 호모포비아란 이성애의 권력과 제도를 유지하기 위해 성소수자에 대한 폭력과 차별을 정당화하는 것을 의미한다. 성소수자 차별은 정상가족의 보호와 성도덕의 강화라는 명분으로 행해진다. 성소수자를 성적으로 난잡하고 성병을 유발하는 사람, 정신적으로 문제가 있는 사람, 성폭력의 가해자로 다루는 것 모두가 호모포비아의 한 형태다.

우리 사회에는 성소수자가 더럽고 역겹다고 비난하고 폭력을 행사하는 호모포비아뿐 아니라 우아한 호모포비아도 존재한다. 한채윤은 『섹슈얼리티 강의, 두 번째』에서 "나는 이성애자이기 때문에 성소수자 문제에는 관여하고 싶지 않다"거나 "나는 성소수자 문제에 반대하지 않지만 나의 문제가 아니다"라고 생각하는 것이 우아한 호모포비아이며, 더욱더 심각할 수 있다고 말한다.

또한 웬디 브라운Wendy Brown은 『관용』에서 이성애자들이 성소수자의 고통과 차별을 이해하고 성소수자의 인권을 인정하는 것은 자비와 관용이 아니라고 지적한다. 성소수자 차별은 이성애 제도에 기초해 유지되므로, 이성애자들이 사회제도와 자신 안의 성소수자 혐오를 직시하고 성찰해야만 차별을 시정할 수 있다고 강조한다.

성소수자 차별은 성소수자의 문제가 아니다. 이성애자가 행하는 차별과 폭력에서 비롯한 것으로 이성애자의 자기반성을 요구한다. 성소수자의 존재는 이성애 제도를 위협하지 않는다. 도리어 이성애 제도의 문제점과 성소수자를 억압하고 차별하는 제도의 모순을 깨닫게 한다.

차별에 대한 감수성은 소외된 집단의 고통에 귀 기울이는 데에서 시작된다. 이 과정을 통해 이성애자들은 성소수자의 불평등한 상황을 인식하고 자신이 가해자라는 것을 깨닫게 된다. 더 나아가, 성소수자 차별과 폭력을 시정하는 변화를 탐색하는 계기가 된다.

성에 대한
침묵

2017년 3월 23일 차별금지법제정연대가 출범
했다. 우파 기독교의 이성애중심주의와 호모포비아로 인해 번번
이 좌절되었던 차별의 문제를 이번 정부에서 해결하기 위한 노력
이지만, 이는 보수 정치인들뿐 아니라 진보 정치인들에게 보내는
경고이기도 하다.

때때로 진보를 표방하는 정치인들도 성에 대해 보수적인 태도
를 견지하며, 낙태, 성소수자 차별에 미온적이거나 종교적 신념
에 따라 용인할 수 없다고 주장한다. 이들은 자신의 정치적 입지
를 유지, 확장하기 위해 보수 유권자들에게 표를 얻고자 전략적
으로 행동하기도 한다. 하지만 다른 부분에서 진보를 지향하더
라도 성 문제에서 보수적인 태도를 견지한다면 진정한 진보라고
할 수 없다.

또한 진보 지식인이나 정치인조차 여성혐오에 대한 비판을 성
대결로 인식하거나 공평성을 이유로 개입을 최소화하려는 경향
을 보인다. 이 가운데, 기독교 보수 단체는 민주주의 사회라면 자

유로운 의견을 개진할 수 있고 그러므로 성소수자에 대한 반대 또한 표현할 수 있다고 주장하면서 차별금지법에 반대한다.

민주주의는 다양성과 차이를 인정하는 사회, 공존을 지향하는 사회를 의미한다. 하지만 폭력까지 정당화할 수는 없다. 이러한 태도는 차별을 용인하고 합의를 불가능하게 할 뿐 아니라 기존의 지배 권력을 강화하는 결과를 낳는다. 누군가 겪는 차별이 나로부터 기인한다면 나의 행동은 변화되어야 하고 시정되어야 한다. 소외된 사람들의 위치에서 이들의 목소리에 귀 기울이지 않는다면 민주주의는 실현되지 않는다.

무엇을 가르치고
무엇을 금지하는가

『연애와 사랑에 대한 십대들의 이야기』에서는, 청소년은 성장하는 시기라서 미성숙하므로 성적 권리를 제한해야 한다는 논리에 반문한다. 또한 성에 대한 금지나 억압이 과연 청소년을 위한 것인지 묻는다.

입시 중심의 교육제도에서 몇몇 학교는 '불건전한 이성 교제'라는 이름으로 우연히 택시 정류장에 나란히 서 있던 남녀 학생을 처벌하기도 하고 학교에서 이야기를 나누는 남녀 학생에게 벌점을 주기도 한다. 청소년의 사랑은 호기심이나 미성숙한 것으로 폄하된다. 청소년에게는 사랑할 권리가 없는 것이다. 그러면서 청소년들을 위한 성폭력 예방과 처벌에는 둔감하고, 성 문제로 고민하거나 왕따를 당하는 청소년에 대해서는 침묵한다.

성인이 된 학생들이 공부하는 대학도 그다지 자유로워 보이지는 않는다. 많은 대학이 성, 여성학, 가족 등의 주제로 교양 강좌를 개설한다. 이 강좌에서는 교수들의 학문적 배경에 따라 상반되는 입장이 드러난다. 기존의 가족 가치를 강조하거나 생물학적 본질주의에서 벗어나지 못하는데도 수강생이 넘쳐나고 인기를 끄는 강좌가 있는가 하면, 여성의 성적 대상화, 성소수자에 대한 폄하 등으로 물의를 일으키는 강좌도 있다. 다행히 이러한 강의들은 차별에 민감한 학생들의 문제 제기로 인해 지속되지는 못한다. 한편, 대학 내에는 성폭력 문제 해결과 성평등한 관계를 위한 센터도 설립되어 교육과 상담이 진행되지만, 때때로 이러한 기관에서조차 학내에서 발생하는 성폭력을 은폐하고 가해자를 옹호함으로써 그 기능을 제대로 하지 못한다고 비판받는다.

대학에서 성소수자 인권 동아리가 공식적으로 활동하고, 성소수자로서 커밍아웃한 학생회장도 등장했지만, 가톨릭, 기독교, 성공회 등 그리스도교의 건학 이념을 표방하는 대학들은 낙태, 성교육, 성소수자의 인권 등을 다루는 것을 불편해하고 제재한다. 몇몇 대학들은 면접이나 채용 과정에서 공개적으로 교수나 외래 강사에게 결혼, 성소수자에 대한 생각을 질문하고 강의 내용을 사전 검열하기도 한다. 또한 대학 축제나 행사에서 기독교 대학의 학생들이 여성의 성적 순결을 강조하는 캠페인을 벌여 비난을 받기도 한다.

종교적 신념을 기초로 노골적으로 성소수자 차별을 공표한 기독교 대학도 있다. 이들 대학은 교육 이념으로 남성과 여성 외에 어떤 성도 존재할 수 없고 순결, 결혼, 가족의 가치를 중시한다고 강조한다. 또한 동성애에 관한 특강을 불허하고, 동성 결혼의 논의나 차별금지법 제정에 관해 반동적인 입장을 드러냈다.

불꽃페미액션은 강남역 살인 사건을 계기로 여성혐오 범죄에 대한 반대, "나의 자궁은 나의 것" 낙태죄 폐지 운동을 주도해 온 여성주의 단체다. 이 단체는 젊은 여성을 중심으로 온라인, 오프라인을 통해 적극적으로 활동하고 있다. 2017년 3월 불꽃페미액션은 한국여성재단의 지원으로 여성주의 관점에서 성교육을 계획했다. 이들은 순결주의를 비판하고 여성의 주체적인 성적 욕망과 권리에 대해 논의하려는 장을 대학 내에 마련하고자 했다. 하지만 가톨릭 재단의 대학으로부터 건학 이념에 어긋나는 교육에 대해 강의실을 빌려줄 수 없다고 통보받았다. 가톨릭계 대학이 여성 단체의 특강에 강의실 대여를 불허함으로써 혼전 성관계, 피임, 낙태에 반대 입장을 보인 것이다.

가톨릭교회는 생명 존중을 강조함으로써 낙태뿐 아니라 성에 관해 보수적인 입장을 취했고, 이러한 가치관은 여성주의자와 대립한다. 하지만 가톨릭교회가 낙태를 반대하고 태아의 생명 존중을 강조하면서 여성주의와 격렬하게 충돌한 것과 달리, 한국의 가톨릭계 대학에서는 기독교 대학처럼 공식적으로 성에 대한 입장을 표명하지 않았다.

가톨릭교회에서는 점액관찰법을 통한 자연피임을 허용하지만 인공피임, 낙태는 허용하지 않는다. 결혼과 가족의 신성함을 강조하는 이면에서 낙태, 혼전 및 혼외 성관계, 이혼, 동성애 등에 반대하는 입장을 취한다. 여성 신자가 낙태를 하는 경우 속죄해야 하지만 그 여성과 연애, 성행위를 한 남성은 이 책임에서 면제된다. 생명 존중과 성의 고귀함을 강조하는 교회의 가르침에 여성의 고통은 가중된다. 여성은 가임기에 임신 불안에 시달리면서도 남자친구, 남편과의 성관계를 거부하지 못하고 원하지 않는 임신, 출산의 상황에서 책임을 혼자 감당한다. 남성은 성적 쾌락의 주체로서 자신의 몸에 대해 결정권을 갖지만 피임, 출산, 양육의 책임에 대해서는 부차적인 위치에 있으며 여성은 자신의 성에 대해 결정권을 갖지 못한다. 가톨릭교회에서 여성의 몸은 부모, 사회로부터 성적 감시를 받으며 남성을 유혹하는 존재로 여겨진다. 여성이 성적인 정숙함과 무지함에서 벗어나면 비난받고 보호받지 못한다는 것을 교회는 끊임없이 각인시키며 시대착오적인 성통제를 가한다.

영화 〈아뉴스 데이〉는 1945년 제2차 세계대전 동안 독일군과 소련군에게 수차례 공격을 받은 폴란드 수녀원의 실화를 다룬다. 수녀들은 군인들에게 성폭력을 당하고 원치 않는 임신, 출산을 하게 된다. 성폭력, 임신, 출산으로 이어진 수녀들의 고통에 대해 원장 수녀는 적군의 아이를 임신, 출산한 수녀들을 보호하고 수녀원을 지켜야 한다는 명목으로 수녀들에게 성폭력에 대해 침묵하도록 강요한다. 하지만 산고를 겪는 수녀를 지켜보던 한 수녀가 규율을 어기고 프랑스 적십자군의 여의사에게 도움을 요청하면서 외부로 성폭력과 임신 사실이 알려진다. 영화는 합당한 이유 없이 고통을 당하는 수녀들과 이들을 돕는 여의사의 우정과 연대를 그린다.

전시 성폭력을 신앙의 힘으로 극복하고 태어난 아이들을 보살피려 했던 수녀들의 행동은 숭고할지 모르지만, 성폭력과 원하지 않는 출산으로 인한 트라우마, 아이와 떨어져야 하는 고통을 겪는 수녀들의 모습을 지켜보는 것만으로도 괴롭다. 더욱이 출산만이 유일한 선택이라고 말하며 여성의 성적 순결과 희생을 강조하는 가톨릭교회의 가르침 때문에 그들의 고통이 가중되었다면 더욱더 불편하고 답답해질 수밖에 없다.

성에 대한 침묵에서
성에 대한 인식으로

미셸 푸코Michel Foucault는 『성의 역사』에서 사회의 제도가 인간의 성을 억압한다고 여겨지지만, 성을 금기시한 사회에서도 성에 대해 이야기되어 왔다고 말한다. 중세 시대에 신부들은 어떠한 성행위는 죄가 될 수 있다고 구체적으로 설명했고, 신자들은 고해성사를 통해 어떠한 죄를 지었는지 고백하면서 자신의 욕망을 이야기했다.

가톨릭교회는 성에 대해 침묵해왔다. 하지만 침묵 역시 성에 대한 메시지를 분명히 전한다. 이 침묵은 성을 거룩하게 하는 것이 아니라 여성, 성소수자에 대한 폭력과 차별을 용인한다.

"나는 너와 다르게 성을 절제할 수 있는 탁월하고 도덕적인 인간이다", "육체는 정신보다 열등하다"라는 이분법적인 사고는 자기 분열과 혼란을 초래한다. 또한 여기에는 타자에 대한 인격적인 존중과 배려가 결여되어 있다. 교회에 머무는 여성들이 이에 동의하는 것은 아니며 침묵만 하고 있는 것도 아니다. 하지만 교회는 여성들의 목소리를 지우고 여전히 남성중심 권력을 행사하고 있다. 여성은 성폭력에 대해 문제를 제기할 수 있으며 성적 욕망을 이야기하고 성에 대해 결정할 수 있다. 여성은 성적 피해자를 넘어서서 주체적으로 선택하고 책임질 수 있는 존재이기 때문이다.

교회 안에서 독신, 이혼, 싱글맘, 성소수자 들은 도덕적인 낙인과 함께 죄인, 불완전한 존재로 해석된다. 이러한 시선이 불편해진 사람들은 교회를 떠난다. 교회는 타자를 만들고 소외된 이웃을 단죄한다.

다큐멘터리 〈위켄즈〉는 게이 합창단 지보이스 단원들의 이야기를 다룬다. 단원들 중 기독교 집안에서 성장한 이들의 경우, 자신의 성적 지향이 가족과의 갈등을 초래한다. 부모들은 목사, 집사 등을 맡고 있으므로 교회 내의 입지 때문에 아들이 게이임을 알면서도 커밍아웃을 하지 않기를 바란다. 이들은 종교를 가진 부모 때문에 성소수자로서 더욱더 상처 입는다. 영화가 끝나고 자막이 올라갈 때 '도움을 주신 분들'에서 천주교인권위원회라는 이름을 발견할 수 있었다. 이는 "동성애는 반교리적인가" 하는 의문에 대한 답변이 될 수 있을 것이다. 가톨릭교회는 다양한 사회 문제에 참여해 변화를 이끌어내기 위해 노력해왔지만 성에 대해서는 침묵하고 있다.

성 문제는 가려진 영역이기 때문에 가장 변화가 필요한 부분이다. 가톨릭교회는 성에 대해 다른 관점에서 논하고 타자에 대한 감수성을 보여줘야 한다. 또한 가톨릭계 대학들은 여성, 성소수자 문제에 대해 열린 마음으로 소통해야 한다. 가톨릭교회와 대학이 성적 타자인 여성과 성소수자들을 존중함으로써 희망과 구원의 상징인 종교적 상상력이 발현되기를 기대한다.

디지털 성폭력과
여성의 고통

여성들은 공중화장실이나 탈의실에 불법 촬영 카메라가 설치되어 있거나 언제 자신의 몸이 불특정 다수에게 노출될지 모른다는 불안과 공포에 시달린다. 기술의 발달은 불법 촬영과 유포에 대한 여성의 불안을 더욱더 심화한다. 지하철과 버스에서도 여성은 크고 작은 성폭력을 겪는다. 하지만 이러한 고통은 여성들이 개인적으로 알아서 조심하거나 넘겨야 할 일로 취급되곤 한다.

진작에 할 수 있었던,
하지만 하지 않았던

2018년 A대 회화과 누드 크로키 수업에서 남성 누드모델의 사진이 유출되어 몇몇 사이트에 배포되었다. 이 사건은 밀폐된 공간인 대학의 강의실에 일어났기 때문에 수업에 참여했던 교수, 학생, 모델 들이 경찰 조사를 받았다. 결국 범인은 동료 여성 모델로 밝혀졌고 구속되었다.

남성이 피해자인 디지털 성폭력 사건은 많은 사람의 이목과 관심을 집중시켰고 경찰도 적극적으로 수사를 진행해서 가해자를 빨리 검거할 수 있었다. 하지만 그동안 경찰이 여성이 피해자인 디지털 성폭력 사건에서 소극적으로 수사하고 안일하게 대처해왔음을 반증한 셈이다. 불법 피해 동영상이 떠돌아다녀 고통을 호소하는 피해 여성들에게 "어쩔 수 없다"고 말하며 방관했던 경찰이 이 사건에는 빠르게 대처함으로써 '진작에 할 수 있었다'라는 의심과 더불어 여성들의 공분을 불러일으켰다.

2018년 5월 19일 혜화역에 붉은 옷을 입은 여성들이 1만 명 이상 모였다. 이 여성들은 디지털 성폭력에 대한 공정한 수사를 요구하며 시위를 벌였다. 젊은 여성 중심으로 시위가 진행되었지만 이렇게 많이 모일 것이라고는 누구도 예상하지 못했다. 남성이 성폭력 피해자라는 이유로 언론의 관심을 끌고 경찰 수사가 급속도로 진행되었다는 부당함이 시위의 출발점이 되었다. 이러한 시위에 대해 남혐, 성 대결이라는 비난도 있었고 여성 시위 참가자에게 염산 테러를 하겠다고 신변을 위협하는 경고도 있었다. 강남역 살인 사건 이후 여성 인권, 성차별에 대한 관심이 높아지는 반면, 여성혐오나 남성들의 반동도 그만큼 거세지고 있다.

그동안 우리 사회는 디지털 성폭력 피해에 둔감하게 반응했고 이제서야 여성 인권에 관해 경각심을 갖는 움직임이 일어나기 시작했다. 여성의 성적 권리를 논의하면서도 '성관계에 대한 책임은 여성이 스스로 저야 한다'는 인식 때문에 여성은 성폭력 피해가 발생해도 이에 대해 쉽사리 문제를 제기할 수 없었다.

디지털 성폭력으로 인한 여성 피해자의 고통은 이루 말할 수 없이 심각한 데 비해 가해자 처벌은 미미한 수준이다. 동의 없이 촬영된 동영상이 유포된 것을 성적으로 난잡한 여성의 책임이라고 해석하는 것은 더 큰 문제다. 그러한 가운데 성폭력 피해로 인한 여성의 고통은 간과된다.

야동이 아니라
성폭력이다

디지털 성폭력은 타인의 신체 부분을 동의 없이 촬영하고 무단으로 배포하는 행위를 말한다. 사이버 성범죄, 온라인 성폭력, 디지털 성범죄라고도 하며, 디지털 장치를 이용하기 때문에 사이버 공간에서 발생한다. 여성을 성적 대상화하고 고통을 주지만 어떤 집단은 이를 이용해 수익을 창출하고 있다.

스마트폰에 장착된 카메라로 사진과 동영상을 손쉽게 촬영하고 공유, 유포할 수 있게 되면서 디지털 성폭력 피해는 더욱 심각해지고 있다. 2004년부터 스마트폰이 상용화되고 카메라가 확산되면서 불법 동영상 게시물이 폭증했다. 2015년에는 워터파크 수영장 탈의실에 불법 촬영 카메라가 설치된 사실이 밝혀져 충격을 준 바 있다.

현행법에서는 이미지 착취를 성폭력 피해로 인정하지만, 디지털 성폭력에 대한 처벌은 관대한 편이다. 여성의 무릎 위 허벅다리, 등, 치마 속, 엉덩이 등을 상대의 동의 없이 촬영하는 행위는 처벌을 받지만 몸이 아닌 속옷이나 상반신을 촬영하는 경우 수치심을 유발하는 부위가 아니라고 해석되어 처벌받지 않는다.

경제적 이유 때문에 여성이 불법 촬영 범죄를 저지르는 경우도 있지만, 대부분의 가해자는 남성이다. 또한 이러한 동영상을 시청하는 남성도 폭력의 가해자로서 면죄받아선 안 된다. 이들은 피해 여성의 고통은 아랑곳하지 않고 자신의 욕망만을 중시한다. 이 과정에서 여성은 인격으로 존중받지 못하고, 사물로서 성기, 몸으로만 다뤄지며 남성들의 죄의식은 희석된다.

디지털 성폭력은 남몰래 다른 사람의 몸을 들여다보는 행위, 관음적 욕망과 연관되어 있는데, 이것이 타자의 고통을 야기하는 폭력이고 범죄라는 것을 인지하지 못하는 것이 크나큰 문제다. 남성은 불법 촬영 동영상을 보고 즐기면서 이를 놀이, 쾌락으로 의미화한다. 하지만 단순히 음란하고 야한 동영상이어서가 아니라 명백히 성폭력이기에 금지해야 함을 인식해야 한다.

유명 유튜버 B씨는 소셜 미디어에 장문의 글을 올려 성폭력 피해 사실을 알렸다. 피팅 모델을 하기 위해 스튜디오와 계약했지만 현장에서 누드 촬영을 강요당했다는 것이다. 그녀는 5회에 걸쳐 스튜디오에 감금된 상태로 약 20여 명의 남성 앞에서 신체의 중요 부위들이 드러나는 속옷을 입고 성추행을 당하며 촬영을 했다고 했다. 더욱이 촬영 이후 3년 만인 2018년 5월, 그녀는 당시 촬영했던 사진이 성인 사이트에 유출되었다는 사실을 알게 되었다. 그녀는 세 차례 자살 기도를 했던 사실을 밝히며, 더 이상 자신과 같은 피해자가 생기지 않게 해달라고 눈물로 호소했다. B씨의 호소에 동료 선배도 같은 피해를 당했다고 밝혔고 경찰은 이 사건에 대해 적극적으로 수사하고 있다.

B씨는 성폭력 피해 사실을 밝힘으로써 공감과 지지를 받았지만, 자발적인 행위라 의심하는 사람에게 2차 피해를 당하기도 했다. 스튜디오 운영자가 SNS 대화를 언론에 공개하면서 '합의하에 진행한 촬영'이라고 주장했지만, 그녀는 사진 유출에 대한 두려움과 경제적 어려움으로 촬영에 응했고 성폭력을 당했다고 반박했다. 경찰에 따르면, 스튜디오에서 성추행 등을 당했다고 주장하는 피해자는 B씨를 포함해 6명에 이르렀다.

한편, B씨 사건으로 경찰 조사를 받던 모 스튜디오 실장이 두 번의 동종 범죄로 벌금형과 기소유예 처분을 받은 사실이 알려졌다. 몇몇 사진작가들은 비공개 촬영회가 예술을 빙자해 성폭력을 정당화하고 성적 욕망을 관철시키고 있다고 비판하면서 B씨에게 힘을 실어주었다.

피해자가 수사를 의뢰한다 해도 촬영에 합의했고 돈을 받았다는 사실은 피해자에게 법적으로 불리한 결과를 초래한다. 이러한 폭력을 예방하기 위해 촬영 형식과 내용, 노출 수위 등을 명확히 표기한 표준계약서가 필요하다.

한편, 데이트폭력과 더불어, 리벤지 포르노revenge porno의 피해에 대해서도 사회적 관심이 증가하고 있다. 리벤지 포르노는 가해자와 피해자가 서로 아는 사이인 경우가 다수로, 현재 또는 전 데이트 상대가 가해자인 경우가 대다수다. 두 사람이 상호 동의한 상태에서 촬영한 상대방의 몸 사진이나 성관계 장면을 연애 관계 종료 후 상대의 허락 없이 보복할 목적으로 인터넷에 유포하는 것이다. 이중에는 동영상 촬영을 목적으로 여성에게 접근해서 연애를 하고 성관계 장면을 촬영해서 동영상을 유포하는 조직적인 범죄까지 발생하고 있다. 하지만 불법 성인 사이트에서 사진을 퍼가거나 동영상을 보는 사람들은 피해자의 성적 난잡성을 비난하며 여성혐오 발언을 서슴지 않는다. 하지만 피해자는 이러한 동영상을 촬영하거나 배포하는 데에 동의한 적이 없다. 그런데도 가해자는 피해자가 당한 고통만큼 강한 처벌을 받지 않는다.

인터넷에서 불법 동영상을 발견한 디지털 성범죄 피해 여성들은 자신의 영상을 삭제하기 위해 돈을 지불해야 한다. 이 과정이 부당하지만 이들에게는 시시비비를 가리는 것보다 동영상을 하루빨리 삭제하는 것이 시급하기 때문이다. 동영상의 배포, 확산은 순식간에 일어나고 한번 올라온 게시물은 통제가 불가능할 정도로 널리 퍼진다. 피해자들은 일상생활을 할 수 없을 정도의 심각한 피해를 겪고 있다. 대인기피증으로 집 밖에 나가지 못하는 일은 흔하다. 심지어 성형수술을 하거나 한국을 떠나기도 한다. 현 정부는 이러한 디지털 성범죄에 대한 처벌을 벌금형에서 징역형으로 강화하겠다고 발표했지만 피해자의 고통은 여전하다.

디지털 성폭력과
싸우는 여성들

　　　　　디지털 성폭력 피해를 신고해도 가해자는 처벌되지 않거나 가벼운 처벌을 받는다. 현행의 제도로는 가해자는 재범 가능성이 높고 범죄 예방 또한 어렵다. 또한 디지털 성폭력의 발생이 증가했다 하더라도 기소율은 낮다. 처벌이 쉽지 않으며 처벌 수위도 낮고, '성적 수치심'이라는 기준이 피해자의 경험을 충분히 고려하지 못하기 때문이다. 그럼에도 아동·청소년이용음란물의 제작·배포 행위는 무기 또는 10년 이상의 징역으로 명시될 만큼 심각한 범죄 행위로 점차 처벌이 강화되고는 있다.

2018년 5월 16일 '미투 운동과 함께하는 시민행동'은 신논현역에서 강남역 살인 사건 추모 집회 '우리는 멈추지 않는다'를 열었다. 이 집회의 참가자들은 "여성 폭력 중단하라", "불법 촬영 처벌하라", "여성도 국민이다 안전한 나라 만들어라", "여성 폭력 방치 국가 세금 받을 생각하지 마라", "공권력이 가해자냐 똑바로 처벌하라"라는 구호를 외쳤다.

한국사이버성폭력대응센터(이후 한사성으로 칭함)는 20, 30대

여성주의자를 중심으로 운영되는 여성 단체로서 디지털 성폭력 피해자에 대한 사회적 지지 및 영상 삭제 지원, 수사 및 법률 지원, 심리 상담 지원 등을 하고 있다. 아울러 이 단체는 여성혐오와 성폭력에 대한 우리 사회의 인식 개선을 위한 캠페인을 벌이고 디지털 성폭력에 관한 법 제정을 위해 노력하고 있다.

제20회 서울국제여성영화제에서 상영된 다큐멘터리 〈얼굴, 그 맞은 편〉은 소라넷 폐쇄, 리벤지 포르노 근절 등 디지털 성폭력 방지를 위해 노력해온 한사성의 활동을 다루었다. 한사성의 여성주의 활동가들은 소라넷에 불법으로 올라오는 동영상과 강간 모의 사건 증거들을 모으고 디지털 성폭력의 공론화와 가해자 처벌을 위해 헌신해왔다. 그 결과, 100만 명의 회원을 보유하고 다량의 불법 동영상을 확보했던 소라넷은 공식적으로 폐지되었다. 하지만 다른 불법 사이트들은 여전히 성행 중이며, 여성혐오와 여성에 대한 폭력도 만연하다. 파일 공유 사이트에서도 불법 동영상이 올라와 확산되고 있다. 이러한 사이트로 돈을 벌어온 회사들은 불법 동영상에 대한 저작권료를 챙기거나 피해자의 동영상을 삭제해주면서 수익을 얻는다.

2018년 5월 23일 한사성은 페이스북을 통해 후원 명단을 공개하며, 익명으로 18원을 세 번째 보낸 안티 회원이 최근 실명으로 돈을 입금했음을 밝혔다. 한사성이 이 사실을 공개한 것은 디지털 성폭력 근절 활동이 협박과 공격을 받고 있음을 보여주기 위해서다. 여성주의 활동가들은 열악한 경제적 상황 속에서 여성

혐오에 사로잡힌 남성들에게 위협받고, 주변 사람들에게 미친 짓이라는 비난을 들으면서도 활동을 계속한다. 이들은 여성으로서 인간의 존엄성을 되찾기 위해 여성혐오가 난무하는 디지털 세계의 진흙탕에서 싸우고 있는 것이다. 이들은 불법 동영상을 찾아내고 삭제하고 여성혐오적이고 폭력적인 댓글을 읽는 과정에서 정신적, 육체적 스트레스를 받으며 트라우마를 겪는다. 그럼에도 불법 동영상의 피해자가 나일 수 있다는 생각, 피해자의 고통에 대한 공감, 여성 인권이 유린되는 현실에 대해 침묵할 수 없다는 신념 때문에 이 일을 계속하는 것이다. 이들은 정부의 적극적인 대응과 더불어 방송심의위원회에서 디지털 성폭력을 근절할 수 있는 강력한 장치를 마련하는 것이 필요하다고 강조한다.

보는 것도
폭력이다

로빈 모건은 "포르노는 이론이고 강간은 실천이다"라고 했다. 성인 남성은 현실과 성적 판타지를 구분할 수 있다고 하지만, 디지털 성폭력은 오프라인의 성폭력과의 연속선에서 이뤄진다.

앞서 말했듯, 디지털 성폭력의 가해자는 불법 영상을 촬영하고 유포하는 사람만을 의미하지 않는다. 이러한 불법 동영상과 사진을 즐기는 사람들 역시 범죄, 폭력의 책임에서 자유롭지 않다. 불법 촬영 및 해당 동영상의 배포뿐 아니라 시청하는 것, 동영상 속의 여성을 폄훼하는 댓글을 다는 것도 폭력이고 범죄임을 인식해야 한다.

디지털 문화가 현실과 어떠한 관계가 있는지를 분석하는 것은 이제 무의미하다. 디지털 세상은 오프라인의 삶을 주도하고 오프라인의 삶에 강력한 영향력을 행사하고 있다. 성폭력 동영상을 감상하고 여성혐오 댓글을 달고 동조하는 사회에서 여성들은 인격적으로 존중받을 수 없다.

여성의 고통을 간과하는 성적 쾌락은 남성중심적인 욕망과 연관되고 죽음의 문화를 양산할 뿐이다. 디지털 성폭력에 대한 감수성을 고양하고 이를 예방, 근절하는 장치를 마련해야 한다.

3장.

평등하지 않은 사랑,
희생의 굴레

왜 우리는
사랑에 목매는가

대중가요와 드라마의 중요한 주제는 남녀 간의 사랑이다. 인간의 감정과 경험은 다양한데, 왜 이렇게 사랑만이 유일한 감정인 것처럼 다뤄지는 것일까. 많은 사람이 사랑에 집착하고 몰두한다. 사랑하지 않는 것은 삶의 본질에 어긋나는 것이라 여기고 낭만적인 사랑을 꿈꾼다. 사랑이 언제부터 삶의 전부일 정도로 중요한 가치가 되었는가.

평등하지 않은 사랑,
희생의 굴레

울리히 벡Ulrich Beck과 엘리자베트 벡-게른샤임Elizabeth Beck-Gernsheim은 『사랑은 지독한 그러나 너무나 정상적인 혼란』에서 근대 남녀 간의 사랑은 "네 이웃을 네 몸같이 사랑하라"라는 그리스도교의 이타적인 사랑이 아니라고 말한다. 근대에 들어와서 남녀 간의 사랑이 신흥종교처럼 막대한 힘을 갖게 되었다는 것이 그들의 설명이다.

전통 사회에서는 지금처럼 남녀 간의 사랑이 중시되지 않았다. 결혼은 출산을 통한 노동력의 재생산을 위한 것이었고, 가문 간의 경제적 이해에 기반해 이루어졌다. 남녀 간의 친밀성이나 사랑보다는 혈연, 이웃 간의 연대가 중시되었다. 이러한 집단적인 연대는 개인을 구속하고 기존의 질서를 유지하는 데에 영향을 주었지만, 위험에 처한 개인을 보호하는 장치가 되었다. 한편, 이러한 제도 안에서도 열정적인 사랑은 존재했고 남성은 아내뿐 아니라 혼외 관계에서 성적 욕망을 누릴 수 있었다. 하지만 정숙한 아내라는 이상에 따른 성규범은 여성의 욕망을 허용하지 않았고 여성의 성은 부부 관계와 출산에 국한되었다.

근대에 와서 개인의 업적과 성취, 기회를 중시하는 사회로 변모하면서 전통 사회보다 남녀 간의 사랑을 중요시하게 되었다. 내가 사랑하는 사람을 선택해서 그 사람과 미래를 설계하는 낭만적인 사랑은 자아의 실현인 동시에 동등한 인격의 결합이다.

앤소니 기든스Anthony Giddens는 『현대사회의 성, 사랑, 에로티시즘』에서 낭만적 사랑을 나에게 딱 맞는 이상적인 사람과의 운명적인 만남을 전제로 하지만, 서로의 성장과 발전을 위해 노력하는 합리적 사랑의 모순적인 조합이라고 설명한다. 또한 낭만적 사랑은 성별 분업을 지지함으로써 여성이 남성의 자아에 통합되는 것을 전제로 한다.

슐라미스 파이어스톤Shulamith Firestone도 『성의 변증법』에서 여성이 사랑으로 고통 받는 것은 자아가 없어지기 때문이라고 지적한 바 있다. 부부 간의 성별 분업에서 생계부양자인 남성에게 경제적으로 의존하면서 가사노동과 양육을 책임지다 보면 여성은 사랑으로 인해 성장하기보다 마모된다. 이 구조에서 여성은 독립적인 존재로 해석되지 못하고 노동시장에서 성차별을 감수해야 한다. 몇몇 여성들은 노동시장의 성차별을 먼저 경험하면서 결혼을 통해 경제적 안정을 확보하고자 한다. 이들은 외모를 자원으로 남성의 마음을 사로잡기 위해 노력한다. 이러한 과정에서 여성은 동등한 인격체라기보다 성적 대상, 육체적 대상으로 인식된다.

한편, 사랑하는 사람들은 결혼을 하면 현재의 사랑이 지속되거나 상승할 거라고 기대한다. 결혼은 사랑의 영원한 약속이며, 결혼이라는 제도가 두 사람의 행복을 보장해줄 거라고 믿는다. 벡과 벡-게른스하임은 회사를 비롯한 여러 관계가 유동적이고 다면적인 현대사회에서 유일하게 결혼만이 변하지 않는다고 생각하는 것 자체가 모순이라고 비판했다.

사랑이란 결혼 제도에 의해 보증되는 것이 아니라 상호 헌신이 있을 때만 유지된다. 하지만 근대의 성별 분업에서 사랑은 여성의 속성으로 인식된다. 여성의 희생은 당연시되지만 여성은 남성에게 했던 똑같은 방식의 돌봄을 받지 못한다. 남편은 생계부양만이 자신의 역할이고 사랑의 표현이라고 생각하기 때문이다.

전통적인 농경 사회의 붕괴와 더불어 산업화, 도시화된 사회에서 인간은 타자의 간섭이나 개입에서 비교적 자유롭다. 하지만 이 자유는 인간관계에서 소외와 고립, 도움이 필요할 때 보살핌을 받지 못하는 상황을 의미하기도 한다. 그러한 사회에서 인간은 상처 받기 쉬우며 위험에서 구조될 수 없다.

생존을 위해 정글, 전쟁터와 같은 노동시장에서 가족을 위해 경쟁하는 인간에게는 안식처가 필요하고, 가족은 쉼터로서 낭만화되고 신비화된다. 전통 사회에서 이웃과 친척 등이 광범위하게 지원했던 사회복지의 기능을 가족이 배타적으로 수행하게 됨으로써 가족, 남녀 간의 사랑은 찬미된다. 하지만 이러한 쉼터와 안식처를 만들기 위해 노동하는 사람은 여성이고, 여성에게 집은 진정한 안식처가 되지 못한다. 때때로 사랑하는 사람을 위해 밥상을 차리고 집 안을 깨끗이 했던 여성의 선의는 정작 자신은 보살핌을 받지 못하는 상황으로 돌아온다. 아픈 와중에도 가족들의 식사를 걱정해야 하는 것이다. 내가 사랑을 표현하는 만큼 사랑받기 원했던 여성은 사랑의 불공평성 때문에 좌절하고 상처받는다.

또한 가족이기주의를 지향하는 배타적인 사랑은 가족을 넘어선 타자와의 관계와 책임을 간과함으로써 가족의 부담을 가중하고 사회적인 차원의 연대를 방해한다.

사랑의
성별화된 방식

한 사람을 향한 진실한 마음과 영원한 사랑
은 삶의 과제이자 도달하기 힘든 이상이다. 질병, 사고, 위기에도
변하지 않는 위대한 사랑은 순간적인 쾌락에 탐닉하는 사랑과는
거리가 멀다. 역사적으로 육체적인 사랑은 정신적인 사랑에 비해
폄하되어 왔다.

정신적인 사랑, 한 사람만을 향한 사랑은, 아내의 미덕을 강
조하고 성, 사랑, 결혼을 연속선에서 해석하게 했다. 하지만 남
성의 성적 욕망은 이 연속선 상에 있지 않으며, 결혼을 통한 배
타적 성적 계약도 실현되지 않는다.

또한 이 가치관에서 여성의 사랑은 내가 사랑하는 사람을 선
택하는 주체적인 방식이 아니라 나를 사랑해주는 사람에게 선택
받는 수동적인 사랑, 나르시시즘적인 특성이 있다. 내가 욕망하
는 사람에게 선택받기 위해 노력하지만 내가 욕망하는 사람보다
나를 욕망하는 사람의 선택에 따라 달라지는 것이 바로 여성의
사랑이기 때문이다. 더욱이 이는 남성에 대한 경제적 의존을 전
제로 해왔기 때문에 여성의 생존과도 연관된다.

여성들이 성적 자유와 경제적 독립을 추구하는 것은 주체적인
삶을 확보하기 위해서다. 독립적인 여성과의 관계는 여성에 대한
보호와 책임, 경제적 부담에서 남성을 자유롭게 한다.

사랑은
왜 아픈가

결혼하고 출산해야 한다는 근대 핵가족 기반의 정상가족 규범이 달라지고 있다. 결혼에서 얻을 수 있는 이익이 없음에도 당연히 결혼을 해야 한다고 생각하는 여성도 있지만, 어떤 여성들은 행복하기 위해 이혼을 선택하고 독신을 선택한다.

고등교육을 받고 경제활동 참여가 증가함에 따라 여성들은 임금노동을 통해 생계를 유지하고 경제적 독립을 도모한다. 하지만 모든 독신 여성이 경제적으로 안정적인 상태에 있는 것은 아니다. 여성은 취업 과정에서부터 성차별을 경험하며, 여성화된 직무의 저임금, 비정규직, 성희롱, 유리천장 등의 문제는 아직도 심각하다.

독신, 1인 가구의 증가는 낭만적 사랑조차 꿈꿀 수 없는 가난한 젊은 세대의 슬픔으로도 해석된다. 엄기호는 『이것은 왜 청춘이 아니란 말인가』에서 오랫동안 사귄 연인들이 헤어지는 과정에서도 크게 동요하지 않는 모습을 언급했다. 미래를 계획할 수 없는 가난한 젊은 세대는 이별할 때도 쿨한 모습을 보인다. 슬프지 않기 때문이 아니라 슬픔에 압도되면 더 이상 자신을 지탱할 수 없을까 봐 두려워서 작동하는 방어기제다. 낭만적 사랑의 각본에서 벗어나지 못하고 결혼을 선택해서 시행착오를 겪지는 않는다 하더라도, 그들의 현실 또한 크게 희망적이지는 않다.

사이버 공간이 우리의 삶에 지대한 영향을 미치는 사회에서 젊은 세대는 다른 방식으로 소통한다. 지그문트 바우만Zygmunt Bauman은 『리퀴드 러브』에서 스마트폰 세상에 몰두하고 그 안에서 왕성하게 관계를 맺지만 대면적인 관계를 거부하는 현상에 관심을 갖는다. 사람들은 불필요한 인간관계를 원하지 않고 소통을 거부하는 듯이 보이지만 끊임없이 테크놀로지의 세상 속에서 타자와의 연결을 확인하고 이에 집착한다. 하지만 그들의 관계는 목록에서 삭제하는 순간 사라진다. 이러한 시대에 서로의 희생과 헌신을 요구하는 사랑은 무의미하다. 내가 원할 때 소통하고 싶은 욕구를 채워주는 순간에만 사랑은 의미 있으며, 언제든 단절될 수 있다.

또한 에바 일루즈Eva Illuse는 『사랑은 왜 아픈가』에서 감정과 사랑, 성에 대한 욕구와 이러한 욕구가 상품화되는 사회적 맥락을 설명한다. 일루즈에 따르면, 연애도 자기 계발과 자기 관리로 인식되는 사회에서 사람들은 자신의 감정을 소중히 여기며 치유 받고 존중받기를 원한다. 하지만 이러한 소통 방식에는 타자에 대한 배려가 부족하기에 근본적인 고독감과 허무감을 채우지 못한다고 비판한다. 이러한 현상은 타자와의 소통을 원하지만 소통에 실패한 후 관계 맺기를 포기하고 자기에게 몰두하는 문화를 보여준다.

새로 쓰는
관계 맺기

인간은 관계에서 상처 받더라도 누군가와 연결되기를 원한다. 타자와 소통하고 싶고 타자를 보살피고 싶은 욕구는 자연스럽다. 그 대상은 성적 욕망의 대상을 넘어 자녀, 조카, 반려동물, 친구 등으로 확장된다.

주느비에브 본Genevieve Vaughan은 선물의 경제를 주창하면서 "주는 것이 받는 것이다"라고 말한다. 그녀에 따르면, 주는 것은 받기 위한 것이 아니라 상대가 기뻐하고 만족하는 모습을 보기 위한 것이다. 주는 것만으로 기쁨이 되는 경제는 모자녀 관계에 기반을 둔다. 너의 존재 자체가 나에게 기쁨이 되는 관계는 자본주의 교환경제에서는 존재하지 않는다.

상대에게 A를 주고 내가 그보다 가치 있는 B를 받을 때 행복한 것이 교환경제의 원칙이다. 하지만 이 원리를 따르면 나에게 필요 없는 A를 소유하면, A가 절실하게 필요한 사람은 A를 사용할 수 없게 된다. 내가 어떤 장에서 타자의 관심과 자원을 독점하면, 다른 사람의 권리를 박탈하는 셈이다.

오늘날 사람들은 폭력, 전쟁, 재난, 기아, 가난 등으로 고통 받고 있다. 또한 이 고통은 경제적 이익이라는 이기심에 기초한다. 내가 필요 이상으로 많이 소유하면, 그것이 절실하게 필요한 사람들이 사용하지 못하게 됨으로써 그들에게 고통을 줄 수 있다.

멀리 있는 이들에 대한 정서적, 경제적 지원은 그들의 고통을 민감하게 느끼는 사랑에서 유래한다. 우리는 서로 무관한 존재가 아니다. 세계라는 복잡한 그물망으로 연결되어 있다. 타인은 나의 헛헛한 욕망을 채워주기 위한 수단이 아니다. 타인을 보살피는 과정에서 서로 이해하게 되고 교감함으로써 '우리'라는 연대 의식이 생긴다. 그렇게 삶은 풍요로워진다.

우리는 사랑의 의미를 다시 써야 한다. 내가 애착하는 대상에만 몰입하는 폐쇄적인 사랑이 아니라, 나를 성찰함으로써 타자의 고통이 나로 비롯한 것은 아닌지 비판적으로 사고하고 행동하는 열려 있는 사랑, 정의와 함께 가는 사랑으로 확장되어야 한다.

결혼에 대처하는
우리의 자세

외출했다가 돌아온 아내가 충격을 받는다. 남편이 내연의 여성을 집으로 데리고 들어와 외도를 즐기고 있기 때문이다. 아내는 이혼 소송을 준비 중이었지만 자신의 집에서 현장을 목격하고 경악한다. 하지만 남편은 태연하게 "법이 인정해줬잖아. 마음껏 바람피우라고"라고 말하며 미안해하지도 않는다.

이 내용은 SBS 드라마 〈이혼변호사는 연애 중〉(2015)의 한 장면이다. 과장되어 보이지만 현실에서도 유사한 일어난다. 간통죄 위헌 결정 이후 유죄를 선고받았던 사람들이 재심을 통해 사면 복권되고 있고 남편과 간통한 여성에 대한 접근 금지 가처분 신청이 법원에서 기각된 바 있다. 또한 간통죄 폐지 이후 이혼 위자료가 높아질 것이라는 기대가 있었지만, 판례 부족으로 여성들은 불이익을 경험하고 있다.

배우자의 외도를 간통죄로 처벌하는 것은 남편에게 경제적으로 의존하는 전업주부를 보호하는 장치로 기능해왔다. 하지만 성은 사생활의 영역이고, 여성은 성에 대해 스스로 결정하고 책임질 권리를 갖는다. 또한 가족 가치를 수호한다는 명분은 다양한 모습의 가족을 차별하고 여성을 성적 주체가 아닌 피해자, 보호의 대상으로 간주해왔다. 이러한 이유에서 여성주의자들은 간통죄를 폐지해야 한다고 주장했다.

간통죄 폐지 이후에도 찬반이 분분하지만, 이와 관련한 남성 중심적인 언설들은 여성에게 또다시 상처를 안긴다. 더 이상 법적 처벌을 받지 않으니 몇몇 남성들은 노골적으로 외도에 대한 욕망을 표출한다. 남편의 외도로 고통 받지만 이혼할 생각이 없는 여성들은 부당한 상황을 겨우 견디고 있다. 이 여성들은 간통죄 폐지로 더 이상 남편을 처벌하거나 제재할 수 있는 방법이 없다고 한탄한다.

하지만 이러한 질문들이 머릿속을 어지럽힌다. 남편들은 외도를 하면서도 왜 이혼을 하지 않는가. 또한 아내들은 왜 외도한 남편을 미워하면서도 결혼을 유지하려고 하는가. 부부 간의 사랑이나 신뢰가 없는 결혼을 왜 지속해야 하는가.

누구를 위한 결혼인가

결혼 제도는 모든 사람이 결혼해야 한다는 것을 전제한다. 결혼하지 않은 사람, 이혼한 사람은 이기적이거나 성숙하지 못한 사람, 비정상으로 낙인찍힌다. 반면에 결혼한 사람은 정상으로 인정되고 안정적 지위를 부여받는다. 외도를 하거나 상대방을 신뢰하지 못하면서도 이혼을 원하지 않는 이유다. 몇몇 사람들은 비정상의 낙인을 감수하면서 독신이나 이혼을 선택한다.

결혼을 결심한 사람들은 배타적 성관계를 전제로 헌신과 희생을 각오하고 자처한다. 결혼식에서 언제나 서로에게 충실하겠다고 서약한다. 영원한 사랑의 약속이 형식에 불과하다고 해도, 그 순간을 거짓이라고 할 수만은 없다. 결혼은 한 인간의 일생에서 소중하고 의미있는 의례다.

일부일처제를 전제로 한 결혼은 그만큼 억압적이다. 결혼의 이상은 허상이라고 간주할 수 있다. 그렇다 하더라도 간통죄 폐지에 대해 혼외 관계의 자유를 외치는 것을 그저 금지된 것에 대한 욕망, 성적 자유, 사생활의 자유라고 담담하게 받아들일 수는 없다.

결혼이란 인생의 동반자를 얻는 것이고 미래를 함께 계획하는 것이다. 하지만 부부가 된다는 것은 인격적 결합 외에도 남편, 아내라는 위치를 부여받는 성별화된 지점이 있다. 근대의 성별 분업은 남편에게는 생계부양, 아내에게는 가사노동, 양육의 역할을 요구한다. 상대를 통해 완벽해지고 하나가 된다는 낭만적 사랑의 이상은 한쪽의 희생, 다른 한쪽 자아로의 통합을 의미한다.

외벌이 부부의 경우 더욱 강고한 성역할 분업을 따르고 역할 수행을 위한 대화 외에는 소통하지 않는다. 남편은 생계부양만으로 가족에게 헌신했다고 생각하고 집에서는 쉴 권리를 주장한다. 아내는 남편과 자녀를 위해 사랑의 노동을 하지만 이러한 노동은 당연시되면서 상처 받는다. 부부가 원활히 역할을 수행하면 가족은 표면적으로 행복하고 아무런 문제가 없는 듯 보이지만 실제로는 차갑고 냉랭한 관계를 유지하는 경우가 적지 않다.

맞벌이 부부의 경우는 일과 가사, 양육을 병행해야 하므로 피곤이 누적된다. 시간을 공유하기 어렵고 의무와 책임만이 강조된다. 이러한 현실은 결혼을 약속하며 서로에게 보여주었던 물심양면의 배려와는 거리가 멀다. 각자의 역할에 고정되면서 다른 삶을 살아가게 되고 소통은 더욱 어려워진다. 집은 매력적이지 않은 일상의 공간이 된다.

울리히 벡과 엘리자베트 벡-게른샤임의 설명에 따르면, 상대방이 동의한다면 성관계를 할 수 있는 사회, 성적으로 자유로운 사회에 살고 있으면서 굳이 결혼을 원하는 이유는 관계에 대한 안정성의 욕구 때문이다. 연애가 아무리 행복해 보인다 하더라도, 미래를 약속할 수 없으므로 불안한 것이다. 사람들은 영원한 사랑을 보장해주는 제도라는 믿음으로 결혼을 한다. 하지만 결혼은 사랑을 보장해주는 제도가 아니다. 서로 헌신할 때만이 행복한 결혼이 될 수 있다.

어떤 남성들은 자발적으로 결혼했음에도 약속을 위반하고 상대방에게 들키지만 않으면 괜찮다고 여긴다. 더 나아가, 간통죄가 폐지되었으니 성매매까지 법적으로 허용된다면 권리를 좀 더 마음껏 누릴 수 있다고 주장하기도 한다. 그들은 법이 개인의 성 문제에 개입하는 것은 사생활 침해이고, 성에 대한 자유를 보장하고 개인의 결정, 선택과 책임을 존중해야 한다고 강조한다. 아내들의 외도가 증가했다고 하지만 간통죄 폐지로 인한 남편들의 해방감, 그와 대조되는 아내들의 불안은 결혼의 성별화된 맥락을 보여준다. 불평등한 관계로 고통 받으면서도 인내해왔던 여성의 현실을 단편적으로 드러낸다. 외도를 해도 법적으로 처벌받지 않으면 아무런 문제가 없다는 생각은 상대방에 대한 배려나 존중이 결혼에서 얼마나 중요한 가치이고 덕목인지 논하지 않는다. 더 나쁜 것은, 대부분의 사람이 "결혼해서 다 그렇게 산다", "결혼의 속성은 그런 것이다"라고 자조적인 태도를 보이는 것이다.

다큐멘터리 영화 〈님아 그 강을 건너지 마오〉에서처럼 부부가 검은 머리 파뿌리 되도록 함께 사는 것은 희망 사항일 뿐이다. 이 영화의 성공 이면에는 황혼이혼의 증가라는 현실이 있다. 오랫동안 결혼을 유지했다고 해서 단란한 노부부의 모습을 기대할 수 있는 것은 아니다. 불평등한 관계로 고통 받았던 여성들은 '하루라도 혼자 살고 싶다'며 결혼 생활을 끝내고 싶어 한다.

결혼 관계에서 아내에게 요구되는 정숙함, 남성 생계부양자에 의존하는 상황 때문에 여성은 원하지 않으면서도 남편의 성적 요구에 동의할 수밖에 없다. 부부 간의 헌신과 배려가 쉽지 않은 일이긴 해도, 함께 사는 즐거움이 없다면 결혼 생활이 무슨 의미가 있겠는가.

권리만 주장하고
의무는 없는 결혼의 결말

부부 간의 성별 분업에서 남편의 역할은 돈을 잘 버는 것, 즉 경제적 능력이다. 남편은 자신의 사랑을 돈을 벌어오는 것으로 표현하려고 한다. 때때로 실질적으로 생계부양의 역할을 하지 못하는 남편도 가장의 권위를 주장한다. 아내는 가장으로서 힘들게 고생하면서도 위축된 남편의 눈치를 보느라 가사노동에서 역할 분담을 요구하지 못한다.

결혼을 하는 사람들은 내가 힘들 때 손 내밀 수 있는 사람이 있어서 든든하다고 여긴다. 아플 때, 경제적으로 힘들 때, 사람들로부터 상처 받았을 때 나를 보호하고 구해줄 수 있는 유일한 안식처가 집, 가족이라는 믿음이다.

하지만 여성에게만 요구되는 사랑의 역할은 여성이 힘들거나 아플 때 가족으로부터 극진한 보살핌을 받을 수 있는지 반문하게 한다. 내가 누군가에게 헌신한 만큼 나도 사랑받을 수 있다는 믿음은 남편의 경제적 능력과 교환된다. 이러한 맥락에서 남성이 사회적 업적과 성취로 인해 고소득을 얻게 되면 자녀 양육이나 가족 행사에 참여하지 않아도 된다고 생각한다.

연애할 때처럼 사랑받을 수 있다고 기대했던 결혼 생활은 정서적 교감 결핍으로 실망감을 가져다준다. 남편의 경제적 능력과 가사노동이라는 호혜성이 지켜진다면 결혼이 유지될지도 모른다. 하지만 정서적 교감과 애정이 없는 결혼은 삭막한 형식에 불과하다.

남성은 자신이 가족을 위해 일하고 희생한다고 생각하기 때문에 일은 곧 가족과 연결된 고리다. 가족과의 시간에 소홀한 남성에게 집은 잠자는 곳일 뿐이다. 바쁜 일과와 잔업에 시달리는 남성에게 외도가 해방감을 줄지는 모르겠지만 아내에게는 깊은 상처를 준다.

여성은 집 밖에서 즐거움을 찾는 남성, 가족들과 어떻게 대화를 나눠야 할지 몰라 밖으로 떠도는 남성을 더 이상 이해하지 않는다. 집에 들어오지 않고 밖에서 무엇을 하는지도 모르는 남편에게도 관대했던 시대는 지나갔다. 집 밖에 있는 것, 직장에 오래 남는 것, 회식 등 남성의 문화에 참여하는 것은 절대 능력을 의미하지 않는다. 좋은 남편이란 가족과 함께 시간을 보내고 소통하고자 노력하며 일상생활을 공유하는 사람이다.

결혼 생활에서 불합리한 상황을 겪을 때 여성들은 과거처럼 자신의 삶을 희생하면서까지 결혼을 유지하고 싶어 하지 않는다. 희생과 헌신이 본인과 가족을 위한 것이 아니라는 것을 깨달았기 때문이다. 일 중심의 삶은 가족 관계를 소원하게 함으로써 결혼의 위기를 초래한다. 상대방의 헌신은 당연시하면서도 자신은 아무런 노력도 하지 않던 시절은 지나갔다. 그렇게 손쉽게 관계의 안정성을 보장할 수 있다는 생각은 얼마나 시대착오적인가.

마이 스위트 홈?

　　　　　가정 폭력 피해 여성이 집을 나오지 않는 이
유는 무엇일까. 여성들이 남편의 폭력을 견디는 이유에는 몇 가
지가 있다. 여성학자 정희진은 『저는 꽃을 받았어요』에서 가정
폭력에 관한 여성들의 경험을 분석하고 있다.

　여성들은 무지하거나 어리석어 집을 못 나오는 것이 아니다. 어
떠한 상황에서도 가족을 지켜야 한다고 생각하는 것이다. 내가
위험에 처했어도 아이들을 보호해야 한다는 모성, 내가 좀 더 잘
하면 남편이 언젠가 변화될 거라는 신념, 뼈가 부러질 만큼 맞
지 않았으니 그다지 심하지 않다는 생각, 불행하고 비참한 아내
라는 걸 인정하고 싶지 않다는 생각 등으로 집을 나오지 못한다.
하지만 무엇보다 중요한 것은 집을 나오는 순간, 스스로 가족을
버린 사람, 가족을 깨뜨린 장본인이 된다고 생각한다는 것이다.
여성들은 폭력을 인지하는 순간 이혼이라는 무거운 현실을 대면
해야 한다.

　최근 몇십 년 사이에 가정 폭력을 금지, 처벌하는 법이 제정되

었다. 사람들은 요즘에도 매를 맞고 사는 아내가 어디 있느냐고 말하기도 한다. 그러나 여전히 폭력은 존재하고 여성들은 상처 입고 심지어 살해당한다.

폭력을 당하면서도 여성들이 집을 나오지 않는 이유는 집에 특별한 의미를 부여하기 때문이다. 여성들은 결혼을 미래의 꿈이자 종착역으로 생각해왔다. 현재 이혼이 가시화되고 점차 이혼에 대한 낙인이 줄어든다고 하더라도, 결혼은 여성에게 중요한 의미를 갖는다. 결혼은 행복을 상징한다. 그래서 여성들은 어떠한 상황에서도 집을 지키고자 노력하고 집과 자신을 동일시한다. 여성들은 가족이 무너지면 자신의 인생도 무너진다고 생각하며 고통을 견뎌낸다.

즐거운 나의 집은
어디에

사랑하는 사람을 선택하고 그와의 행복한 미래를 꿈꾸었던 근대의 낭만적 사랑은 결국 여성을 행복하게 하지 못했다. 많은 한국의 남성은 아내나 어머니가 된장찌개를 끓여놓고 집에서 자신이 돌아오기만을 기다리는 환상을 갖고 있다. 하지만 집에 대한 환상과 향수는 여성에게 적용되지 않는다. 여성은 집 안을 깨끗이 청소하고 빨래하고 잠자리를 정돈하지만 이들에게 집은 휴식처가 아니라 노동의 공간일 뿐이다.

여성은 집을 관리하고 책임지는 과정에서 집에 대해 강한 애착을 보인다. 전업주부들은 집 안의 먼지를 두고 보지 못하고 강박적으로 윤이 나게 쓸고 닦는다. 하지만 더 이상 노동을 하지 못하는 때가 오면 여성은 누군가의 돌봄을 받을 수 없으므로 집을 떠나야 한다. 가족은 아프고 힘들고 지칠 때 서로를 보살펴주고 의지할 수 있는 관계다. 사회 안전망이 마련되지 않은 상황에서 나를 보호해줄 수 있는 곳은 가족뿐이다. 그런데 가족의 그런 기능은 배타적이고 폐쇄적이다. 자기 집단의 이익을 도모하기 때문에 불평등을 심화하기도 한다.

결혼하면 상대방이 나를 돌봐줄 것이고, 노년기에 행복할 것이라는 가정은 여성들에게 진실이 될 수 없다. 고독사가 두려워 결혼을 선택한다면 그것은 잘못된 계산이다. 여성이 아플 때 편히 쉴 수 있고, 나이 들어 보살핌을 받을 수 있는 집은 상상 속에만 존재한다. 이러한 이유로 리타 펠스키Rita Felski는 『근대성과 페미니즘』에서 여성이 쉴 수 있는 집은 이 세상 어디에도 존재하지 않는다고 한다.

나 오늘 밤 불을 지피며 지난날을 그린다
눈을 감으면 꿈을 꾸는 듯 즐거운 곳이 보인다
어린 친구들 함께 놀던 일 언제 다시 오려나
여름 하늘과 바른 양지와 시냇가의 맑은 물소리
기쁜 나의 집 기쁜 나의 집

나 오늘 밤 불을 지피며 지난날을 그린다

가톨릭 성가 〈기쁜 나의 집〉 중

여성의 안식처로서
하느님의 집

여성은 가사노동과 돌봄을 담당하면서 정치, 경제, 사회 등의
공적 영역에서 배제되어왔다. 여성은 정신, 인간, 이성과 대비되
는 육체, 동물, 감정 등으로 배치되면서 평가절하되었고 열등한
지위로 인식되었다. 영적 수련이나 종교 생활에서도 마찬가지다.
남성은 자율성을 확보하고 철저히 혼자가 되어 영적 수련 등에
몰두할 수 있었지만, 여성은 관계 속에서 누군가를 보살피는 일
을 도맡았기 때문에 영적 수련에 정진하지 못했다. 또한 남성은
이를 위해 금욕을 선택했고 이 과정에서 여성을 혐오하고 부정했
다. 여성은 남성의 그림자가 되어 보조자로서 살아왔다.

여성이 영적인 존재가 되는 데는 많은 장애물이 뒤따른다. 성
서에서 마르타와 마리아는 각기 다른 역할을 선택했다. 마르타는
늘 분주하고 힘든 일을 자처하고 희생하지만 하느님을 만나기 어
렵다. 주님의 집인 성당에 와서도, 피정 중에도 기도와 전례에 몰
두하지 못하고 청소와 음식 만들기에 전념하는 여성은 집을 떠
나도 안식을 얻지 못한다. 반면 마리아는 여성의 역할에서 벗어
나서 기도 생활에 몰두한다. "당신은 남을 돌보지 않기 때문에

이기적이고 나쁜 여성입니다"라고 비난받지만 예수님은 마리아를 지지한다.

진 시노다 볼린은 『우리 속에 있는 지혜의 여신들』에서 여신 헤스티아, 소피아, 헤카테 등 그리스의 나이 든 여신들을 불러내어 여성들의 역할모델로 제안한다. 첫째, 헤스티아는 처녀 여신으로서 기도하며 평화를 추구하는 여성들의 원형이다. 그녀는 집을 가족을 위해 희생하는 장소가 아니라 신을 만나는 성스러운 공간으로 구성해낸다. 헤스티아는 집 안에 불을 지피고 정화를 위해 노력한다. 그녀는 집에 있는 것을 좋아하고 혼자 있는 것을 즐기면서도 타자와의 관계를 소홀히 하지 않고 생명력 있게 하루를 살아가는 여성들에게 중요한 역할모델이 된다.

둘째, 소피아는 하느님의 여성적 측면, 지혜와 통찰력으로 영성을 추구하는 여성들의 원형이다. 가부장제 사회에서 여성은 여성적인 신성함을 표현하는 데에 자기 분열을 경험한다. 신의 모상대로 만들어진 여성은 남신만을 상상하므로 자신을 충분히 설명하는 데에 어려움을 겪는다. 소피아의 원형은 여성이 내면의 경험과 지혜를 통해 가부장제 사회에서 억압되었던 내면을 회복하게끔 도와준다.

셋째, 헤카테는 삶과 죽음의 경계에 서 있고 산파, 임종의 순간을 돕는 여신이다. 그녀는 인생의 갈림길에서 안내자 역할을 하는 여성들의 원형이다. 여성은 출산, 육아, 노인 보살핌 등을 통해 생명 감수성을 키워왔다. 이 여성은 생명을 존중하고 삶의 과정으로서 죽음을 인식함으로써 진실을 직면하는 용기와 직관을 갖게 한다. 이와 같이, 세 여신의 원형은 여성의 삶에서 중요한 멘토가 된다.

한편, 흑인 페미니스트 벨 훅스Bell Hooks는 『갈망Yearning』에서 집을 아버지, 남편의 폭력과 지배가 이뤄지는 공간으로서 이야기하지 않는다. 그녀는 여성이 쉴 수 있는 집, 여성들이 서로의 상처를 치유하는 집, 어머니의 보살핌이 존재하는 집, 폭력과 지배에서 자유로운 집을 상상한다. 또한 이러한 집은 가부장제 사회에 저항하면서 여성이 의식화되는 공간이기도 하다.

주님의 집에 가자 할 때 우리는 몹시 기뻤노라

가톨릭 성가 〈주님의 집에 가자 할 때〉 중

주께선 나의 피난처 의지할 곳 주님뿐
풍파가 심할지라도 내게는 평화 있네
메마른 우리 영혼에 새 생명 주옵시며
주 안에 영원한 안식 누리게 하옵소서

가톨릭 성가 〈주께선 나의 피난처〉 중

주 날개 밑 내가 편히 쉬리라 어두운 이 밤에 바람 부나
아버지께서 날 지켜 주시니 겁내지 않고 잘 쉬리로다
주 날개 밑 즐겁도다 그 사랑 끊을 자 뉘뇨

주 날개 밑 쉬는 내 영혼 영원히 살게 되리라

여성이 집에서 행복하지 않은 이유는 아내, 어머니 역할 때문이다. 하느님을 믿는 여성들도 교회가 정한 여성의 역할 때문에 비난에서 자유롭지 못하다. 하지만 이들은 안식처를 자신의 집이 아니라 하느님의 집에서 찾는다. 그 집에서 여성은 위로를 얻고 자신을 발견하며 평화와 안식을 누릴 수 있다.

그러나 이러한 집은 현실에 존재하지 않을 수 있다. 그래서 여성들은 내면에 집을 지어 "내 마음은 주님이 머무시는 작은 궁전"(가톨릭 성가 〈주님의 작은 그릇〉 중)을 꿈꾸기도 한다. 그 집이 죽음에 이르러서야만 완성된다 하더라도, 여성은 잠시라도 짐을 내려놓고 편히 쉴 수 있기를 원한다.

종교는 삶에 지친 여성들에게 어둠을 비추는 등불과 희망이 되어주고 열린 상상력의 공간이 되어야 한다. 이러한 집은 여성억압적인 현실을 직시하게 하는 한편, 사회를 변화시킬 용기와 힘, 생명력의 원천이 될 수 있다.

나의 자궁은
나의 것

어떠한 상황에서도 낙태를 허용할 수 없다는 교리는 가톨릭 신자에게 익숙하다. 생명은 무조건 양보할 수 없는 가치이기에 여중생이 성폭력을 당해도 아이를 출산해야 한다는 입장을 고수하는 사제들이 있는가 하면, 싱글맘에 대한 사회적 편견과 고통, 아이의 양육 환경을 고려해서 낙태에 눈 감는 사제들도 있다. 낙태한 여성 신자들은 스스로 살인한 자로 여기며 죄책감 속에 살아간다. 점액 관찰법 외에 피임조차 허용하지 않는 교리는 여성의 몸과 상황을 고려하지 않고 여성에게 죄의식과 수치심만 심는다.

모자보건법 14조는 성폭력, 근친에 의한 임신, 모성의 건강, 장애 가능성을 이유로 낙태를 '자의적'으로 해석하는 여지를 허락했고, 한국 사회에서 낙태는 공공연히 이뤄졌다. 하지만 최근 몇 년 사이 낙태에 대한 처벌이 강화됨에 따라 원하지 않는 임신을 한 여성들이 어려움을 겪고 있다. 이들은 고액을 지불하면서 생명과 건강을 담보할 수 없는 위험한 시술을 감행한다. 낙태가 가능한 시기를 놓친 경우에는 원치 않은 출산을 하고 아이를 혼자 키우거나 입양을 보내야 한다.

프란치스코 교황은 '자비의 희년'이 끝난 직후 서한을 공표하면서 낙태에 대해 진보적인 태도를 보여주었다. "모든 사제에게 낙태의 죄를 저지른 사람들을 용서할 수 있는 권한을 부여한다"고 밝힌 것이다. "죄 없는 생명을 죽이는 낙태는 대죄"임을 강조하면서도 여성의 상황을 고려하는 관용을 보여준 교황의 조치는 이례적이지만 여성 신자에게는 미진한 측면이 있다.

가톨릭 국가인 폴란드 여성들은 낙태 전면 금지 법안에 반대하는 시위를 벌였다. 여성들이 검은 옷을 입고 월요일에 시위를 했기 때문에 '검은 월요일의 시위'라고 한다. 한국 여성들도 낙태를 비의료적 행위로 정의하는 의료법 개정에 반대하면서 검은 옷을 입고 "나의 자궁은 나의 것"이라는 피켓을 들고 거리로 나왔다. 의료법이 개정되고 낙태에 대한 처벌이 강화되면, 의사들은 낙태 파업을 선언할 수밖에 없다.

한국 사회에서 낙태의 공식적 통계는 추산하기 어렵다. 독신 여성의 낙태는 낙인으로 연결되기 때문에 대부분 본인의 낙태 경험을 드러내지 않는다. 자신과 태아를 위한 결정이었다 하더라도, 낙태를 했다는 것만으로 난잡한 여성, 헤픈 여성으로 비난받기 때문이다.

반면, 기혼 여성의 낙태에 대한 사회적 시선은 비교적 관대한 편이다. 기혼 여성의 낙태도 적지 않다는 통계 보고가 있다. 하지만 기혼 여성의 출산과 낙태에 대한 결정 또한 남편과의 관계하에서 주체적이지만은 않다. 본인은 출산을 원하는데도 경제적 이유 때문에 남편의 반대로 낙태를 하는 경우가 발생하기 때문이다. 부부 간의 성관계에서 의사 결정이 주체적이지 않거나 피임을 협의하지 않은 채 성관계를 함으로써 낙태하는 경우도 발생한다.

한편 독신 여성의 낙태는 성적으로 타락한 결과로 해석되고 여성의 성을 통제하는 요소로 작용한다. 하지만 독신 여성과 관계를 맺은 남성에게는 적용되지 않는다. 독신 여성들이 아이에 대해 책임을 지고 출산하든 낙태하든 상관없이 비난에서 자유로울 수 없는 것과는 대조적이다.

태아의 생명권 vs
여성의 권리

여성주의자들은 낙태, 임신, 출산은 여성의 몸에서 일어나는 일이고 삶에 큰 영향을 미치기 때문에 여성이 자기결정권을 가져야 한다고 강조한다. 하지만 종교계에선 낙태는 살인이고 생명 존중에 위배된다고 주장한다. 모성은 신성한 것이기에 어떠한 경우에도 어머니는 아이의 생명을 지키는 선택을 해야 한다는 것이다. 하지만 내 누나나 여동생, 딸이 임신을 했고 출산해서 아이를 키울 수 없는 상황이라면 생명의 덕목만 강조할 수 있겠는가. 원하지 않는 임신과 출산으로 감내해야 할 그녀의 고통과 책임을 생각한다면, 아이를 낳아야 한다고 강제할 수 없다.

낙태 반대론자들은 "태아는 인간이다"라고 주장하면서, 낙태를 허용하면 인간의 존엄성이 훼손되고 우리 사회의 약자인 장애인, 노인, 아동 등에 대한 인권 유린으로 이어질 수 있다고 경고한다. 그러한 사회에서는 생명이 존중받을 수 없다는 것이다. 하지만 낙태 찬성론자들은 태아가 지각 능력이 있다 해도 무언가를 욕구한다고 할 수 없으므로 인간으로 볼 수 없다고 말한다. 인간은 욕구를 가질 때 생명에 대한 권리를 가질 수 있으므로 태아는 독립적 인격체라고 하기 어렵다는 것이다. 이러한 측면에서 태아는 '잠재적 인간'일 뿐이며, 태아의 생명이 여성의 자기결정권보다 우선시되어서는 안 된다고 강조한다.

로라 퍼디Laura Purdy는 낙태를 금지하는 사회의 구성원이 낙태를 허용하는 사회보다 행복한가에 관해 질문한다. 낙태의 허용은 남녀 모두 성을 즐길 수 있게 하며, 피임 실패로 인한 스트레스를 감소시킨다. 또한 장애아의 출생을 방지함으로써 돌봄에 대한 부모의 부담을 줄일 수 있다. 아이만 낳고 책임을 지지 않는 방임, 유기, 학대 등도 예방할 수 있다.

하지만 퍼디는 모든 문제를 예방한 사회가 도덕적으로 바람직한가에 대해서는 회의적이다. 장애 가능성이 있는 태아의 낙태를 허용해야 한다고 주장하는 것은 그만큼 장애인에 대한 사회적 차별이 심각하다는 반증이다. 장애아의 출생률을 감소시킨다 하더라도 교통사고나 질병으로 인한 후천적 장애까지 막지는 못한다. 그러므로 장애아의 출생을 방지하기보다 장애가 있어도 인간다움을 유지하고 행복하게 살아갈 수 있는 조건, 복지를 확대하는 방향으로 나아가야 한다.

퍼디는 낙태를 반대하기에 앞서 누구나 낙태 예방을 위한 피임을 할 수 있는지 묻는다. 피임에 대한 정보 접근에 어려움이 있는지를 먼저 확인하는 것이다. 장애나 원치 않은 임신으로 태어난 아이에 대한 사회적 지원이 어떻게 이뤄지는지에 대해서도 질문한다. 제도적으로 돌봄을 보장하지 못하면서 여성에게 아이를 낳으라고 강요하는 것은 무책임하다.

아울러, "낙태가 여성의 편의를 위한 것이므로 비도덕적이다"라는 논의와 관련해, 퍼디는 인간 생명의 불가침성이란 가치는 견지하지만 아무런 노력도 하지 않고 비용도 지불하지 않는 사회를 비판하며 생명 존중이 왜 여성에게만 부담으로 작용해야 하는지 반문한다. 또한 퍼디는 왜 여성의 쾌락에만 책임을 부과하고 대가를 치르게 하는지, 왜 남성에게는 같은 책임과 대가가 부여되지 않는지 짚는다.

현실적으로 여성의 역할은 아이를 낳는 것으로 끝나지 않는다. 그럼에도 사회는 전적으로 양육의 책임을 지는 여성의 현실을 간과한다. 퍼디는 여성이 아이를 낳음으로써 가난해지고, 아이를 키움으로써 불행해진다면 누가 그것을 책임질 것인지 묻는다. 남성은 아이를 원하며 생명을 수호하는 척하지만 아이를 위해 실질적으로 하는 것은 없다.

국가 vs 여성

국가는 인구 조절을 위해 여성의 재생산권을 통제하고 출산을 장려할 수 있다고 생각해왔다. 근대의 역할 분업에서 남성은 노동, 여성은 출산, 양육의 전담자로 해석되었고, 인구정책을 위해 여성의 몸을 출산의 도구로 해석하고 이에 순응하는 것을 당연시했다.

마리아 미즈Maria Mies와 반다나 시바Vandana Shiva는 『에코페미니즘』에서 선진국이 경제 원조를 이유로 개발도상국에게 가족계획 정책을 강요한 역사를 비판했다. 가난한 개발도상국의 여성들은 강제로 피임, 낙태 시술을 받고 가족을 먹일 식량을 얻었다. 또한 다국적 제약 회사들은 자국에서 피임약을 시판하기 전 개발도상국 여성들에게 피임약을 실험하고 부작용이 없는 것을 확인한 후에야 자국에 판매했다.

미즈와 시바는 이런 기술이 여성의 건강에 미치는 폐해와 국가 권력의 남용에 대해서도 지적하였다. 이들은 여성주의 관점에서 의료 권력과 재생산 기술을 반대하고 낙태 시술도 반대한다. 재생산 기술은 여성의 몸에 대한 권리를 보장해 주는 것이 아니라 여성을 대상화하고 착취하기 때문에 거부해야 한다는 것이다.

여성의 재생산권은 1995년 제4차 북경세계여성대회에서 구체적으로 논의된 바 있다. 첫째, 여성의 재생산권은 건강과 안전의 문제를 포함한다. 즉, 낙태 이후 여성이 겪는 정신적, 신체적 후유증을 고려해서 여성의 건강권을 보장해야 한다.

둘째, 여성의 재생산권은 성적 자기결정권을 포함한다. 성적 자기결정권이란 여성 스스로 책임감 있게 결정하고 원치 않는 임신을 하지 않을 권리를 의미한다. 성관계를 누구와 할 것인지 결정할 권리, 원치 않는 성관계를 거부할 권리를 포함한다. 더 나아가, 타인의 강요에 의해 낙태하지 않을 권리, 사회적 낙인을 넘어서서 낙태할 권리까지 끌어안는다.

셋째, 여성의 재생산권은 자녀를 낳을 권리와 낳지 않을 권리를 의미한다. 이러한 결정은 여성의 의사에 따라야 한다. 또한 완벽한 피임이 불가능하다 하더라도 피임 실천이나 접근이 용이해야 한다. 여성의 몸은 국가를 위한 재생산 도구가 아니며, 출산과 관련해 여성 스스로 결정할 권리를 보장받아야 한다.

여성주의 법학자 장임다혜는 태아의 생명권과 여성의 자기결정권의 갈등 담론에서 벗어나 여성의 재생산권과 국가 갈등 담론으로 낙태 논쟁을 해석해야 한다고 했다. 재생산권이란 국내법, 인권에 관한 국제 문서 및 국제연합UN에서 합의한 인권으로서 대부분의 국가에서 채택하고 있는 기본적인 권리이므로 한국에서도 인정되어야 한다는 것이다.

유엔인구개발회의보고(F95, Ⅷ. 18)는 "모든 커플과 개인이 자녀의 수, 출산 간격 및 출산 시기를 책임을 가지고 자유롭게 결정할 수 있으며 이를 위한 정보와 수단을 얻을 수 있는 권리, 여성의 건강 및 재생산을 위한 건강을 얻을 권리, 생식에 관한 결정을 행할 권리를 포함한다'고 기술하고 있다.

세계보건기구WHO는 재생산 건강권을 다음과 같이 정의한다. 첫째, 재생산 건강권은 성적 건강을 포함한다. 둘째, 재생산 및 성에 관한 사안에서 완전한 육체적, 정신적, 사회적 복지를 의미한다. 셋째, 안전하고 효율적이며 저렴하고 수용하기 쉬운, 선택이 가능한 가족계획 방법을 포함한다. 넷째, 만족스럽고 안전한 성생활로 신체적인 측면, 심리적, 사회복지 차원에서 이를 고려해야 한다.

낳을 권리와
낳지 않을 권리

재생산권이란 낳을 권리와 낳지 않을 권리를 동시에 포함한다. 그런데 가족, 국가, 의료 권력과의 관계하에 여성의 몸은 통제되고 권리를 보장받기 어렵다. 여성은 아기의 운반체가 아니라 자신의 건강과 몸에 대한 결정을 하는 주체이며, 본인의 의사에 따라 낳을 권리와 낳지 않을 권리를 행해야 한다. 재생산권의 범주는 자신의 생식을 통제할 자기결정권이 전제되어야 한다.

국가는 여성의 재생산을 통제하고 국가의 이익을 위해 여성들에게 희생을 요구해왔다. 가족계획 정책은 경제 발전과 근대화 프로젝트에 의해 시행되었다. 국가는 이데올로기 장치와 행정력 그리고 기술 제공자인 의료 체계를 동원해서 인구 조절 정책을 실시했다. 이러한 정책은 여성의 건강에 부정적인 영향을 미쳤고 여성의 결정권을 경시했다.

반면에, 출산 장려 정책은 여성의 만혼을 문제시하고 독신 여성을 이기적인 존재로 비난하면서도 여성들이 왜 결혼이나 출산을 원하지 않는지 그 원인을 분석하지 못했다. 정부는 저출산으로 인한 노동력의 문제를 해결하기 위해 의료 혜택과 출산 장려금, 다자녀 가족 지원 등의 대책을 마련했지만, 근본적인 보육 문제, 교육비, 일과 가족의 병행 문제는 해결되지 않았다.

여성들이 위험을 감수하고 비싼 비용을 치르며 낙태하거나 출산 후 양육의 책임을 지기 위해 삶의 계획을 변경하고 모성적 정체성에 충실하게 살아가야 한다면, 이는 당연한 것이 아니라 문제의식을 느껴야 하는 사안이다. 또한 낙태하는 여성을 비난하기에 앞서 피임, 낙태, 출산을 위한 의료적 접근에서 여성들이 얼마나 어려움을 겪고 있는지, 출산 이후 자녀 양육에서 남편과의 분담과 제도적 지원이 얼마나 이루어지고 있는지 먼저 들여다봐야 한다.

2016년 낙태법 개정에 반대하는 여성들의 시위는 보호와 피해의 대상을 넘어서서 성적 주체가 되고자 하는 여성들의 용기 있는 행동이었다. 이들은 성적으로 난잡한 여성이라는 낙인을 감수하고 거리로 나왔고 자신의 몸에 대한 권리를 주장했다.

버지니아 헬드Virginia Held는 여성이 남성과 동등한 생명 감수성을 갖지 않는다고 주장한 바 있다. 여성은 생물학적 특성상 아이와의 관계에서 생명에 대해 더 민감하다는 것이다. 그녀의 이론에 따르면, 여성의 낙태 결정은 관계를 외면하고 자아와 타자를 분리시키는 이기적인 판단이 아니라 오히려 관계에 대해 숙고한 결과다.

낙태를 자신을 위한 최선의 주체적 결정으로 의미화하려는 의식의 변화가 일어나고 있다. 사회경제적 이유로 낙태를 허용하고 낙태 자체를 비범죄할 시점이 도래했다. 더 나아가 출산 후 양육 책임을 어머니에게 전가하는 것이 아니라 사회 전체가 공유하려는 자세도 함께 필요하다.

위로의 유혹을 견디고
거짓 믿음에 맞서라

애니메이션 영화 〈사이비〉에서는 진실을 이야기하는 아버지와 그의 말을 믿지 않는 가족이 등장한다. 아버지는 늘 술에 절어 있고 가족뿐 아니라 이웃들, 낯선 사람에게까지 욕하고 시비를 걸며 몸싸움을 일삼는다. 딸은 어려운 가정 형편 속에서도 낮에는 일을 하며 열심히 공부해서 대학에 합격한다. 하지만 아버지는 대학 등록금을 내기 위해 저축한 딸의 통장을 훔쳐 도박을 한다. 딸이 돈을 내놓으라고 하자 아버지는 밥상을 엎고 아내와 딸을 때린다. 마냥 고약해 보이는 아버지의 분노에는 이유는 있다. 그는 불평등한 사회구조의 피해자로서 소외된 인물이다. 그는 가족에게 위로받고 싶어 하지만 가족들은 그에게 벗어나고 싶어 한다.

삶의 희망을 잃은 모녀의 눈물을 닦아주는 사람은 새로운 공동체를 꿈꾸는 마을 교회의 목사다. 목사는 모녀에게 따뜻한 말을 건네고 손을 잡아준다. 모녀는 그의 말을 전적으로 신뢰하며 전 재산을 헌납한다. 아버지와 세상에 상처 받은 여성들은 구원을 확신하면서 마음의 평화를 얻는다. 이들은 폭력적인 아버지보다 온유해 보이는 사기꾼 목사가 자신을 보호해줄 것이라고 기대한다. 아버지는 교회가 가족들을 속이고 있다고 분노하지만, 이들에게 중요한 것은 진실이 아니라 척박한 현실을 견뎌내게 하는 희망이다.

종교는 세상의 가장자리로 밀려난 여성들을 위로하고 상처를 치유하고자 한다. 종교가 내세우는 이상은 세상의 법을 넘어서는 위대하고 숭고한 것이다. 그러나 때때로 종교는 눈물을 닦아주는 척하면서 구조적인 폭력, 가부장제를 은폐하고 여성에게 희생을 요구한다. 나쁜 목회자, 성직자는 약한 여성들의 심리를 이용해 그들을 조종하고 사익을 추구한다. 여성들은 물질적, 정신적, 성적으로 착취당한다. 그들에게 필요한 것은 진심 어린 위로다. 거짓 위로, 거짓 믿음은 치유는커녕 자기 대면을 방해하는 장애물이다.

연상호 감독은 이 영화의 내용이 특정 종교가 아닌, 우리의 눈을 가리고 있는 헛된 믿음, 거짓, 권력에 관한 것이라고 설명했다. 때때로 폭력을 경험한 여성들이 불의에 저항하기보다는 또 다른 아버지를 찾으며 보호받고자 하는 모습을 보게 된다. 이들이 진정으로 원하는 것은 평화와 안식이지만 그러한 행동은 그들을 더 큰 위험에 빠뜨릴 뿐이다.

네 탓이 아니야

여성들은 착한 딸, 착한 아내, 착한 엄마로서 가족을 위해 희생하고 참으면서 문제를 해결해보려고 한다. 모순적으로 이러한 소망으로 인해 삶의 진실을 외면하고 거짓 믿음에 빠진다. 매 맞는 여성들은 남편이 진심 어린 사과를 할 때 용서하는 '사랑 넘치는' 자신의 모습에 대한 환상을 갖는다. 많은 여성이 고통 받을수록 아름다워진다는 피학적인 신화에 자신을 가둔다.

넬 노딩스Nel Noddings는 인간이라면 누구나 다른 사람을 보살피고자 하는 욕구가 있다고 했다. 보살핌은 대가를 바라지 않는다. 누군가가 나의 도움을 받는 것에 만족하고 감사한다. 하지만 이러한 여성들의 선의는 나쁜 남성들에게 이용당해왔다.

타자를 존중하는 사려 깊은 태도는 여성의 성역할로 규정되었고, 감사를 받기는커녕 여성 스스로를 위험에 빠뜨린다. 폭력과 불의를 재생산하고 정당화하는 한편, 여성이 당하는 차별과 불평등에 대해 문제를 제기하지 못하게 함으로써 여성 내면의 혼란과 분열을 초래한다. 이 과정에서 여성은 스스로의 삶을 방치하고 자신이 소중한 존재라는 것을 잊는다.

경쟁, 자기 파괴, 물질주의가 만연한 사회 속에서 여성은 손쉽게 '속물'이라고 비난받는다. "내 탓이다", "내가 잘못했기 때문에 고통을 감수해야 한다"라고 말하며 스스로를 속이기도 한다. 하지만 여성이 고통 받는 것은 무얼 잘못해서가 아니다. 이러한 사회의 여성들은 자기 비난에 익숙하다. 착한 여성, 인내하는 여성이 아름다운 여성이라는 신화에 빠져 있다.

한편, 남성은 자신이 경험했던 여성에 대한 나쁜 기억을 다른 여성, 전체 여성에게 투사한다. 여자가 잘못했기 때문에 때리는 것이지, 여자가 잘하면 남자는 그렇게 하지 않는다는 핑계를 내세운다. 문제는 이러한 피해자 유발론과 여성혐오가 여성들 안에서도 작동한다는 데 있다. 여성조차 남성의 시선으로 다른 여성과 자기 자신을 바라본다.

이제는 착한 여성, 사랑받는 여성, 인내하는 여성, 아름다운 여성이라는 거울을 깨뜨려야 한다. 부당하게 비난받을 때, 나는 잘못하지 않았고, 비난받을 이유가 없다고 저항하는 용기가 필요하다.

잃어버린 야성을
되찾는 길

사라 호글랜드Sarah Lucia Hoagland는, 여성은 돌봄을 수행하지만 돌봄을 받지는 못하기에 비대칭적인 악순환이 되풀이된다고 말한다. 선의의 보살핌이 남성의 폭력적 태도를 감화시키지 못할 뿐 아니라 여성 억압의 제도를 지지한다는 것이다. 그녀는 폭력의 피해자들이 학대 남편을 보살피는 것이 폭력을 지속하는 데 일조한다고 강조한다. 부당한 관계를 단절할 때만이 관계를 변화시킬 수 있다.

상처 받은 여성은 자신과 대면할 내면의 힘이 없다. 자기 대면을 위해서는 극심한 고통과 분노를 견뎌내야 한다. 그동안 자신을 지탱해왔던 희망과 신념이 거짓임을 깨닫고 나면 그들은 더 이상 세상을 살아갈 힘을 잃고 삶을 포기하기도 한다. 척박한 현실을 견뎌내기 위해서 헛된 믿음에라도 의존하고 싶어 한다. 하지만 여성은 이 어둠을 견뎌내야 한다. 외로움과 고통을 극복할 때 자신과 만나고 진실을 깨닫는다. 그러기 위해서는 용기가 필요하다.

클라리사 에스테스Clarissa Pinkola Estes는 『늑대와 함께 달리는 여인들』에서 여성이 늑대와 같은 야성을 잃어버리고 가부장제에 순응함으로써 지혜와 통찰력을 잃었다고 주장한다. 그래서 여성은 자신을 미행하는 늑대의 그림자를 인지함으로써 잃어버린 야성, 즉 본래 자신의 모습을 확인하고 되찾고 싶어 한다는 것이다. 그녀는 이를 위해 여성들이 두려움을 극복하고 내면의 소리에 집중해야 한다고 역설한다. 우리 안의 여걸을 찾아내고 직관과 창조성을 발휘하는 작업이다. 여성이 생명력 있는 삶을 회복하기 위해서는 거짓 믿음에 맞서고 위로의 유혹을 견뎌내야 하며, 자기를 대면해야 한다. 혼자 감당해야 하는 외로운 과정이지만, 여성들이 함께 실천한다면 서로에게 힘을 나눠줄 수 있다.

여성들은 서로의 내면에 깊이 숨어 있는 힘을 자극하고 일깨워 줘야 한다. 여성들의 우정이란, 가부장제에 헌신하려는 헛된 믿음에 빠지지 않도록 이끌어주고, 나쁜 남성에게 에너지를 빼앗기고 자신을 잃어버리는 것을 사랑으로 미화하지 않도록 충고해주는 것이다. 더 나아가, 성차별적인 제도와 구조에 대해 집단적으로 문제를 제기하고, 궁극적으로 사람들의 의식과 사회를 변화시키는 것이다.

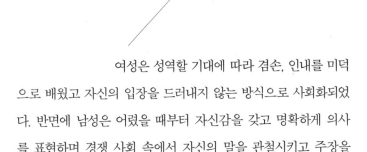

남자들은 왜
여자를 가르치려 할까

여성은 성역할 기대에 따라 겸손, 인내를 미덕으로 배웠고 자신의 입장을 드러내지 않는 방식으로 사회화되었다. 반면에 남성은 어렸을 때부터 자신감을 갖고 명확하게 의사를 표현하며 경쟁 사회 속에서 자신의 말을 관철시키고 주장을 피력하는 방식으로 사회화되었다.

성별화된 교육 방식은 같은 내용이어도 남성의 말을 더 설득력 있게 받아들이도록 한다. 물론 이제는 여성도 독립심을 기르고 자기표현을 능숙하게 하도록 교육받으며, 자신이 느끼고 생각하는 바를 표현하는 시대다. 이러한 방식을 배우지 않고서는 경쟁 사회에서 생존할 수 없기 때문이다.

남성의 설교와
여성의 침묵

남성들은 공식 회의나 친목을 위한 비공식 모

임에서 다른 사람의 말을 듣기보다 발언의 기회를 독점하는 쪽으로 발달해왔다. 다른 사람의 말을 중간에 자르기도 하고 경쟁적으로 앞다퉈 이야기하기도 한다.

이러한 말하기는 소통을 위한 것이 아니다. 자신의 의견을 일방적으로 전달하고 관철시키는 권력 다툼이다. 권력을 가진 사람은 자신의 의사를 표현하기 위해 오랫동안 발언권을 독점하거나 다른 사람의 이야기를 끊을 수 있다. 모든 사람이 아는 이야기를 혼자 아는 것처럼 상세하게 설명하며 잘난 체하지만 듣는 사람의 상황을 배려하지 않는다. 이것은 자신이 옳다고 생각하기 때문에 벌어지는 일이다.

> 남자들은 자꾸 나를, 그리고 다른 여자들을 가르치려 든다.
> 자기가 무슨 소리를 하든지 알든 모르든. (⋯) 내가 알고 그
> 들은 모르는 일에 대해서 내게 잘못된 설명을 늘어놓는 데
> 대해 사과한 남자는 한 명도 없었다.
>
> 리베카 솔닛, 『남자들은 자꾸 나를 가르치려 든다』 중

리베카 솔닛Rebecca Solnit은 '맨스플레인mansplain, man+explain'을 이렇게 설명한다. 남성은 여성에게 무언가 설명하고 여성을 가르치려 든다. 논리성이나 개연성이 부족한 설명 또는 거짓말에도 근거 없는 자신감과 확신으로 넘친다. 남성은 여성에게 자기 생각을 장황하게 설명하면서 자신이 옳다고 반복적으로 강조한다.

이러한 태도는 여성에게 말할 권리가 없고 들을 의무만 있다는 것을 전제한다. 남성이 나이가 많고 사회적 지위가 높은 상급자라면 상황은 더욱 심각해진다. 여성은 그의 이야기를 계속해서 들어야 한다. 남성은 말하는 자, 여성은 듣는 자로 간주된다. 그러나 여성이 침묵한다 해서 이성적 능력이나 판단력이 부족한 것이 아니다.

발언 기회의 독점과 행사는 위계질서에 따른 권력과 관련되어 있다. 여성 직원이 다수를 차지하는 직종에서도 남성은 관리자로서 여성들을 감독해왔다. 경험이 많은 여성이어도 의견을 내면 부차적으로 취급되고 무시당했다. 여성은 자신의 능력을 회의했고 스스로 의사를 표현하고 결정할 권리가 있다는 인식조차 흐려졌다.

여성은 가족 안에서는 남성 가장의 말에, 직장에서는 남성 상급자의 말에 따라야 했다. 종교 조직에서도 남성 성직자의 지도에 순종해야 했다. 다른 조직과 마찬가지로 소수의 남성들은 소명과 책임 의식이라는 미명 아래, 때로는 신의 이름으로 권력을 남용하면서 여성들의 말할 권리를 빼앗고 자신의 이야기에 귀 기울이기를 강요했다.

이 과정에서 여성은 침묵의 세계에 머무르게 되었다. 침묵은 내면의 목소리에 귀 기울이는 종교적 수련에 활용되기도 하지만, 여성의 침묵은 자신의 목소리를 외면하고 스스로를 기만하는 결과를 낳았다. 여성을 대변하는 것은 남성이었고 여성은 남성에 의해 정의되었다. 같은 생각이라도 남성에게 인정받고 확인받아야 안심했다. "그건 네가 잘못 알고 있는 거야", "네가 아직 잘 몰라서 그러는데 내 말을 언젠가 이해하면 달라질 거야", "네가 잘하면 이렇게 가르칠 필요는 없지"라는 남성의 충고를 들으며 여성은 자신감을 잃고 위축되었다.

> 상무인 A씨(51세)는 2013년 6월 충남의 공장 공터에서 출근 시간대에 담배를 피우던 두 여성 아르바이트생 B씨(19세)와 C씨(20세)를 보고 "어린애가 무슨 담배를 피우냐. 피우지 마라"고 훈계했다. 이 과정에서 A씨는 B양의 뒷목을 3초 정도 잡아 주무르고 팔로 허리를 휘감은 다음 손으로 오른쪽 볼을 꼬집었다. (…) 대법원은 A씨가 어린 여성들의 목덜미나 허리, 팔뚝 등을 쓰다듬거나 주무른 건 객관적으로 훈계라 보기 어렵고 성적 수치심을 유발했다며 성추행이 성립한다고 판단했다.

> 《동아일보》 2015. 8. 4

남성은 여성의 몸과 생각을 자신의 소유로 착각하며 여성을 통제하려는 경향이 있다. 성적으로 대상화되고 폭력을 경험하면서도 여성은 자신의 생각을 표현할 언어를 찾지 못하고 스스로의 상황을 통제할 수 없기 때문에 혼란과 자아의 균열을 느낀다. 여성은 폭력의 피해자이면서도 피해 유발자, 유혹자로 비난받는다.

"네가 행동을 잘못했으니까", "밤늦게 돌아다녔으니까", "옷을 야하게 입었으니까" 등등. 여성혐오는 모든 문제의 원인을 여성의 탓으로 돌리고 폭력을 당한 원인을 여성에게 전가한다. 분노와 혐오는 구조적 원인에 대한 분석 없이 여성에게 퍼부어진다.

남성
따라 하기

물론 여성 중에도 남성처럼 다른 여성을 가르치려 들거나 다른 사람의 말을 묵살하고 가로채는 사람들이 있다. 다른 사람들에게 자신의 의견을 강요하기도 한다. 여성들에게 동등한 발화 기회가 주어지지 않았으므로 여성도 권력을 얻고 생존하려면 남성과 같은 방식을 취할 수밖에 없기 때문이다. 여성은 침묵, 겸손 등의 방식으로 생존하는 한편, 남성의 소통과 권력 쟁취 방식 또한 받아들인다. 생존을 위해 폭력적인 남성의 언어도 거침없이 사용한다.

젊은 여성들은 권리를 침해당한 것에 더욱 분노한다. 데이트 관계에서도 남자친구가 비용을 지불하거나 비싼 선물을 하면 불편하게 여기고 평등한 관계를 유지할 수 없다고 생각하기도 한다. 그럼에도, 몇몇 여성들은 여전히 선배나 남자친구를 오빠라고 부르고 오빠처럼 따른다. 그렇게 자기주장을 하고 독립을 원하면서도, 한편으론 의존적인 태도를 보이고 남성의 보호를 요구한다. 이들은 부모의 사랑 속에서 성장했고 한 번도 성차별을 받은 적이 없다고 주장한다. 하지만 어머니의 이중고나 성역할은 성찰하지 못하는 한계를 보인다. 또한 사회적으로 성공하고자 하며 자신의 직장 생활을 지원하고 양육을 함께할 수 있는 남편을 알아보는 안목을 갖고 있다고 확신하면서 페미니스트와는 거리를 두려고 한다. 능력 있는 여성은 페미니스트가 되지 않는다고 생각하는 사람도 있다. 페미니스트는 열등감과 피해 의식에 사로잡힌 미성숙한 여성으로 매도된다.

남성의 말과 경험을 통해서는 여성 자신을 충분히 설명해내지 못한다. 남성 정신과 의사들은 여성의 경험을 왜곡되게 해석했고, 여성 환자들은 그러한 분석을 이해할 수 없어 혼란스러워했다. 또한 여성들은 다른 여성을 신뢰하지 못하고 어머니, 선배 여성을 역할모델로 삼지 못했다. 역할모델이 되는 여성은 남성의 시선에서 능력과 외모를 갖춘 매력적인 존재로 제한되었다. 여성은 남성만큼이나 다른 여성을 혐오하고 그들의 능력이나 권위를 인정하지 않았다.

공적 영역에서 의사소통 방식을 배우고 남성과의 협상 기술을 익히는 것은 여성이 자신을 방어하고 자기 문제를 공론화하는 데에 유용하다. 하지만 그러한 방식만으로는 자신의 경험을 해석하는 데에 한계를 느낄 수밖에 없다. 이제는 다른 방식의 언어를 고민해야 할 때다.

어머니와의
합일

어머니를 등지고 아버지를 선택한 여성들은 어머니와 같은 사람이 되고 싶지 않다고 생각하며 남성과 동일시하고 남성을 역할모델로 삼지만 자기 분열을 경험한다. 이들은 혐오했던 어머니를 대면하고 혼란스러워하면서 자신을 성찰하게 된다.

가부장제의 상징체계 속에서 여성이 자신의 욕망을 표현하는 것, 어머니에게 다시 돌아가서 어머니와 하나가 된다는 것은 쉬운 일이 아니다. 상처를 대면하려면 용기가 필요하다. 남성을 멋있게 비춰주는 거울, 남성을 독려하고 위로하는 존재가 되어야 한다는 기대를 거부해야 한다.

솔직하게 자신에 대해 이야기하는 여성에게 반감을 갖는 사람들도 있다. 남성뿐 아니라 여성도 불편함을 호소한다. 하지만 여성주의자들은 여성이 경험하는 현실에 맞는 새로운 언어를 창조해왔다. 이들은 여성이 사적인 영역에서 경험하는 고통과 억압을 폭력으로 정의하고 여성의 인권을 주장하면서, 남성과 다른 자신의 욕망에 대해 이야기해왔다. 더불어 폭력과 지배, 정복보다 평화, 소통, 공감의 가치에 주목한다.

주느비에브 본은 언어와 권력이 불가분의 관계임을 강조하면서 공정한 분배와 타자의 필요를 고려하는 공동체에서만 여성들의 소통이 원활하다고 역설한다. 이러한 공동체에서 창조, 생산,

소통되는 언어는 여성을 소외시키지 않고 현재의 언어와는 다른 방식으로 작동한다.

여성이 자신의 생각과 꿈을 부정하지 않고 자유롭게 이야기할 수 있는 열린 공간을 만들기 위해서는 많은 노력이 필요하다. 남성의 권력을 선망하기보다 폭력이나 지배에 기초한 권력에 의존하지 않으면서 부정의를 비판해야 한다. 그러기 위해서는 다음의 작업들이 선행되어야 된다.

첫째, 침묵을 깨뜨리고 가부장제에서 규정된 여성성의 이미지에서 벗어나서 진정한 자신에 대해 이야기해야 한다. 이 과정에서 공식적으로 의사를 표현하고 결정하는 방법을 훈련해야 한다. 둘째, 남성과의 토론, 갈등, 협상을 두려워하지 말아야 한다. 여성은 비판에 열려 있어야 하고 수치심을 벗어던져야 한다. 고립감을 견디며 자신을 방어해야 한다. 셋째, 여성들은 서로를 지지하면서도 충고를 아끼지 않는 언어공동체를 구성해야 한다. 때때로 뼈아픈 충고를 주고받을 수 있지만 우정과 연대에 기초해야 한다. 결코 쉽지 않은 실천이지만, 그래야만 남성의 설명을 종식시키고 대화와 소통의 문을 열 수 있다.

예쁘면 다
괜찮은가요

여성의 본성은 아름다움으로 규정되어 왔다. 여성은 외모를 가꾸지 않으면 검소한 것이 아니라 게으르고 예의가 없다고, 여자답지 못하다고 비난받았다. 여성은 남성보다 더 많은 시간과 돈을 화장품, 패션, 운동, 피부 관리, 다이어트 등의 미용에 쓴다. 특히 젊은 여성들은 아름다운 외모로 남성의 시선을 끌지 않으면 가치 있는 존재로 인정받지 못한다고 여겨 외모 관리에 주력해왔다. "못생겼다", "안 예쁘다"라는 말은 낮은 자아존중감으로 이어졌고, "아름답다", "예쁘다"라는 말은 최고의 칭찬으로 받아들여졌다.

여성의 외모 중시는 결혼을 통한 경제적 의존과 관련된다. 근대의 성별 분업의 구도에서 여성은 아름다운 외모로 남성의 시선을 끌어 선택을 받고, 그 남성과 행복한 미래를 설계하는 낭만적 사랑을 꿈꾸었다. 이러한 사회구조에서 남성은 연봉과 자산 등의 경제적 능력이, 여성은 외모, 성적 매력, 애교, 재생산 능력이 중시되었다.

여성들의 아름다운 몸은 남성의 경제적 능력과 교환가치를 갖고 있었다. 프로이트는 『무의식에 관하여』에서 남성의 사랑은 대상애, 여성의 사랑은 나르시시즘으로 규정하면서 이성애의 방식을 설명한다. 남성은 자신이 욕망하는 여성을 주체적으로 선택하지만, 여성은 외모를 통해 남성을 유혹함으로써 선택받는다. 여성은 자신의 가치를 주체적으로 인식하기보다 남성의 시선으로 자신의 몸을 바라보며 아름다워지고자 노력해왔다. 성별 권력이 불균등한 사회에서 여성의 생존 전략이었던 것이다.

아름다운 몸의 기준은 사회적, 역사적으로 구성, 변화되어 왔다. 하이힐, 코르셋, 전족, 다이어트약, 식이 장애, 성형수술 등은 여성의 잔혹한 삶을 대변한다. 하지만 많은 노력과 투자를 통해 극소수의 여성만이 사회적 미의 기준에 도달할 수 있다.

수전 보르도Susan Bordo는 『참을 수 없는 몸의 무거움』에서 여성들이 운동, 식이 장애, 성형수술 등으로 자신의 몸을 감시함으로써 남성에게 욕망의 대상이 되고 자원을 얻는 행위성에 관심을 기울였다. 여성은 이를 통해 외모 관리를 보상받는다. 하지만 다이어트 실패와 성형 중독 등의 부작용으로 여성은 생명의 위협을 받기도 하고 자아존중감도 낮아진다. 외모 관리를 통해 잃어버리는 것 중 가장 중요한 것은 자신을 사랑하는 법이다. 사회적 미의 기준과 내 몸을 비교함으로써 자신을 혐오하게 되기 때문이다.

외모가
경쟁력이 되는 사회

부모의 지지를 받고 독립적으로 성장한 젊은
여성들이 성차별을 경험하는 것은 보통 취업 과정과 직장의 조
직 문화를 경험하면서부터다. 여성은 남성중심적 노동환경에서
의욕이 저하되고 임신, 출산, 양육 과정을 거치며 노동시장에서
이탈한다. 독립적인 삶을 영위하려는 여성들이 결혼할 상대의 생
계부양 능력을 중시하는 것은 여성이 경제적으로 독립하기 어려
운 구조적 문제와 긴밀히 연관된다.

고소득 직종에 종사하지 않더라도 독신 여성들이 결혼을 꿈꾸
지 않는 이유는 결혼이 더 이상 행복을 보장해주지 않기 때문이
다. 아니, 그 사실을 이제 알게 되었기 때문이다. 결혼을 통해 경
제적, 정서적 안정을 확보할 수 있다면 다행이지만 고용이 불안
한 사회에서 남편이 실직하는 경우 가족의 생계를 위해 노동하
고, 자녀까지 양육해야 한다.

한편, 경제적 능력을 갖춘 여성들은 남성의 외모, 배려심, 돌봄
의 능력을 고려하면서 이상적인 남성상을 꿈꾸기 시작했다. 일중
독에 거칠고 고압적인 남성, 돈 많은 남성보다 친절하고 소통에
능하며 멋진 외모와 유머 감각을 소유한 남성과 연애하고 결혼하
고 싶은 것은 너무도 당연하다.

돈과 권력을 소유한 남성들은 자신의 외모를 관리하지 않으면
서 여성의 외모만 따지기도 한다. 하지만 몇몇 남성들은 자기표현

의 일환으로 외모 관리에 몰두한다. 여성들에게 외모 관리를 요구하면서도 기본적인 청결조차 신경 쓰지 않는 것을 남자다움으로 해석했던 과거에 비하면 이러한 남성들의 변화를 긍정적이라 할 수 있을까.

소비자본주의 사회는 남성들의 미적 욕구를 자기 계발과 연관시키면서 화장품, 패션, 다이어트, 운동, 성형수술, 피부과 시술 등 다양한 상품을 소비하도록 부추긴다. 외적 이미지를 중시하는 미디어는 외모 관리를 자기 계발로 해석하고 외모 관리를 소홀히 하는 사람을 자기 관리가 소홀한 사람으로 비난한다. 우리 사회에서 외모는 사람을 판단하는 중요한 기준이다. 외모로 인한 차별이 분명히 존재하기에 사람들은 차별을 받지 않기 위해 자신의 외모를 변형시키고자 한다. 아름다운 외모를 가진 사람은 취업, 승진, 연애, 인간관계에서 이익과 권력을 얻지만, 그렇지 못한 사람은 경멸과 혐오의 대상이 되면서 불이익을 감수해야 한다.

한국 사회에서 외모중심주의는 심각한데 이를 차별로 민감하게 인식하지 않는다. 취업 준비생들은 외모를 경쟁력으로 생각해 외모 관리를 하고, 사람을 몸집이 큰 동물에 비유해 조롱하는 것에 문제를 제기하기는커녕 그러한 상황을 피하고자 다이어트에 돌입한다.

남녀를 불문하고 살이 찐 것은 아름답지 못한 것이고 건강하지 않은 것이다. 살을 빼려다가 건강과 생명을 잃는 사례들은 비만을 질병으로 적대시하며 살찐 사람들을 혐오하는 외모중심주의가 사회에 팽배함을 보여준다. 그러므로 남성의 외모 관리가 여성에게 시각적인 즐거움을 가져다주었다고 긍정적으로 해석하기는 어렵다. 외모가 그 사람의 이미지를 구성하는 데 중요한 부분을 차지한다 해도, 외모만을 강조하다 보면 다른 장점을 간과하게 되고 인격적인 관계를 맺을 수 없기 때문이다.

또한 이런 사회라고 해서 능력 있는 여성이 외모를 관리할 필요가 없는 것은 아니다. 여성의 능력을 돋보이게 하는 것은 외모이기 때문에, 마찬가지로 외모 관리가 요구된다. 한편 남성의 외모 관리는 본인의 선호와 선택으로, 여성만큼의 사회적 부담감이 주어지지는 않기 때문에 성별화된 맥락에 있다.

나는 이대로
아름답다

텔레비전의 각종 예능 프로그램에서는 젊은 여배우들의 몸매와 피부 관리 비결이 제시된다. 외모 때문에 차별을 경험한 사람들을 위해서는 성형수술과 다이어트, 운동을 통해 외모를 변신시켜줌으로써 새 삶을 열어주겠다는 프로그램까지 있다. 또한 미디어에서는 비만을 질병화하고 관리의 대상으로 보는 의료 권력에 순응하면서 뚱뚱한 것은 위험한 것, 건강하지 않은 것이라고 강조한다.

이러한 흐름 속에서 몇몇 여성 코미디언들은 재치 있는 언변과 더불어 자신감과 당당함을 표현한다. 뚱뚱한 여성이 우울하고 어둡고 게으르고 미련하다는 편견을 깨뜨리고 먹는 것을 즐기고 편안함과 여유의 매력을 발산한다.

철학자 김주현은 『외모 꾸미기 미학과 페미니즘』에서 여성주의 관점에서 주체적인 미적 표현에 대해 고민한다. 여성들은 남성의 시선을 의식하여 끊임없이 자신의 몸을 관리함으로써 남성의 사랑을 갈구해왔지만, 그럴수록 성적 대상화에서 벗어나지 못했고 스스로도 나르시시즘에 머무른다고 비판한다. 또한 여성이 반대로 금욕주의에 빠져 외모 관리를 포기하는 것도 경계하며 남성들처럼 패션이나 청결에도 신경 쓰지 않는 것이 진정한 대안인가 질문한다. 여성이 금욕주의와 나르시시즘을 넘어서서 즐거운 놀이와 주체적인 자기표현으로서 외모를 받아들이기를 제안한다.

"나는 코가 낮아 아름답지 않다. 나는 얼굴이 커서 아름답지 않다. 나는 쌍꺼풀이 없어 아름답지 않다. 나는 뚱뚱해서 아름답지 않다. 나는 키가 작아 아름답지 않다. 나는 얼굴이 검어 아름답지 않다"는 말은 이렇게 번역될 수 있다. "나는 코가 낮아 아름답다. 나는 얼굴이 커서 아름답다. 나는 쌍꺼풀이 없어 아름답다. 나는 뚱뚱해서 아름답다. 나는 키가 작아 아름답다. 나는 얼굴이 검어 아름답다."

"나는 이대로 아름답다"라고 생각하는 것은 획일적이고 허구적인 미의 기준에 대해 이의를 제기하는 것이다. 누군가의 시선에

들기 위해 강박적으로 외모를 가꾸거나 누군가를 모방하기 위해 얼굴과 몸을 변형시키는 것은 주체성을 포기하는 것이다. 하지만 내 안에 숨어 있는 자신을 탐색하기 위해 패션을 바꿔보거나 나를 표현하기 위해 옷을 입고 화장을 하는 것은 하나의 즐거움이 될 수 있다. 이러한 미적 표현은 '나 자신을 있는 그대로 사랑하는 것'을 전제한다. 어떤 사람이 당신에게 "너는 아름답지 않다"라고 이야기한다면, "당신은 편협한 미의 기준을 갖고 계시군요"라고 대답하면 된다.

4장

희생했지만
존중받지 못하는

아버지의
이름으로?

       한국의 노인들은 국가와 가족을 위해 희생해 왔으나 사회적으로 인정받지 못하는 현실에 분노한다. 전통 사회에서 노인은 유교의 효 문화에 기초해 자녀에게 존경과 보살핌을 받는 것을 자연스럽게 생각했다. 하지만 산업화된 도시에서 자녀들은 농촌을 떠나 도시로 이동했고 확대가족은 핵가족으로 변모했다. 노부부 단독 가구나 노인의 독거는 점차 흔해지고 있다. 하지만 가족 형태의 변화에도 여전히 노부모가 자녀의 가족사에 관여하며, 자녀는 아픈 노부모를 경제적, 정서적으로 돌봐야 한다. 이는 자녀가 성인이 되자마자 부모로부터 독립하는 미국 및 유럽의 핵가족과는 다른 양상이다.

    부모와 자녀 간의 애착, 의존관계로 인해 노부모는 자녀에게 기대하고 의지하며, 능력 유무와 상관없이 경제적, 정서적으로 보살피지 않는 자녀에게 서운해한다. 노인요양보험과 국민연금, 기초 노령연금은 부족하나마 국가적 차원의 노인복지이지만 여전히 일차적인 책임은 가족, 자녀에게 있다. 정부 차원에서 노인 문제와 정책을 논의할 때 따라오는 문구는 "국가와 가족을 위해 희생하신 노인들에게 경의와 감사를 드리며"다. 정부는 자녀를 대신해서 효를 수행하는 것을 노인 정책으로 정의한다.

노인들은 가족, 국가와의 관계에서 자신의 희생을 강조한다. 노인들의 탄식은 과거에 대한 단순한 회한이 아니다. 미래를 위해, 자녀를 위해 살아왔지만 그 보상이나 대접이 너무나 보잘것없다고 억울함을 호소한다. 이럴 줄 알았으면 자신을 위해 살았을 것이라고 한탄한다.

한국 사회에서 노인은 대개 가난하고 소외된 존재이면서도 권력과 부를 가진 연장자로서 보수적 이미지로 비춰진다. 두 가지 모습은 이중적이면서도 동시에 존재한다. 유교 규범하에서 노인들은 권위와 체면을 유지하기 위해 어른으로서 돈을 쓰고, 앞으로 나서기보다는 후원하는 역할에 충실했다. 연장자가 화를 내거나 욕심을 부리면 미성숙하고 어른답지 못하다고 여겨지기에 참기도 한다. 또한 관용이 없어 보일까 봐 남의 눈을 의식한다.

노인은 안정을 추구하고 변화를 거부함으로써 정치적으로 보수 집단을 이룬다. 이들은 부모의 위치에서 나라와 가족이 잘못되는 것을 두고볼 수 없다며 거리 시위, 밤샘 시위를 벌이면서 진보 단체와 충돌한다. 노인 여성들도 어머니 정체성을 기반으로 피켓을 들고 거리로 나온다. 하지만 이것이 노인 남성 뒤에 가려져 있던 여성들의 진정한 목소리인가에 대해서는 의심할 수밖에 없다. 가부장제에 순응하면서 남성을 대변했던 노인 여성의 목소리는 공허한 메아리에 그치기 때문이다.

무엇을,
누구를 위한 희생인가

       1400만 관객의 사랑을 받았던 영화 〈국제시장〉은 가족과 국가를 위해 희생한 노인 남성의 이야기를 다룬다. 주인공 덕수는 한국전쟁으로 피난을 가는 길에 아버지와 헤어진다. 그는 아버지를 대신해서 어머니와 동생을 부양하는 가장으로 살아야 했다. 장남으로서 생계를 부양하기 위해 독일의 탄광에서, 베트남 전쟁에서 생명의 위험을 무릅쓰고 돈을 벌었다. 그 과정에서 다리를 다쳐 장애를 갖게 되었지만, 가족들이 경제적으로 안정된 삶을 살게 된 것에 만족한다.

하지만 가족들과 오래 떨어져 있었으므로 관계가 소원해졌다. 그는 가족 모임에서 소외되고 가족과 소통하지 못한다. 그는 가족을 위해 희생했지만 가족에게 인정받지 못한다. 자녀들은 아버지의 경제적 지원 속에서 성장했지만 아버지의 고생을 알고 싶어 하지 않는다. 이기적인 자녀들에게 분노하는 아버지의 모습은 연민을 자아낸다. 성실하고 근면한 아버지, 일만 아는 아버지, 집에 들어오지 않는 아버지는 산업 역군, 이주노동, 해외파병 등으로 가족, 국가를 위해 헌신한 존재다. 물질이 풍요롭지 못한 시대에 태어나 갖은 고생을 한 가엾은 사람으로 여겨지기도 한다. 다행히 그의 옆에는 그를 이해하고 위로하는 노인 아내가 있다.

남성은 가장으로서 가족에게 권력을 행사하고 대접을 받았다. 또한 노동시장에서 주변화되었던 여성보다 좋은 조건에서 노동의 기회를 얻을 수 있었다. 그들은 자본주의의 경쟁 질서 속에서 승자가 되기 위해 원칙을 무시하거나 타자의 희생을 외면하기도 했으며, 정의나 돌봄의 윤리에 대해서는 간과했다. 그들이 중시했던 발전, 효율성과 생산성은 모두 여성, 자연, 약자 등 타자의 고통과 희생을 기초로 한 것이다.

그러나 여성, 자연, 약자는 분노하지 않고 오히려 침묵해왔다. 고속도로, 철도, 댐의 건설로 숲과 강은 자연이 파괴되고 동식물이 사라졌다. 또한 부계가족에서 노인 여성들은 노인 남편의 분노와 자녀들의 이기적인 태도 사이에서 '평화의 중재자' 노릇을 하고 있다. 이러한 평화는 윤리적 판단의 기준이 없다. 거짓 평화는 오래 지속되지 않는다.

묵묵히 헌신했던
그녀를 기억하라

다큐멘터리 〈위로공단〉에서는 산업 역군으로서 장시간, 저임금의 열악한 조건하에 공장에서 일했던 여성들을 기억해낸다. '공순이'라고 폄하되었던 이들은 어린 나이에 학업을 중단하고 타지에서 돈을 벌어 집으로 송금하며 가족의 생계를 부양했다. 그리고 이 여성들은 지금도 의류 하청 공장에서 하루 종일 먼지를 마시며 실밥을 따고 미싱 작업을 하고 있다. 임흥순 감독은 영화를 통해 국가와 가족을 위해 헌신했던 노동자 어머니를 기억한다.

이러한 모습은 〈국제시장〉에서 남편을 위로하는 아내 영자의 삶과도 유사하다. 하지만 이 영화에서 그녀의 삶은 타자이면서 남편의 보조자로서만 존재한다. 결혼 전에는 파독 간호사로 고된 타국의 삶을 견디며 시체를 닦고 일을 배워 고국의 가족에게 송금을 했다. 그리고 결혼 후에는 남편이 외국으로 돈 벌러 나간 동안, 가게를 운영하고 시어머니를 섬기고 어린 시동생들을 보살피며 자녀들을 혼자 키웠다. 하지만 이러한 여성들의 경험은 드러나지 않는다. 여성은 의존적인 존재로만 해석되고 있다. 이들의 헌신은 '희생'으로조차 언급되지 않는다.

영화 〈약장수〉에서 옥님은 고독사로 생을 마감하는 노인 여성의 가엾은 삶을 재현한다. 그녀는 남편과 사별하고 두 자녀를 키웠다. 아들을 법조인으로 성공시켰지만, 그녀의 삶은 별로 달라진 것이 없다. 그녀는 허름한 아파트에서 혼자 산다. 아들이 생활비를 지원하지만 바쁘다는 이유로 찾아오지 않고 어머니를 귀찮아한다. 어머니의 헌신에 비해 아들은 이기적이고 독단적이다. 그녀는 친구를 따라 '떴다방'이라고 불리는 홍보관에 가게 된다. 떴다방은 노인들을 모아놓고 경로잔치를 하고 경품을 배포하는 곳으로 비싼 의료 기기와 생활용품을 강매한다. 떴다방 직원과 친해진 옥님은 비싼 물건을 구입하고 엄청난 빚까지 진다. 후에 자녀들은 이 사실을 알고 어머니를 비난한다.

옥님은 지병이었던 심장병으로 통증을 호소하지만 도움을 받지 못해 고독사하고 만다. 그 뒤로도 한동안 그녀를 찾아오는 사람이 없어 시체가 부패하고 아파트에는 악취가 진동한다. 옥님은 자녀를 위해 자신을 희생하고 성실한 삶을 살아온 한국의 할머니, 노인 여성을 상징한다. 하지만 그녀의 삶은 비참한 죽음으로 끝난다.

자기연민에 대한
성찰

노년기는 은퇴 이후 자신의 삶을 회고하고 죽음을 준비하는 소중한 시기다. 하지만 평균수명의 증가로 인해 이제는 죽음을 기다리는 시기라기보다는 새로운 도전을 하는 시기로 재해석되고 있다.

현대의 노인들은 열정, 능력, 건강 면에서 예전에 비해 젊음을 유지한다. 그럼에도 노인이 된다는 것은 건강 악화, 은퇴로 인한 수입의 감소, 공적 활동의 축소로 인해 소외를 초래한다. 경쟁과 효율성이라는 지배 가치하에서 그들은 패자다. 노인들은 몸에 밴 근면, 절약의 방식을 변화시키지 못한다. 이들의 삶은 소비와 관계를 포기할 수 없는 젊은이들의 삶과 대비된다.

가족을 위해 열심히 살아왔다고 생각했던 노인 남성들은 자신을 존중하지 않는 가족에게 실망한다. 자녀에 대한 배타적이고 무한한 사랑은 자녀를 이기적으로 만들었다. 아버지는 자녀를 사랑했지만 배려, 공생, 협력의 가치는 가르치지 못했고, 결국 그것은 자신에게 독이 되어 돌아왔다.

"너희들이 인정하든지 말든지 나는 나의 길을 가겠다."

"나의 삶은 옳았다고 생각한다."

자기 연민에 사로잡힌 노인 남성들은 자신의 삶을 합리화하고 미화하지만, 가족과 국가의 생존을 위해 타자에게 상처를 주기도 했다. 또한 이들은 희생을 논하는 과정에서 생산성과 효율성 등의 지배 가치에 대해서는 비판적이지 못했다.

희생은 자발적인 것이어야 한다. 누군가를 위해 희생했다는 주장이 자기 연민은 아닌지 성찰할 필요가 있다. 또한 어떠한 상황에서도 희생은 최소화되어야 하고 누군가의 희생을 당연시해서도 안 된다. 내가 누군가의 희생으로 더 나은 삶을 살게 되었다면 감사한 일이지만 동시에 불편하고 미안한 일이기도 하다. 타자의 희생을 당연시하기보다 내가 누군가의 희생 위에 행복을 누리고 있지는 않은지 살펴보아야 한다.

희생했지만
존중받지 못하는

한국 사회에서 고령화와 저출산은 중요한 정책 과제다. 연금, 의료, 보살핌 등의 노인 정책이 있지만, 노인 인구의 증가가 반드시 노인의 권리를 보장하지는 않는다. 노인이 젊은이의 짐으로 인식되고 노인 보살핌이 자녀에게 폐가 되는 사회에서, 노인은 높은 자아존중감을 유지할 수 없다.

부와 권력을 소유하고 권위를 유지하는 노인은 소수의 특권층에만 해당된다. 노인은 은퇴 이후 장기화된 노년기의 생계를 독립적으로 해결해야 한다는 부담감 속에서 소외된 집단으로 자신의 정체성을 인식한다. 노인은 주로 남성으로 대변되는데, 여성의 경험은 남성과는 다르다. 공적 활동이 왕성했던 남성과 달리 노인 여성은 비가시화되고 논의의 변두리로 밀려나 있다.

하지만 노인 여성이 우리 사회에서 아무런 역할을 하지 않은 의존적인 존재였던 것은 아니다. 이들은 제도적 지원이 미비했던 부분에서 보이지 않는 손길을 통해 가족과 사회를 유지해왔다. 노인 여성은 가족 내에서는 어머니와 아내로서, 바깥에서는 종교 활동이나 자원활동을 통해 소외된 이웃을 위해 봉사하면서 사회복지에 헌신해왔다. 하지만 이들은 기쁨과 보람 외에 아무런 대가를 받지 못했다. 사회는 노인 여성의 노동과 헌신을 전유하면서도 이들의 공헌을 평가절하했다. 할머니는 가난, 무지, 피해, 의존, 약함을 상징하는 존재다. 이들은 할아버지보다 자기주장이 약한 관용적이고 겸손한 존재로서 희생과 인내를 요구받는다.

이제 노인 여성들은 자신의 경험에 기초해서 집단적으로 문제를 제기하고 저항하고 있다. 이들은 지역운동, 환경운동, 농민운동의 차원에서, 구조적 폭력 피해의 경험을 기반으로 불합리한 사회를 시정하기 위해 투쟁한다. 보편적, 객관적이라고 간주되던 남성중심적 관점을 시정하는 한편, 자기 목소리를 찾는 과정이기도 하다.

이 글에서는 여성을 가족이라는 사적 영역에 한정하고 경제, 정치 등의 공적 영역에서 배제함으로써 남성에게 의존하게 하는 구조적 모순 속에서 노인 여성의 위치를 고찰하고자 한다. 고령화와 더불어 노인 여성이 소외되는 상황을 극복하고 경제적, 사회적, 정치적인 측면에서 시민으로서 권리를 확보할 수 있는 방법에 대해 탐색해보자.

모든 곳에서
소외된 노인 여성

노인 여성은 노인이자 여성으로서 중층적으로 차별을 경험한다. 이들은 노인 남성과 청년 여성, 중년 여성이라는 틀 속에서 자신을 설명하지 못한다. 하지만 노인운동에서 여성들은 비가시화되어 있거나 남성의 보조적인 역할에 그침으로써 주체적인 행동을 보여주지는 못했다.

노인 세대는 젊은 세대에 비해 성차별적인 부부 관계로 구성되었다. 노인 여성들은 가부장제의 희생자이면서도 그에 순응하고 가부장제를 지지하는 행위자였다. 어머니는 가족 내에서 아버지에게 무시당하지만, 아버지의 법을 충실하게 준수하며 자녀들이 아버지에게 순종하도록 가르치는 중재자이기도 했다. 이러한 이유로 젊은 여성들은 노인 여성을 미래의 역할모델로 삼지 못하고 갈등해왔다.

또한 고부 갈등은 여성들의 관계를 방해했다. 유교 문화에서 시어머니와 며느리는 직접적인 사회 활동을 하지 못했다. 권력과 자원에 접근할 수 없었던 여성들은 아들과 남편을 자신의 편으로 만들기 위해 충돌했다. 성차별적인 사회에서 생존하고자 경쟁하고 질투했던 것이다. 이러한 문화는 여성들의 교육 수준 향상과 경제활동 참여에도 불구하고 여전히 남아 있다.

어머니는 딸이 자신과 다른 삶을 살기를 기대하면서 딸의 교육과 노동을 지원했다. 딸은 어머니의 희생에 힘입어 성공했지만,

어머니가 권력을 갖지 못했다는 이유로 어머니를 무시한다. 딸의 성취를 누구보다 열망했지만 이러한 푸대접을 예상하지 못했던 노인 여성은 자신의 공로를 인정하지 않는 딸에게 분노한다.

한국의 노인운동에서 여성들은 노인이라는 소수자로서 자신의 위치를 인식하기보다 계층적 특권이나 가족이기주의, 성차별을 지지하는 한계를 보인다. 모성을 강조하는 노인 여성운동은 여러 문제점을 내포한다. 이러한 동향은 노인 여성이 기득권을 유지하는 데에 도움이 될지 모르지만, 자신의 문제를 성찰하고 해결하는 데는 도움이 되지 않는다.

또한 여성운동에서도 노인 여성은 주체로서 인식되기보다 성차별적 사고를 가진 존재, 가부장제의 지지자로서 경계의 대상이 된다. 젊은 여성주의자들은 연장자를 섬겨야 하고 솔직한 의사 표현을 '버릇없다'고 비난하는 유교의 연령 위계 문화를 비판한다. 이러한 이유로 후배 여성들은 선배 여성들에게 거리감을 느꼈고 소통을 원하지 않았다.

그동안 여성운동은 젊은 여성, 중년 여성의 문제를 중심으로 전개되었기에 노인 문제에는 소홀했다는 비판을 피하기 어렵다. 노인 여성의 문제는 노인운동이나 노인복지에서 다뤄져야 할 부차적인 것으로 해석되었다. 여성운동은 연령 차별을 극복하지 못했고 나이를 먹으며 심화되는 의존의 구조화된 맥락을 설명하지 못했다. 그 결과, 세대 간의 갈등이 깊어졌고 나이 듦에 대한 공포와 젊음에 대한 선망 또한 심화되었다.

엄마처럼 살고 싶다고
말할 그날을 위해

루스 리스터Ruth Lister는 공사 영역의 분리 및 남성은 독립, 여성은 의존이라고 상정하는 이분법이 남녀의 상호 의존관계를 간과했다고 비판한다. 여성이 의존자라는 사실은 자연스럽게 형성된 것이 아니라 사회적으로 구성된 결과다. 또한 캐롤 페이트먼Carole Pateman은 남성은 생계부양자와 군인으로서, 여성은 아내이자 어머니로서 시민의 의무를 수행하고 권리를 보장받는 제도를 비판한다. 이 제도가 여성을 공적 영역에서 배제함으로써 이등 시민에 머물게 했다는 것이다. 실제로 여성은 임금노동을 하며 가족의 생계를 부양하더라도 임금 차별을 감수해야 했다. 이는 노인 여성이 가난할 수밖에 없는 구조적 원인이 되었다.

그동안 노인 여성은 젊은 여성이나 중년 여성의 역할모델이 되지 못했다. 노인 여성이 살아온 삶은 책으로 써도 모자랄 고통과 인내의 역사이자 인간 승리의 여정이었지만, 후배 여성들이 꿈꾸는 미래와는 괴리가 있다. "나처럼 살지 마"라고 했던 어머니의 말처럼, 딸은 자신을 잃고 싶어 하지 않는다. 이기적이라고 비난받더라도 다른 삶을 원한다. 하지만 어머니의 충고가 없었더라면 딸은 어머니와 같은 삶을 반복했을지 모른다.

여성 간의 갈등은, 원인을 제공한 남성의 책임을 묻지 않는 구조적 모순에서 비롯된 갈등이다. 여성 간의 관계는 정서적 유대로 맺어지지만 물질적 지원이 이뤄지지 않고, 남성과의 관계만큼 자원과 권력으로 연계되지 않는다. 이렇기에 남성중심 문화에서 젊은 여성의 외모가 찬미되고 그들의 몸이 자원이 된다고 해서 기뻐할 일은 아닌 것이다.

노인 여성의 사회 참여는 여성운동, 노인운동의 쟁점을 다원화하고 통찰력을 제공할 수 있다. 노인 문제에서 은퇴 이후의 역할 상실을 중점으로 다뤄왔지만, 노인 여성은 손자녀 양육, 남편을 위한 가사노동, 아픈 남편의 간병 등 끝나지 않는 성역할에 매여 있으며 교육이나 여가 활동은 부차적인 것으로 인식한다.

은퇴 여성들은 남성들처럼 사회 활동을 하기를 원하지만 남성중심의 노인 노동에서 소외된다. 공적 영역에서 경력을 쌓아온 남성은 취업 기회에서 노인 여성보다 유리하다. 또한 노인 여성의 일자리는 청소, 요리, 보살핌 등 성역할과 관련된 분야에 집중되어 있다. 노인 여성의 구조적인 가난을 고려한다면, 이들을 노동의 주체로 상정하고 다양한 일자리를 창출해야 한다. 노인 여성은 의존자가 아니라 노동의 주체가 될 수 있다.

한편, 노인의 성을 논할 때 역시 남성 성기능의 장애, 노부부 관계에서 남성의 성적 소외 등에 초점을 맞춰왔다. 성적 주체로서 노인 여성은 배제되었으며, 노인 남성의 성매매를 옹호하면서 여성을 유혹자, 노인 남성을 피해자로 다루는 시각에서 자유롭지 못했다. 또한 노부부 관계에서 폭력적인 성을 경험하면서도 인내해온 노인 여성의 성경험은 비가시화되어 있다.

불평등한 결혼 생활을 해왔던 여성이 황혼이혼을 요구할 때 이기적인 여성으로 비난하는 것도 문제다. 아픈 아내를 간병하다가 동반 자살한 노인 남성의 행동을 사랑으로 미화하는 해석에 대해서도 비판적으로 검토해야 한다.

타자에 대한 공감과 배려에 기반한 노인 여성들의 경험과 직관은 타산적인 합리성에 기반한 지배 가치를 변화시킬 수 있다. 이는 성공을 성평등으로 이해하면서 명예남성이 되고자 했던 후배 여성들의 삶에 비판적으로 접근하면서, 경쟁과 성취 중심 사회가 간과한 공존, 협력의 가치를 사회적으로 확장하는 계기가 될 것이다.

그러기 위해서는 노인 여성의 사회 참여를 고무해야 한다. 노인 여성은 민주적 의사 결정 방법을 훈련함으로써 자신의 경험을 공적인 장에서 표현하고 자신의 권리를 확보하면서 성평등한 사회를 만드는 데에 기여해야 한다.

나이 듦을
거부하는 사회

      미디어는 여성들에게 화장품, 성형수술, 다이어트, 운동 등 외모 관리를 부추긴다. 아름다운 몸을 향한 욕망은 더욱 강렬해지고 있다. 물론 미적 실천은 자기표현과 연관된 주체적인 선택이기도 하다. 하지만 외모 관리는 여성의 정체성을 몸에 한정하는 문화적인 맥락과 분리해서 설명할 수 없다.

  아름다운 외모는 연애, 결혼을 위한 자원일 뿐 아니라 취업, 승진, 인간관계에 막대한 영향을 미친다. 심지어 매력 자본을 계발하는 것이 성공의 지름길이라고 강조하는 학자마저 있다.

  외모중심주의 사회에서는 남녀노소를 막론하고 자신의 몸을 관리하지 않으면 게으르고 나태한 사람으로 비난받을까 봐 두려워한다. 특히 여성들은 자신의 몸을 변형함으로써 아름다움과 건강을 얻고 행복을 보장받을 수 있다고 믿는다. 젊은 여성에게 집중되었던 외모 관리가 중년, 노년 여성에게 확산되고 있으며, 이에 대한 부담감도 강화되고 있다. 전 연령층에서 타자의 시선을 의식하며 외모 관리에 몰두하는 것이다.

시간을 거꾸로
돌리고 싶은 여성들

여자들은 언제 자기가 늙었다고 느낄까요. 팔자주름이 보일 때라고 말했습니다. 팔자주름 따로 관리하세요.

안티에이징 크림 광고

'너 젖살 빠졌다'라는 말은 피부 볼륨도 사라져간다는 말, 앞으로도 탱글하고 싶다면 ○○.

영양크림 광고

피부 탄성, 시간을 튕겨내요.

C기초화장품 광고

눈가 잔주름과 칙칙함 해결할 자신 있습니까? ○○은 자신 있습니다.

아이크림 광고

눈꺼풀이 처져 늘 졸려 보이시는 분, 자연스러운 눈매를 갖고 싶으신 분, 눈을 크고 아름답게. 눈이 또렷해져 긍정적인 이미지 창출.

성형외과 홈페이지

각종 화장품과 성형외과 광고는 안티에이징을 내세우면서 나이 듦에 대한 공포를 불러일으킨다. 이 광고는 상품의 소비를 통해 젊음을 유지할 수 있다고 강조한다. 외모중심주의 사회에서 노화는 젊음과 대비되어 추하고 부끄럽고 열등한 것으로 인식되며 흰머리와 주름살은 가려야 하는 것으로 취급한다. 이러한 문화에서 노화는 모든 사람이 경험하는 삶의 과정으로 받아들여지지 못한다.

안티에이징 산업은 자기 관리를 통해 건강하고 아름다운 노년기를 보낼 수 있다고 강조한다. 건강식품, 기능성 화장품, 영양제, 호르몬제, 성형수술, 피부과 시술 등이 포함되지만, 건강보다는 미용에 치중한다. 2013년 삼성경제연구소의 연구에 따르면, 안티에이징 산업은 11.9조 원 규모로 연평균 10.1퍼센트씩 성장하고 있다. 고령화 시대에 전도유망한 사업이다.

화장품, 성형외과, 피부과 광고뿐 아니라 신문기사, 텔레비전 방송의 연예 오락 프로그램, 드라마 등에서 주름살은 조기에 관리하여 없애야 한다는 메시지를 반복한다. 나이 들어 보인다는 것은 자기 관리를 소홀히 한 결과로, 어려 보이는 것은 미덕으로 간주한다. 외모를 관리, 유지할 수 있는 계층적인 차이는 간과된다. 나이 들어 처진 눈과 눈 밑 주름이나 다크서클, 이마와 볼에 생긴 주름은 당연히 제거되어야 하고 미용 시술을 하지 않으면 곱게 늙을 수 없다고 생각한다.

나이 든 남성의 몸은 권위, 경험, 연륜을 상징하지만 나이 든 여성의 몸은 성적인 매력을 상실한, 출산을 하지 못하는 쓸모없는 몸으로 여겨진다. 젊고 어린 여성의 몸에 기반한 미의 기준은 남성의 시선에서 비롯되었고 연장선에서 중노년 여성의 몸은 평가절하된다. 나이 든 여성은 어리고 젊은 여성을 질투하고 노화를 고통과 공포로 받아들인다.

이러한 사회에서 노인 여성은 노력과 관리를 통해 나이를 가늠할 수 없는 외모를 소유한다. 이들은 젊음의 신화에 사로잡혀서 나이 드는 과정을 끊임없이 부정한다. 노년기를 젊음의 모방이자 상실로 해석함으로써 나이 듦에 따른 삶에 대한 성찰이나 인격적인 성숙에는 소홀해진다.

나이 드는 게
어때서

텔레비전에 등장하는 노인 여성들은 얼굴이 곱고 팽팽할 뿐 아니라 젊은 여성만큼 날씬한 몸을 유지한다. 이들의 몸매 관리와 패션 감각은 대중의 관심의 대상이 되지만, 때때로 성형수술로 인해 젊은 여배우보다 더 혹독한 비난을 받기도 한다.

미의 기준은 젊은 여성이기에, 이 잣대로 나이 든 여성은 아무리 애를 써도 아름다울 수 없다. 노인 여성은 젊은 여성과 같은 외모를 소유할 수 없다는 것을 알면서도 한 살이라도 어려 보인다는 말을 듣고자 노력한다. 노인 여성의 가치는 외모에 의해 평가되고 이들의 경험, 지혜, 직관은 간과되며 역할은 어머니와 아내로 한정된다. 이들은 곱고 아름다운 할머니가 되기를 원한다.

어려서 읽던 서구의 동화에 등장하는 나이 든 여성은 무섭고 심술궂은 마귀할멈이다. 이들은 젊은 여성을 괴롭히고 생명력을 앗아가는 해로운 존재다. 『백설공주』의 왕비, 『헨젤과 그레텔』의 마녀, 『신데렐라』의 계모, 『라푼젤』의 마녀 등은 착한 여성, 소극적이고 수동적인 여성, 남성의 사랑을 받는 여성과는 거리가 멀다.

여성은 나이 듦과 대면하는 순간, "나는 더 이상 사랑받지 못한다"는 생각에 자아존중감이 낮아진다. 이들은 남성의 시선에서 벗어난 존재지만, 이러한 시선에서 자유로워지면 내면의 소리에 귀 기울일 수 있다.

나이 들어서도 여전히 아름답다는 말은 칭찬이다. 이런 칭찬은 젊은 시절처럼 외모 관리에 소홀하면 안 되는 것이 여성의 삶이고 운명임을 내포한다. 노년기에도 타자의 시선을 의식해 외모를 가꾸어야 하는 현실을 자신을 사랑하는 방식이라거나 젊게 사는 비결이라고만 말하기는 어렵다. 곱게 늙고 싶다는 소망은 부단한 관리와 투자를 통해서만 실현 가능하기 때문이다. 노인 여성에게도 꾸밈 노동을 강요하는 현실은 여성의 능력이나 통찰력, 직관, 경험을 폄하하고 아름다움, 외모에 여성의 정체성을 고정시킨다.

한편 폐경은 여성성 상실, 젊음의 상실, 즉 쇠퇴와 죽음을 의미한다. 폐경기 여성에게는 더 이상 자신이 진정한 여성이 아니라는 공포가 엄습한다. 폐경은 노화의 자연스러운 현상이 아니라 호르몬 요법이 필요한 기능장애로 해석된다. 이러한 사회에서 노인 여성은 당연히 늙는 것에 저항감을 갖는다.

하지만 크리스티안 노스럽Christian Northrup은 『폐경기 여성의 몸 여성의 지혜』에서 여성들이 완경을 계기로 성역할 수행보다 자신의 내면으로 시선을 돌려 영성 생활이나 취미 생활에 몰두해야 한다고 강조한다. 여성주의자들은 몸의 변화를 폐경이 아닌 '완경'으로 명명한다. 폐경이 여성성의 상실을 의미한다면, 완경은 한 단계를 끝내고 맞이하는 새로운 시작을 의미한다.

노인 여성은 젊은 여성을 흉내 낼 때 행복해질 수 없다. '젊은 여성만이 아름답다'는 신화에 문제를 제기하고 아름다운 노인 여성이 어떤 모습인지 고민해야 한다. 또한 자신의 몸을 긍정하면서 새로운 역할모델을 창출해야 한다. 즉, 젊음에 기반한 미의 기준에 맞춰 자신의 몸을 감시하고 변형하는 노년기의 삶을 재고해야 한다.

시몬느 드 보부아르는 『노년』에서 노인 여성이 노인 남성처럼 품위, 지혜, 권위, 성실성, 존경 등 지적인 역할모델을 갖지 못한다고 불평한다. 노인 남성의 흰머리, 주름살, 뱃살은 중후한 멋이 될 수 있지만 여성의 노화는 추함으로만 취급된다. 하지만 진 시노다 볼린과 로이스 배너Lois W. Banner가 언급한 것처럼, 노인 여성이 전통 사회에서 직관과 지혜를 기반으로 모가장으로서 존경받았다는 사실을 기억해야 한다. 노인 여성은 약초와 보살핌, 요리, 의류 등에 관한 풍부한 지식을 갖고 권력과 부를 소유한 존재였다.

이제 노인 여성은 수동적이고 포용적이며 희생적인 할머니라는 틀을 넘어서서 자신의 삶을 생명력 있고 열정적으로 만들어가야 한다. 손자녀 양육과 시부모 간병, 남편 수발 등에서 온전히 자유롭지 못하더라도 가족 내의 성역할에서 벗어나 임금 노동, 자원 활동 등 사회 활동에 참여하고 종교 생활, 취미 생활을 하면서 내면의 시간을 확보하기를 권한다.

노인 여성은 전통 사회의 모가장과 같은 권위와 위엄을 유지하면서도 경험과 직관으로 지배, 억압, 폭력에 반대하고 평화와 영적인 진보를 추구해야 한다. 이러한 과정은 여성이 외모, 몸의 강박에서 자유로지고 노년기에 높은 자아존중감으로 성숙한 자신의 삶을 완성하기 위한 것이다.

죽음이
축제가 되기 위해

노인들에게 좋은 죽음이란 건강하게 평균수명 이상을 살고 며칠 앓다가 죽는 것이다. 그러한 죽음을 맞이한 이의 장례식에 참석한 사람들은 호상好喪이라고 하면서 가족을 위로한다. 좋은 죽음이란 노인의 죽음, 즉 자연사를 의미한다. 하지만 우리 사회에는 사고, 전쟁, 재난, 질병, 살인, 사형, 자살로 인한 급사, 불행한 죽음도 존재한다. 그중에는 세월호 사건처럼 개인적인 원인이 아니라 구조적 문제에서 비롯된 비극적인 죽음도 있다.

한국 사회에서 노인 보살핌은 효라는 명목하에 가족, 그중에서도 며느리에 의해 수행되어 왔다. 세대를 거듭하면서 이어진 노인 보살핌은 사회적으로 순환되었고, 나이 들고 죽어가는 과정을 노인들은 자연스럽게 받아들였다. 하지만 현재 한국 사회에서 죽음은 자녀에게 폐가 되는 것으로 인식된다. 노인요양보험제도가 마련되고 요양원이 증가하고 있지만, 노인들은 경제적, 정서적인 부담으로 죽음의 과정을 부담스럽게 받아들인다.

죽음은
삶의 과정이다

인간이 태어나서 나이 들고 죽는 것은 자연적인 현상이지만, 노인복지 공간이 요양원으로, 죽음의 공간이 병원으로 이동하면서 죽음은 특정한 곳에서 일어나는 것으로 삶에서 분리되고 있다. 우리는 죽음을 잊고 사는 것이 행복이고 긍정적인 사고를 할 수 있는 원천이라고 믿는다. 하지만 우리는 왜 죽음을 두렵고 불편하게 생각할까? 미처 경험하지 못한 두려운 세계이기 때문일까?

'합리적' 남성 주체에게 몸은 유동적이고 변화 가능한 것이며 통제할 수 없는 불편한 것이었다. 의료 권력은 식이요법, 운동, 의료적 처치 등을 통해 몸을 관리하고 정기검진을 통해 질병을 조기에 치료한다면 나이 들어서도 젊고 건강하게 살 수 있다는 메시지를 전한다. 하지만 수전 손택Susan Sontag이 『은유로서의 질병』에서 지적한 것처럼, 병을 극복할 수 있다는 신념 속에서 암과 같은 질병에 걸린 사람은 자기 관리를 하지 못한 사람으로 비난받는다.

'인간은 죽는다'는 사실은 공포를 불러온다. 노화는 세월의 흐름에 따라 몸의 기능이 약화되는 자연스러운 생물학적 현상이지만, 노인들은 '젊음'이라는 가면을 쓰고 나이 든 몸을 가리거나 변형시킴으로써 인정받고자 한다. 영원한 젊음의 찬미는 연령 차별과 연관되고 나이 듦에 대한 통제는 죽음을 거부하는 문화를 구성한다.

이제는 의학의 발달로 죽고 싶어도 죽지 못하고 의료적 처치를 받으며 살아 있어야 하는 상황이 되었다. 의식이 없는 상태로 호흡기에 의존해 사는 환자들은 삶의 질을 보장받지 못한 채 겨우 생존한다. 인간 존엄성을 위해 치료를 받지 않고 죽을 권리, 즉 연명 의료 행위의 중단을 요구하기도 한다.

한편, 나이 듦은 죽음을 삶으로 끌어들여 사고할 수 있는 통찰력을 제공한다. 이지영과 이가옥의 연구(2004)에 따르면, 노인들은 친구나 친척 등 지인이 죽을 때, 몸이 아프거나 몸의 변화를 실감할 때, 역할 상실을 경험할 때 죽음을 인식한다고 한다. 노인에게 죽음은 육체적, 정신적으로 가까운 것이다. 하지만 노인이 아니라 하더라도 죽음은 도처에 존재한다.

그러나 엘리자베스 퀴블러로스Elisabeth Kuebler-Ross와 데이비드 케슬러David Kessler의 『상실 수업』에서는, 우리 사회가 사별의 슬픔에 대해 인색하다고 설명한다. 사별로 인한 상실로 충분히 슬퍼할 시간이 허락되지 않은 상황에서, 사람들은 죽음을 개인적으로 '극복'해야 할 과제로 받아들인다. 우리는 가족의 장례식을 치르고 돌아온 동료가 아무 일 없는 것처럼 일에 몰두하기를 기대한다. 슬픔은 개인이 감당해야 할 몫이라 여기며, 오랫동안 상실감에 젖어 있다면 정신과 치료가 필요하다고 단정한다.

캐슬린 우드워드Kathleen Woodward는 삶에서 죽음의 공간을 허락하지 않는 사회를 비판한다. 생산성을 중시하는 사회에서 죽음은 사랑하는 사람을 빼앗아가는 '상실'이자 삶의 리듬을 방해하는 위협적인 요소로서 부정적으로 해석된다. 그러나 친밀한 타자의 죽음은 열심히 바쁘게 사는 것, 앞만 보고 달려가는 삶이 옳다고 생각하는 사람들에게 속도를 늦추고 자신의 삶을 성찰하게 하는 계기가 되기도 한다.

의존적 상황을
수용하기

죽음은 출생, 성장, 노화, 소멸이라는 생태계의 순환과 연관된다. 성장과 발전에 비해 의존과 느림, 소멸은 경시된다. 창세기 3장 9절에서처럼 흙에서 난 몸이 흙으로 돌아가는 것은 자연의 이치다.

여성은 출산을 통해 생사의 경계를 인식하고, 가족을 보살피면서 생명과 죽음에 보다 민감해진다. 하지만 바쁜 현대의 삶은 누군가를 보살필 여유를 빼앗는다. 누군가를 보살피는 것은 경력으로 인정되지 않는다. 여성은 보살핌을 통해 권력을 상실한다. 이렇게 보살핌은 낮은 평가를 받고 있지만 인간의 삶에서 꼭 필요하다. 인간에게 보살핌 없는 삶이란 상상할 수 없다.

수전 웬델Susan Wendell은 『거부당한 몸』에서 인간은 산업화 사회에서 의식주를 자급자족할 수 없음에도 자율성의 환상에 사로

잡혀 의존적인 사람들을 평가절하한다고 비판한다. 독립, 자율성의 가치는 타자에게 피해를 주지 않는 범위 내에서 자신의 이익과 권리를 확보하려는 계산적, 합리적 이성에 근거한다. 하지만 관계적 맥락에서 인간은 결코 자율적일 수 없다.

보살핌을 수행하는 여성들은 자율성이 허구임을 인식한다. 타자와의 관계 속에서 인간은 상호의존적인 존재이지만, 스스로 독립적이고 자율적인 존재라고 착각하면서 산다. 의존이 필요한 사람과 독립적인 자신을 구분한다. 독립의 신화를 믿는 사회에서 타자에 대한 무관심은 방어기제로 작동하고 남에게 의존해야 하는 상황은 폐를 끼치는 것으로 여겨 수치스러워한다.

그러나 인간이 나이 들고 죽어가는 과정은 자율성을 포기하고 의존을 수용하는 과정이기도 하다. 죽음과 노화를 삶의 과정으로 수용하지 않을 때 노인은 죽어가면서 의존적인 존재가 되는 자신을 부정하고 무력한 자신에 대해 분노하게 된다. 한 인간의 삶에서 출생만큼 죽음은 중요한 의미를 지닌다.

아이라 바이오크Ira Byock는 타인에 대한 의존을 인간의 존엄성 훼손이라고 인식하는 사회에서 늙는 과정 역시 인간의 존엄성이 훼손되는 과정으로 여겨진다고 비판한다. 의존을 수치로 생각하고 보살핌이 무의미하다고 인식하는 사회에서 인간들은 낮은 자아존중감을 갖고 자신을 부정하면서 죽음을 맞이할 수밖에 없다.

축제로서의 죽음,
장례식을 꿈꾸며

죽음은 아름답지만 슬픈 이별이다. 더 이상 그 사람을 만날 수 없다는 사실은 살아남은 자에게 아픔이다. 그럼에도 죽음을 앞둔 사람과 가족, 지인이 함께 시간을 보내고 죽음 이후에도 그의 삶을 기억하는 것은 죽음으로 산 자와 죽은 자의 관계가 끝나는 것이 아님을 의미한다. 삶의 과정으로 죽음을 인식함으로써 의존과 보살핌을 재평가하는 작업이 필요하다.

영화 〈안토니아스 라인〉에서 죽음은 삶의 끝이 아니다. 산 자와 죽은 자가 끊임없이 소통하는 것으로 재현된다. 산 자와 죽은 자들이 뜰에 모여 음식을 먹으면서 웃고 떠들고 흥겹게 춤을 춘다. 임종을 앞둔 주인공 안토니아가 침대에 누워 가족과 이웃에게 작별 인사를 나누는 장면은 감동적이다. 이러한 의례는 먼 길 떠나는 이가 남은 사람들과 인사를 나누고 떠나는 이를 축복하는 과정이다. 이 영화에서 죽음은 슬픔이 아니라 출발이고 관계의 연속이며 축제다.

죽음을 고단한 삶의 여정을 마치고 자연으로 돌아가는 것으로 보고, 서로 축하하고 격려하는 문화는 지금 우리 사회와는 거리가 있다. 생산성, 효율성, 경쟁을 중시하는 사회에서 의존, 보살핌, 나이 듦, 죽음은 비생산적인 것, 피해야 할 것, 패배, 가려야 할 것으로 부정적으로 해석되기 때문이다. 죽음을 삶의 과정으로 인식하면서 장례가 한 사람을 위한 축제, 떠나는 자와 보내는 자의 거룩하고도 즐거운 의례가 되기 위해서는 인간에 대한 존중과 의존하는 타자에 대한 관심, 배려와 더불어 보살핌이 원활하게 순환되는 제도적 지원이 필요하다.

여성,
여행을 떠나자

여행은 낯선 공간에서 자신을 돌아보고 재충전하는 시간이다. 사람들은 여행을 통해 익숙한 것과 거리를 두면서 타 문화를 체험하고 새로운 관계를 맺으며 시야를 확장한다. 공적 활동을 하는 남성은 사업, 출장 등 여행의 기회가 상대적으로 많았지만, 여성은 가사노동과 양육을 하느라 가족 여행 외에는 여행할 기회가 적었다.

당신이
떠나지 못하는 이유

여성이 집을 떠나는 것은 아내, 어머니로서 성역할을 수행하지 않는 것으로 해석되었다. 또한 여성이 집 밖에서 잠을 자는 것은 성적 일탈을 감행하는 건전하지 못한 행위였기에 여성의 여행은 최소화되었다. 남성의 동행 없이 혼자 여행을 떠나는 여성은 이기적이고 성적으로 난잡한 여성이라는 비난을 받기 일쑤였다.

이제 젊은 여성들은 어학연수, 유학, 자원활동, 배낭여행을 통해 적극적으로 타 문화를 경험하고자 한다. 이들은 중노년 여성들에 비해 탁월한 외국어 실력을 보유하고 있으며 독립적이므로 해외여행에 대한 두려움이 적다. 하지만 여행지에서 일어나는 폭력이나 범죄에는 취약하다.

안전한 여행지로 알려졌던 대만에서 2017년 20대 한국 여성이 택시 기사에게 성폭력을 당하는 사건이 발생했다. 보도에 따르면, 택시 기사는 계획적으로 한국 여성을 겨냥해 신경안정제를 넣은 요구르트를 권유한 후 성폭력을 범했고 유사한 범행을 반복해왔던 것으로 알려졌다.

성폭력에 대한 공포는 여성의 여행 기회를 제한한다. 실화에 기초한 영화 〈와일드〉에서 여주인공 셰릴은 아버지의 폭력에 시달리면서도 자녀를 위해 온전히 희생했던 어머니에게 의지해왔다. 하지만 어머니의 갑작스런 병사로 충격을 받고 약물중독으로 방황하다가 트레킹을 떠난다. 트레킹 과정에서 그녀를 가장 힘들게 한 것은 비위생적인 물, 텐트 취침, 잘 씻지 못하는 불편함이나 어깨와 등을 짓누르는 배낭의 무게, 오래 걸어서 발톱이 빠지는 신체적 고통 등이 아니었다. 그녀는 우연히 만나는 낯선 남성 트레커의 원하지 않는 성적 접근과 공격에 대해 불안해했고 경계를 늦추지 못했다.

일본의 여행 에세이스트 유코 모리森優는 『떠나는 것이 두렵지 않다』에서 여성이 혼자 여행하는 경우 강도, 사기꾼, 호객을 가장한 강매에 어떻게 대처해야 할지 구체적인 방안을 제시한다. 또한 혼자 택시를 탔는데 운전사가 이상한 행동을 하는 경우 낯선 곳에서 내리면 오히려 위험할 수 있다고 일러준다. 덧붙여 군인, 경호원, 출입국 관리소 직원 등을 신뢰하거나 호텔의 주소를 알려주지 말라고 강조한다. 이러한 여행의 요령은, 20여 년 전에 출판되었음에도 불구하고 여전히 유효하다. 이 책은 위기에서 벗어날 수 있는 정보 또한 제공한다. 여성에 대한 성통제와 성폭력에 대한 불안은 여성들로 하여금 여행을 자제하게 한다. 하지만 여성이 조심한다고 해서 이 문제가 해결되는 것은 아니다. 이는 여성 스스로 심리적인 두려움을 극복하고 제도적으로도 안전하게 여행할 수 있는 장치가 마련될 때만 가능하다.

나에게 주는 선물, 혼자만의 여행

여성은 홀로 또는 친구와의 여행을 성역할과 충돌하는 것으로 해석한다. 성역할에 충실해온 여성들은 자신을 위해 돈을 쓰는 것이나 시간을 보내는 것을 이기적이라고 생각함으로써 여행 욕구를 억제해왔다. 여성은 성역할을 위반하지 않은 상황에서 타 문화를 체험하고 견문을 넓힐 수 있는 가족 여행을 선호한다. 하지만 여행 동안 남편과 자녀를 돌보는 역할에서 자유로울 수 없기 때문에 가족 여행에서는 제대로 여행을 즐길 수 없다.

셰릴 자비스Cheryl Jarvis는 『결혼한 여자 혼자 떠나는 여행, 결혼 안식년』에서 중년 여성에게 안식 휴가를 제안한다. 자비스는 집에서 자유를 느끼는 것으로 충분하지 않았고 혼자 6개월 이상 여행을 떠나고 싶은 열망을 느꼈다. 하지만 여성은 자녀, 남편, 아픈 노부모를 돌봐야 하기 때문에 오랫동안 집을 비우기 어렵다.

안식 휴가란 누군가를 돌보거나 친구의 집에 머무는 것이 아니라, 낯선 공간에서 자신에게 몰두하면서 영적, 창조적 작업을 하는 것을 의미한다. 여성들은 안식 휴가를 통해 가족과 자신을 분리하고 독립적으로 자신의 삶을 성찰하면서 현재를 점검하고 미래의 삶을 설계할 수 있다. 이러한 시간을 통해 여성들은 인격적으로 성장한다.

여성이 안식 휴가를 떠나는 이유는 결혼 생활에 문제가 있기 때문이 아니다. 아내가 안식 휴가를 떠난다고 하면 어떤 남성들은 외도의 가능성을 경계하거나 여자가 혼자 있는 시간을 즐기다 보면 부부 관계가 악화되거나 이혼으로 귀결된다고 생각한다. 하지만 자비스는 이러한 질문들에 대해 다른 의견을 제시한다. 남편이 아내의 안식 휴가를 허용하는 것은 아내의 영혼이 고갈되지 않도록 하는 배려, 아내의 성장을 위한 지원이라고 설명한다. 설령 안식 휴가 이후에 아내가 이혼을 원한다 하더라도 그것은 안식 휴가를 떠났기 때문이 아니라 중년 이후의 삶에서 자신과 남편을 위한 최선의 선택을 한 것이므로 아내의 결정을 존중해야 한다고 강조한다.

여행은 성역할의 구속에서 자유로워진 여성이 해방감을 느끼고 여행에서 발생하는 문제들을 스스로 해결함으로써 자신감을 얻고 성장하는 계기가 된다. 저널리스트로서 바쁜 일상을 살아가던 서명숙은 심신이 피폐한 상태에서 스페인의 산티아고 순례길을 떠난다. 그녀는 아름다운 자연 속을 걸으면서 자신에게 집중하고 느림과 치유의 시간을 갖는다. 그리고 한국으로 돌아와 제주 올레길을 만듦으로써 많은 여성에게 외국에 나가지 않고 도보 여행을 할 수 있는 기회를 제공한다.

다비드 르 브르통David Le Breton은 『느리게 걷는 즐거움』에서 '걷기'를 신자유주의적 감수성에 맞서는 가치로 제시한다. 걷기는 빠른 속도, 유용성, 생산성, 효율성을 중시하는 세상에 저항하는 느림, 대화, 침묵, 우정을 중시하는 행위로 해석된다. 분주함을 능력으로 강조하는 사회에서 분주함을 포기하는 것은 무능함을 자처하는 것이나 다름없기 때문이다.

제주 올레를 시작으로 전국적으로 둘레길이 만들어졌고, 많은 여성이 도보 여행에 참여하고 있다. 여성이 혼자 또는 여럿이 함께 떠나는 도보 여행은 심신의 건강을 회복시켜준다. 여성들은 길을 걸으며 여행자, 지역 주민과 관계를 맺고 자연과 일체감을 느끼면서 생명력을 얻는다. 이들은 아내, 어머니의 역할에서 잠시 벗어나서 도보 여행을 하고 다시 집으로 돌아간다.

도보 여행은 부계 중심 가족제도에서 고통 받는 여성들에게 일시적으로 치유와 휴식의 공간을 제공하는 기능론적 한계를 보여준다. 하지만 여성들은 잠시나마 도보 여행을 통해 자신의 마음과 몸을 돌보고 독립적이고 주체적인 모습으로 변화한다. 이들의 삶은 출발할 때와 같지 않다. 용기와 도전을 가능케 하는 생명력을 얻었기 때문이다.

『내 나이가 어때서?』의 저자 황안나 씨는 65세에 국토 종단을 결심하고 이를 실행에 옮겼다. 그녀는 취업 주부로 살았으며 남편의 사업 실패로 위기를 겪기도 했다. 은퇴 후 삶의 허무함을 극복하기 위해 등산을 시작했고, 국토 종단의 꿈을 갖게 된 것이다. 그녀는 혼자 여행한다는 사실을 자녀들에게만 알리고, 격정할까 봐 남편에게는 숨겼다. 또한 온전히 혼자만의 시간을 갖지도 못했다. 23일 동안 전국 곳곳으로 자녀들이 찾아오거나 매일 전화로 연락했기 때문이다. 그럼에도 그녀는 체력적으로 자기와의 싸움을 하며 혼자 있는 시간의 충만함을 경험했다. 이러한 소중한 시간을 갖기 위해 그녀는 노년기까지 기다려야 했다.

혼자 여행을 떠나는 것에 두려움과 부담이 있다면 마음에 맞는 동행과 여행을 계획하는 것도 좋다. 동행이 있는 여행은 혼자 떠나는 것만큼 자신에게 몰두할 수는 없지만 가족을 떠나 사회적 관계를 확장하고 우정을 돈독히 하는 계기가 된다. 가족, 친척 중심의 관계 맺기를 해왔던 기혼 여성에게 친구와의 여행은 부계가족 내에서 경험했던 고통을 나누고 위로받으며 상처를 치유하는 시간이 될 수 있다.

평등한 관계 맺기와
돌봄 여행

여행기의 저자는 주로 남성이었고 여행 담론은 남성중심의 시선으로 기술되었다. 하지만 19세기 서구 여성들의 여행기에는 남성들과는 다른 경험이 반영되어 있다. 식민지 주민을 무시하고 여성을 욕망의 대상으로 바라보았던 서구 남성과 달리, 서구 여성들은 지배적 관점에서 우월의식에 얽매이는 한계는 보였지만 식민지 여성의 비참한 현실과 고통에 공감한다.

김선화(2007)는 한국의 20, 30대 여성들의 아시아 여행을 연구한 바 있다. 한국의 노동시장에서 성차별을 겪으며 답답함을 느낀 여성들은 여행을 통해 자유와 해방감을 느낀다. 국가 간의 권력 차이를 인식하면서 지배적인 시선에서 아시아를 바라보기도 하지만, 다양한 국적의 여행자, 지역 주민과 관계 맺는 가운데 중층적이고 모순적인 자신의 위치를 경험하게 된다. 여행 후 자신감을 얻은 여성들은 지속적으로 여행을 계획하거나 아시아의 문제를 해결하기 위한 자원활동에 참여한다. 또한 여행을 통해 한국 사회의 모순과 문제점을 인식하게 된 여성들은, 일 중심의 삶, 성취, 경쟁, 효율성을 중시하는 한국 사회와 거리를 두고 대안적인 삶의 방식을 고민한다.

또한 여성들은 여행을 통해 타자와 관계를 맺고 돌봄의 윤리를 실천한다. 근대의 성별 분업하에서 남성은 방문자, 여성은 방문하는 남성을 접대하는 역할을 담당해왔다. 유명 관광지로 알려진 아시아, 아프리카 국가의 여성들은 대형 리조트나 식당에 고용되어 외국인 방문객을 위해 청소, 빨래, 요리 등을 해왔다. 하지만 대형 리조트, 식당의 소유주가 거대 이윤을 창출하는 이면에서 지역의 여성 노동자들은 저임금으로 착취당하며 가난을 면치 못했다.

공정 여행은 지역의 환경과 생태, 주민의 삶을 존중하면서 관계를 맺는 대안 여행이다. 이러한 여행은 타자에게 상처를 주지 않으면서 지역의 문화와 생태를 체험하고, 경제적으로 공평하게 이윤을 배분한다. 이 여행에서 지역 주민과의 관계는 일회성에 그치지 않는다. 공정 여행은 지역민을 위한 학교, 병원, 도서관을 지음으로써 세계화 시대의 시민 의식을 보여준다. 또한 여성 여행자들은 배낭여행에서 만난 지역 주민들의 삶에 공감하면서 가난, 재난, 기아, 질병 등의 상황에 적극적으로 개입한다. 여성 여행자들이 이들을 지원하는 과정은, 여행지와의 관계 역시 관찰자로서 일회적인 만남에 그치지 않고 지속적인 참여와 개입으로 이어지고 있음을 의미한다.

한편, 신체적으로 건강한 사람만이 여행을 할 수 있다는 생각 또한 달라지고 있다. 미국의 평생교육기관인 로드 스칼라Road

Scholar는 노인들이 저렴하고 안전하게 여행할 수 있도록 숙박 시설과 다양한 여행 프로그램을 제공한다. 한국에서도 노인, 장애인, 임신부 등 여행에서 소외된 사람들을 위한 여행 프로그램이 만들어지고 있다. 지방자치단체에서 정책적으로 노인복지를 위해 국내 여행 프로그램을 지원하기도 한다. 이 여행에는 간호사, 간병인, 자원활동가 등이 동행해 돌봄을 실천하고 있다. 제주도는 여행 약자를 위한 센터를 설치하고 이들을 위한 여행 가이드를 발간하기도 했다. 여행을 통해 돌봄을 지원받는다면 신체적으로 자율성을 확보한, 건강한 노인들만이 여행할 수 있다는 생각은 달라질 것이다.

남성에 비해 공적 활동이 활발하지 않았던 노인 여성은 여행의 욕구가 더 강렬할 수 있다. 하지만 노인 여성은 본인을 위해 여행 비용을 지불하는 것을 이기적이라고 생각할 뿐 아니라 근골격계 질환으로 보행이 어렵기 때문에 여행에 도전하지 못하는 경향이 있다. 일하고 희생만 하느라 일생 동안 마음껏 놀 기회가 부족했던 노인 여성의 복지와 삶의 질 향상을 위해 여가 문화로서 여행을 지원하는 정책이 필요하다.

5장.

돌봄의
재발견

돌봄의
비호혜성

인구의 고령화가 급속히 진행되고 평균수명이 늘면서 노동, 건강, 여가 등 노년에 관한 관심 또한 높아지고 있다. 노인들은 독거나 노부부 단독 가구를 구성하고 자녀의 분가를 자연스럽게 받아들인다. 결혼한 자녀가 같이 사는 경우는 주로 부모로부터 경제적 지원과 가사노동, 양육에서 도움을 받기 위한 것이다. 자녀와 함께 사는 노부모들은 자녀의 분가를 원하면서도 분가를 경제적으로 지원하지 못하는 상황에서 불편함을 호소한다.

노년기가 장기화됨에 따라 생산적 노인상이 대두했지만, 실질적으로 노인들은 신체적, 정신적 노화에 따라 도움을 받아야 한다. 2008년 7월 노인장기요양보험제도가 시행된 이래 정책적으로 노인 돌봄을 지원하지만, 여전히 노인 돌봄의 주체는 주로 가족, 자녀, 여성이다. 그런데 노인 여성들은 정작 자신이 돌봄을 필요로 하게 되었을 때 편안하게 돌봄을 받을 수 있을까?

노인 돌봄에 대한
여성주의적 정의

      돌봄은 인간을 독립, 자율성으로 규정하는 틀이 아니라 관계 속에서 정의되어야 한다. 돌봄은 제공자와 대상의 만남과 상호작용이라는 관계적 맥락에서 서로에 대해 개방적인 상태를 전제한다.

조안 트론토Joan Tronto에 따르면, 돌봄이란 타자의 필요에 관심을 갖고 도움을 제공하는 것과 돌봄을 받는 사람의 반응을 포함한다. 또한 돌봄은 일방적인 제공이나 수혜로 이루어지는 것이 아니라 공동의 공간에서 이루어지는 작업이다. 돌보는 사람은 돌봄을 받는 사람에게 권력을 행사하거나 그들의 의존 상태를 무능함으로 해석해서는 안 된다. 돌봄을 받는 사람이 상대에게 협력하고 돌봄을 편안하게 받아들일 때 돌봄이 잘 이루어질 수 있다.

인간은 삶의 초기와 후기인 아동기와 노년기에만 돌봄이 필요한 것이 아니라, 전 생애를 통해 돌봄을 주고받는 상호의존적 존재다. 성인이라 하더라도 질병이나 사고의 위험에서 자유로운 사람은 없고 돌봄의 역할을 수행하는 여성들도 돌봄을 필요로 한다.

하지만 남성의 참여나 제도적 변화 없이 '인간의 조건'으로서 돌봄을 논의하는 것은 돌봄을 성역할, 여성의 본성으로 규정함으로써 여성의 희생을 강요한다. 여성이 돌봄을 수행하는 것은 여성에게 돌봄 노동이 가중되는 구조를 유지하게 하는 한편, 돌봄의 왜곡된 가치를 답습하는 결과를 낳았다. 낸시 폴브레Nancy Folbre는 『보이지 않는 가슴』에서 여성들이 돌봄 노동 때문에 가난해지거나 그에 대한 감사와 호혜가 이루어지지 않는다면 더 이상 이 역할을 하지 않게 될 거라고 경고했다.

노인 돌봄은 '간병'과 같은 의미로 이해된다. 아픈 노인을 '효율적', '기술적'으로 돌보는 일은 매우 중요하다. 노인은 가족의 숙련되지 않은 보살핌을 받을 때 불편함을 감수해야 한다. 하지만 대소변 처리나 목욕, 식사 등으로 돌봄을 한정하는 것은 삶에 꼭 필요한 과정으로서 돌봄을 인식하지 못하는 문화를 반영한다.

철학자이자 여성학자 허라금은 노인 돌봄을 다음과 같이 설명한다. 노인 돌봄은 기저귀를 갈아주고 시간에 맞춰 약을 먹이고 음식을 먹이는 행위에 한정되는 것이 아니다. 돌봄 대상의 성격과 기호를 파악하고 주의 깊은 관심을 기울일 때 돌봄의 목적을 달성할 수 있다. 노인 돌봄은 부모, 남편, 친밀한 관계의 노인이 거동하지 못하는 상태에서 시작되는 것이 아니다. 관심, 배려, 존중에 기초한 세대 관계에서, 부모자녀 관계의 정서적 유대 속에서 행해져야 한다.

여성들은 돌봄 노동을 했음에도 불구하고 돌봄을 받기 힘든 상황에 있다. 어머니들은 자녀를 키우면서 본인이 아플 때 자녀가 도움을 줄 거라고 기대하지만, 돌봄의 역할은 역전되기 힘들기 때문에 자녀에게 돌봄을 요구할 수 없는 불합리한 상황에 놓인다. '기대'는 계약관계처럼 약속 이행이 보장되는 것이 아니기 때문에 노인 여성은 취약한 상황일 수밖에 없다.

돌봄은 교환 관계가 아니라 선물의 관계 속에서 이뤄진다. 돌봄 제공자는 돌봄이 필요한 사람에게 충분히 제공했는가에 관심을 갖는다. 돌봄 제공자는 똑같은 방식으로 돌봄을 돌려받지 못한다 하더라도, 대상이 만족하는 모습에 기쁨을 느끼고 유대가 강화되는 것에 의미를 부여한다. 이러한 측면에서 돌봄은 계약관계와는 다른 호혜성을 갖는다고 할 수 있다. 하지만 선물이라는 특성 때문에 돌봄 제공자가 돌봄이 필요할 때는 돌봄을 요구하지 못하는 아이러니가 발생한다.

주었지만
받지는 못한다

A씨(82세, 2015년 사망)는 남편과 사별하고 독거하면서 서울의 재래시장에서 양말 장사를 해왔다. 그녀는 다세대주택에서 방 하나를 얻어 살면서 기초생활수급자로서 생활했다. 그녀는 가난했지만 노인복지 회관, 경로당, 성당을 다니며 다른 노인들과 소통하고 이웃과도 친밀한 관계를 유지했다.

그녀의 고민은 자신이 죽어 썩은 시체를 누군가 발견할 수 있다는 것이었다. '다른 사람에게 폐를 끼치지 말자'가 인생관인 그녀이기에, 평생을 잘 살다가 남에게 폐를 끼치면서 죽는다는 것은 생각만 해도 끔찍한 일이었다. 그녀는 2시간 거리에 사는 조카딸이 있어 자주 전화 연락을 주고받았다. 건강한 편이었던 그녀는 동네 병원에 주사를 맞으러 갔다가 급사했다. 자세한 사인은 밝혀지지 않은 채 조카딸에 의해 장례가 치러졌다.

B씨(79세, 2015년 사망)는 아들이 위암에 걸려 투병하는 과정에서 남편이 과로사 했고, 결국 아들도 세상을 떠났다. 이후 그녀는 지하 월세방에서 손자 두 명을 돌보면서 살았다. 며느리는 따로 살면서 생활비를 보내주었다. 요통으로 교회 예배 시간에 앉아 있지도 못할 정도로 힘들었지만 가사노동을 전담했다. 그녀의 소망은 대학생 손자들이 취직해서 자리를 잡고, 자신이 좀 더 살아서 그들을 도와주는 것이었다. 그녀는 스스로 몸을 움직이지 못하게 되면 약이라도 먹고 죽겠다고 말했다. 손자들이 취직을 했고, 그녀는 쓰러져 동네 요양원으로 옮겨졌다. 그리고 한 달 만에 세상을 떠났다. 그녀는 요양원으로 면회 온 이웃들에게 "이곳에서 살고 싶지 않다"고 반복해서 말했다고 한다.

C씨(83세)는 세 자녀의 결혼 이후 남편과 함께 강남의 아파트에서 살았다. 이후 그녀는 아픈 남편을 홀로 간병했는데, 자녀들이 자주 방문하지 않아 육체적으로 힘든 적이 많았다. 남편과 사별하고 독거를 한 지 얼마 되지 않아 그녀는 치매 진단을 받았다. 이웃에 사는 자녀들이 매일 방문했고 요양보호사의 도움을 받으면서 집에서 지냈다. 하지만 상태가 악화되어 시설이 좋은 요양원에서 지내고 있다. 그녀는 늘 "세상에서 집이 가장 좋다"라고 말했지만 집은 자신이 스스로 움직일 수 있을 때만 편안한 공간

이었고, 결국 요양원으로 갈 수밖에 없었다. 그녀는 자신을 찾아온 자녀, 친척에게 "집에 가고 싶다"고 말한다.

D씨(81세)는 전업주부로 살다가 남편의 사업 실패로 일을 시작했고 옷가게를 운영하고 있다. 그녀는 시아버지를 모시고 33년을 살았다. 시아버지의 점심을 차려야 했기에 시장 가는 것 외에는 자유롭게 외출하지 못했다. 시아버지와 남편의 사이가 좋지 않아, 시아버지가 뇌졸중으로 쓰러져 대소변을 받아내고 목욕시켜야 했을 때도 전혀 남편의 도움을 받지 못했다. 남편이 사업 실패로 실의에 빠져 알콜성 치매로 누워 있을 때도 간병을 했다. 결국 남편도 세상을 떠났다. 그녀는 항상 누군가를 돌보는 삶을 살아왔지만, 자신이 죽어가는 과정에 대해서는 생각하고 싶어 하지 않는다. 치매에 걸린 노인, 누워 있는 노인들을 자신과 분리해서 생각하며 "나는 절대로 그런 식으로 죽지 않을 거야"라고 말한다.

E씨(79세)는 남편이 사기를 당하면서 경제적 어려움에 처하게 되었다. 그녀는 시어머니의 시집살이가 심해 인격적으로 존중받지 못했으면서도 시어머니의 간병을 도맡았다. 또한 경제적으로 무능력한 남편을 대신해서 수선집, 분식점을 운영하면서 자녀들을 키웠다. 공무원인 둘째 딸이 아이를 돌봐달라고 요청해 일을 그만두었고, 두 집 살림을 하는 것이 힘들어 자신의 집은 세를 놓고 딸의 가족과 함께 살고 있다. 그녀는 딸, 사위, 손자, 남편 등 다섯 명의 가족을 위해 가사노동을 한다. 자궁암과 대장

암 수술을 받았지만 가사노동은 그녀의 몫이다. 그녀는 자신이 아프면 딸이 일과 가정의 병행으로 혼란을 겪을 것이므로 딸을 위해 요양원에 가야 한다고 생각한다. 하지만 남편이 아프면 당연히 자신이 돌봐야 한다고 생각한다.

노인 여성들은 일제 강점, 한국전쟁, 경제 발전과 근대화 프로젝트, 민주화 등 격동의 한국사를 겪으면서도 가족 내에서 어머니와 아내의 역할을 수행했고, 가난, 남편의 질병, 사고, 사별 등의 상황에서 여성 가장으로서 가족의 생계를 부양했다. 또한 이들은 노년기에도 손자녀 양육, 남편 간병 등 돌봄 노동에서 자유롭지 못하다.

노인 여성들은 죽어가는 과정에서 경험하게 될 의존 상태에 대해 생각하고 싶어 하지 않는다. 한평생 가족을 위한 돌봄 노동에 헌신해왔음에도 돌봄을 받아야 하는 상황을 불편해한다. 노인 여성들은 자녀 양육을 했기 때문에 당연히 자녀로부터 돌봄을 받아야 한다고 생각하지 않는다. 노인 돌봄의 순환이 제대로 이뤄지지 않고 돌봄의 호혜성이 가족 내에서 보장되지 못하는 현실이다. 노인 여성은 시부모와 남편의 간병을 자신의 역할로 인식하면서도 정작 본인의 돌봄에 대해서는 계획을 세우지 못했다. 또한 노인 돌봄은 사회적으로 평가절하된 일이기에, 노인 여성은 자녀들이 하찮고 귀찮은 돌봄을 하면서 시간을 낭비하기 원치 않는다. 하지만 자녀 외에 대안이 없기에 자녀에게 돌봄을 기대할 수밖에 없다.

돌봄의
숨은 가치

여성학에서 돌봄에 대한 연구는 자녀 양육과 모성 경험을 중심으로 진행되었다. '생산' 연령층인 취업 여성이 겪는 돌봄과 임금 노동의 이중고에 관한 내용이 대부분을 차지했다. 하지만 고령화의 진행과 저출산 문제는 노인 돌봄의 사회화에 대한 논의들을 진전시켰다.

여성학자들은 노인요양보험제도의 제도와 관련하여 장시간 노동과 저임금, 성폭력 등 노인요양보호사의 열악한 노동조건 개선, 가족 내의 성역할 강화로 현금 급여의 제한 등을 제안해왔다. 하지만 현 제도는 가족요양보호사의 등장, 노인요양보호사의 열악한 노동환경, 미흡한 서비스의 질과 시간 등으로 문제를 드러내고 있다.

여성학자들은 노인복지를 국가의 책임으로 전제하고, 삶의 과정에 돌봄을 포함시키며 시민의 권리로서 노인 돌봄에 관해 정책적 제언을 하고 있다. 사회학자 마경희는 저출산과 고령화를 배경으로 고용·경제정책을 위해 돌봄 정책을 수단화하는 것을 비판하면서 시민의 복지, 기본권으로서 돌봄을 논의할 것을 요청한 바 있다.

노인 돌봄의 사회화, 제도화가 자녀가 직접 노인을 돌봐야 한다는 뜻은 아니다. 전통적으로 노인 돌봄은 여성의 역할이었고 남성은 이러한 역할에서 면제되었다. 도움이 필요한 노인에 대한 사회적 관심이나 존중, 제도적 장치는 인간다움을 확보하기 위한 과정이다.

한국 사회에서 노인 돌봄은 귀찮은 일, 힘든 일로서 인식되고, 이를 어떻게 '처리'할 것인가에 논의의 초점이 맞춰져 있다. 노인 돌봄을 짐, 부담으로 해석하는 사회에서 노인들은 혼란스러워한다. 돌봄은 그 특성상 돌봄 제공자가 대상과 원활한 상호작용을 하는 가운데서만 목적을 달성할 수 있다. 돌봄을 받고 싶어 하지 않는 노인 여성들의 태도는 돌봄의 비호혜성을 단편적으로 보여준다.

돌보는 사람은 돌봄 받는 이가 제한된 시간 속에서 삶을 정리하고 죽음을 준비하게 하는 한편, 돌봄 받는 사람은 이 과정을 통해 사별을 준비하고 미래의 나이 듦과 죽음을 계획해야 한다. 돌봄을 주고받는 데에는 이러한 가치가 숨어 있다.

노인 돌봄은 타자에 대한 존중과 배려에 기초할 때 사회적으로 실현될 수 있다. 돌봄이 필요한 사람들은 편안하게 돌봄을 받을 수 있어야 하고, 나이 들어 죽어가는 과정에서 인간다움을 잃지 않아야 한다. 그리고 이를 지원하는 사회문화와 제도의 구축이 절실히 요구된다.

재난 속에서
희망을 발견하다

　　　　근대의 이성과 감정, 정신과 몸, 인간과 자연의 이분법은 인간의 우월성을 강조하는 한편, 여성, 자연, 동물을 타자화하는 결과를 낳았다. 합리적 이성에 기반해 선악의 가치보다 이익과 효율성을 추구했으며, 남성을 위한 수단으로 여성, 자연, 동물을 사용하는 것을 당연시했다.

　신비와 경외심으로 여성의 몸과 자연을 바라보던 남성들은 과학과 기술을 이용해 이를 탐구함으로써 지식을 축적했고, 이 지식은 여성과 자연을 지배, 통제, 착취하는 데에 이용되었다. 과학과 기술은 경쟁, 효율성이라는 명목으로 인간관계뿐 아니라 자연, 동물과의 관계를 파괴했으며, 남성 집단의 기득권을 강화하고 폭력과 불평등을 심화하는 결과를 낳았다.

　홍수와 가뭄을 다스리는 것이 통치자의 주된 업무였을 만큼 자연재해가 골칫거리였던 농경시대에 비해, 현대의 인간은 과학기술을 통해 자연재해를 최대한 방지하면서 위험에서 벗어난 듯 보인다. 하지만 대규모 벌목, 도로와 다리, 댐 건설, 자동차 배기가스, 공장 폐수와 유독가스, 쓰레기 등으로 인한 환경오염은 자연의 메커니즘을 변형, 파괴함으로써 인간에게도 악영향을 미치고 있다.

피임과 인공수정 등 재생산 기술의 발달로 여성들은 출산으로부터 자유로워져 성적 자기결정권을 확보하게 되었다고 한다. 하지만 임신을 성공할 때까지 포기하지 못하고 시술의 고통을 견디며 돈을 투자하는 난임 여성, 난자 매매와 대리모 등 재생산 수단으로 상품화되는 여성의 몸, 의료 권력하에서 출산의 과정을 주도하지 못하는 산모의 현실은 재생산 기술이 여성의 삶에 과연 도움이 되는지 의문을 갖게 한다. 이러한 과정에서 과학기술은 남성의 계획에 따라 생태계의 순환을 파괴하고 여성의 삶을 변형함으로써 평화로운 관계를 깨뜨리고 불행을 초래했다.

재난과 위기에서
발견한 희망

여전히 인간은 태풍, 쓰나미, 지진, 홍수, 가뭄 등으로 생명, 건강, 재산을 한꺼번에 잃어버리고 살아갈 의욕마저 상실한다. 기존의 질서가 무너지고 의료, 식량, 전기, 물 등의 기본적인 지원 체제가 끊긴 상황에서 노인, 아동, 장애인, 여성은 공격과 희생의 대상이 된다.

자연재해가 일어난 지역에서 부모를 잃은 아이들은 가난과 기아에 시달리는 한편, 장기 매매, 성매매, 강제 노역, 범죄 등을 위한 인신매매에 노출된다. 또한 여성들은 성폭력에 노출되거나 자신과 가족의 생존을 위해 성매매에 유입된다. 또한 살아남은 사람들이 피해를 극복하고 삶의 의지를 추스르기도 전에 혼돈 속에서 자신만 살겠다며 이들의 생존을 위협하는 이기적인 사람들로 인해 위기 상황은 더욱 고조된다.

영화 〈감기〉는 원인과 치료법을 알 수 없는 바이러스로 인한 호흡기 질환의 확산으로 공포와 혼란에 빠진 도시를 재현한다. 정치가들은 도시를 폐쇄하여 전염 통로를 막음으로써 전 국민의 생명을 지키겠다고 하며 책임을 회피한다. 또한 경찰은 질서 회복과 시민 보호라는 명목으로 권력을 남용하며 도시를 더욱 불안과 공포에 빠뜨린다.

감기에 걸린 사람들이 쓰레기장에서 대규모로 소각되는 장면은 다수의 안전을 위해 소수의 희생을 정당화하는 인간의 이기심과 잔인성을 반영한다. 많은 사람이 이 장면에서 몇 년 전 구제역에 걸린 동물들을 대규모 살처분한 사건을 떠올렸다. 사람들은 이타심이 아니라 가족이기주의에 근거해서 행동한다. 나와 내 가족이 살아남기 위해 타자를 해치고 죽이는 것이 불가피하며, 타인을 보살필 여유가 없다고 하면서 폭력에 가담하거나 방관한다.

반면 힘든 상황에서도 생명의 위험을 감수하면서까지 타인을 구조하려는 사람들이 있다. 이들은 힘든 상황에 있는 사람을 돕지 않고는 견딜 수 없다는 사명감으로 민감하게 반응한다. 또한 질서 유지를 명목으로 폭력을 정당화하는 불의에 이의를 제기하는 사람들은 고통과 희생을 감수하면서도 새로운 질서와 변화의 바람을 불러일으킨다. 이러한 희망은 영화 〈감기〉에서 불법체류 남성 이주노동자에게 편견을 갖지 않고 따뜻하게 말을 건네고 빵을 나눠 주는 어린 소녀 미르에게서 발견된다. 소녀는 이주노동자와 만나 질병에 감염되지만, 그가 나눠 준 항체 주사를 맞음으로써 살아남는다.

보살핌에 기반한
새로운 공동체

미국의 여성 저널리스트이자 인권 운동가 리베카 솔닛은 『이 폐허를 응시하라』에서 재난과 위기에서 희망을 제시한다. 인간은 전쟁, 재난, 경제적 위기에서 고통과 정신적 충격, 상실을 경험하면서도 이를 극복하는 과정에서 타자에 대한 배려, 사랑, 협력, 연대라는 긍정적인 경험을 한다. 위기는 사회적 변화의 기회가 된다.

아비규환과 같은 현실 속에서 인간은 생존하기 위해 다른 사람을 공격하거나 이기적으로 행동할 수 있다. 질서 유지 명목으로 독재자가 등장해 생존자들을 괴롭히는 최악의 상황을 겪기도 한다. 그럼에도 생존자와 구조자의 관계 속에서 낡은 질서는 무너지고 새로운 공동체를 구성하려는 희망이 생긴다. 즉, 저자는 재난과 위기를 통해 부, 성취, 경쟁을 중시했던 사람들의 사고가 변화하고, 나눔과 분배에 기초한 이상적인 공동체를 건설할 수 있다고 역설한다. 재난 복구 과정에서 생존자들이 보여주는 내면의 힘과 생존자와 구조자 간의 유대는 지옥을 천국으로 바꾸는 기적을 일으킨다.

에바 키테이Eva Feder Kittay는 타자에 대한 보살핌과 지원이 이뤄지는 사회에서 사람들이 좀 더 안정적인 삶을 누릴 수 있다고 말한다. 키테이는 이웃집 산모를 아무 대가 없이 보살피는 여성의 행위에 높은 가치를 부여한다. 이러한 도움은 내가 똑같은 상황에 처했을 때 보살핌을 받는 것을 전제로 하지만, 설사 그렇지 않더라도 의미 있는 행위로 해석된다.

보살핌의 순환이 이뤄지는 사회는 상호부조의 원칙이 적용됨으로써 인간에 대한 신뢰가 작동한다. 이러한 사회에서 의존적인 상황은 낙인이나 수혜가 아니라 삶을 유지하기 위한 필수불가결한 조건으로 받아들여진다. 인간이 복잡한 관계의 그물망 속에서 영향을 주고받는 상호의존적 존재임을 전제한다.

사라 러딕Sara Ruddick은 자녀를 키우는 어머니의 마음으로 전쟁과 폭력에 반대함으로써 경쟁, 성공, 지배, 소유를 중시하는 지배 가치를 변화시킬 수 있다고 강조한다. 보살핌은 아이를 낳고 기르는 여성뿐 아니라 남성도 실천할 수 있다. 보살핌의 윤리는 타인을 존중하고 타인의 고통에 민감하게 반응하며 폭력과 차별을 시정함으로써 보다 평등한 민주사회를 만들어간다.

더 나아가, 세계화 시대에 보살핌의 윤리는 국민국가의 시민을 넘어 지구 시민으로까지 그 책임을 확장한다. 세계화 시대에는 멀리 떨어져 있지만 노동, 교육을 위해 경제적 이해를 함께하며 정서적인 결속을 느끼는 초국적 가족이 존재한다. 국민국가의 틀 안에서 규정된 시민이라는 개념으로는 외국인 노동자나 결혼 이민자에 대한 차별에 둔감할 수밖에 없다.

웬디 브라운은, 관용이 잔인함과 폭력, 공적인 배제와 대립되는 개념이면서도 평등과도 대립된다고 말한다. 관용을 통해 소수자 집단을 이해하는 듯 행동하지만, 여전히 위계적인 관계를 구성하려는 기득권 집단의 위선을 비판한다. 지배 집단이 소수자 집단에 대한 차별을 성찰하지 않고 우아하게 관용을 제안하는 것은 모순적이다.

여행과 소셜 미디어를 통해 먼 곳의 사람들과 원활하게 소통, 교류하는 것은 공간이라는 장벽을 뛰어넘어 지구 시민의 책임을 강화한다. 통신과 교통의 발달로 손쉽게 이동할 수 있는 시대에는 거리가 사랑과 소통에 장애가 될 순 없다.

버지니아 헬드는 친밀한 사람, 가족, 이웃을 보살피듯, 먼 곳의 타자에 대해 감수성을 가짐으로써 연대에 기반한 지구적 공동체를 구성할 수 있다고 주장한다. 아프리카, 아시아에 사는 아이들이 가뭄, 홍수, 쓰나미로 굶주리고 생존을 위해 고된 노동을 해야 하는 현실을 인식하면, 나와 무관하다고 생각할 수만은 없을 것이기 때문이다. 그 아이들은 내 아이들처럼 보살핌이 필요한 존재이기에 고통을 간과할 수 없다.

　도움과 구조의 손길을 기다리는 이들을 위해 자신의 일을 멈추고 비행기를 타고 달려가는 행동은 손해를 보는 비합리적인 선택이다. 그럼에도 이러한 선택은 삶에 기쁨과 행복을 가져다주고, 경쟁, 성공과는 다른 가치를 발견하게 한다. 가부장제에서 성역할로 폄하되고 비가시화되었던 보살핌, 친절, 배려가 사회적으로 얼마나 중요한 자원이었는지 깨닫게 한다.

　재난과 위기는 고통과 절망을 가져오지만, 그 극복 과정에서 인간은 상호 협력, 배려와 보살핌의 가치를 체험하고 지배, 폭력, 경쟁, 성공, 소유 등의 지배 가치에 의문을 제기하면서 관계와 공동체의 재편 가능성을 목도하게 될 것이다.

행복을 여는 두 가지 열쇠,
관계와 배려

행복은 인간의 삶에서 중요한 가치로 통용된다. 많은 사람이 행복에 과도하게 의미를 부여하면서도 자신의 행복이 무엇인지는 질문하지 않는다. 또한 자신의 행복이 타인과 연결되어 있다고도 생각하지 않는다. 사람과 사람 사이에 소통이 불가능한 이유는 남의 고통에 둔감하거나 이해하고 싶어 하지 않기 때문이다. 그리고 그 고통이 자신의 이해와 연관된다면 나의 이익을 위해 타인의 고통은 불가피하다고 생각하기도 한다.

자신의 행복에 취해 있는 사람들은 종종 타인의 고통을 간과한다. 나의 행복이 타인의 불행에 기반한 것이라면 자신의 행복을 성찰하고 타인의 고통에 민감해져야 한다. 넬 노딩스는 『행복과 교육』에서 행복을 원한다고 하면서도 정작 진정한 행복에 대해 생각하지 않는 현실을 비판한다. 또한 그녀는 교육을 받으면 행복해지고 좋은 직업을 얻을 것이라고 생각해 위로만 올라가게 하는 교육의 목적을 비판한다. 업적주의, 경쟁 중심의 교육은 행복에 대해 제대로 논하지 않는다. 이러한 환경에서는 누구도 진정 행복해질 수 없고 실패자가 양산될 수밖에 없다.

한편, 노딩스는 고통을 극복하는 법을 두 가지로 제시한다. 첫째, 고통에서 의미를 발견하는 것이다. 고통은 인격적 성숙에 관한 것으로 종교에서는 모든 고통에 의미가 있다고 가르쳐왔다. 고통을 통해 성장한다면 고통은 유익한 것으로 해석된다. 둘째, 고통의 원인을 제거하는 것이다. 고통을 인내하는 것은 의미가 없고 내가 타자로 인해 고통 받거나 타자를 위해 희생할 이유가 없다는 것이다. 나의 고통에 기반해서 타자가 행복한 것은 진정한 행복이 아니다. 타자를 변화시켜야만 진정한 행복에 이를 수 있다.

소통하지 못하는
고통

사람들은 소통의 부재를 인식하면서도 관계를 위해 노력하지 않는다. 부부가 같은 공간에 있어도 남편은 방에서, 아내는 부엌에서 메신저로 대화를 나누며 필요한 일을 간편하게 해결한다. 저녁 식탁에 가족이 둘러앉아도 공통의 관심사가 없다. 아버지의 일방적인 설교와 자녀의 무응답은 어제오늘 일이 아니다. 아버지가 대화를 시도하면 오히려 어색해지거나 말다툼으로 이어진다. 자녀는 가족이 모인 곳에서도 스마트폰으로 친구들과 게임을 하거나 대화를 나눈다.

지하철에서도 사람들은 똑같은 모습으로 스마트폰을 들여다본다. 무료함을 달래기 위해 다른 세상으로 이동하지만, 정작 자신의 삶에 대해 들여다보고 성찰할 시간을 잃어버린다. 사이버 세상에는 나를 달래주고 즐겁게 해주며 오감을 만족시켜줄 만한 것들이 많다. 그러나 그 안에서 사람을 만나고 싶어 하는 이유는, 사람의 이야기를 듣고 싶어서가 아니다. 혼자 있음을 견딜 수 없기 때문이다.

영화 〈그녀〉에서 사이버 연인인 '그녀'는 내가 접속하면 언제든 만날 수 있고, 어느 누구보다 내 마음을 속속들이 잘 알고 있다. 내가 바빠서 그녀와 연결하지 못하더라도 그녀는 나를 이해한다. 하지만 내가 그녀와 하나가 되었다고 믿는 순간, 그녀가 많은 남성과 비슷한 관계를 맺고 있음을 알게 된다. 그녀의 유일하고 소중한 존재가 되고 싶었던 주인공은 혼란에 빠진다. 더욱이, 그녀는 컴퓨터 프로그램을 변경하는 과정에서 어느 날 갑자기 사라진다.

바쁠 때 사람들은 소통하고 싶어 하지 않고 다른 사람의 이야기를 듣고 싶어 하지 않는다. 바쁘다는 말은 곧 '능력'으로, 한가하다는 말은 여유가 아니라 한심함으로 해석된다. 누군가에게 몰두하는 것은 능력 있는 자들에겐 가능하지 않을 뿐더러, 어리석은 사람으로 취급받는다. 사람들은 자신을 돌아보는 시간을 갖는 것을 흐름에 뒤처지는 것으로 생각한다. 모든 것들을 자신의 시간에 맞춰야 하고 소통은 제한적이다.

몇몇 대학생들은 바쁜 시간을 쪼개어 연애하는 것을 자기 계발로 이해한다. 연애하지 않는 사람은 어딘가 부족한 사람으로 간주되지만 내 시간을 양보하는 것은 자기 관리에 소홀한 것으로, 시간을 효율적으로 사용해서 성취하는 것을 업적으로 해석한다. 그러나 관계 맺기와 소통은 투자한 만큼 수익을 뽑아낼 수 있는 일이 아니다. 인간관계는 상대방과 함께하는 것이기 때문에, 유동적이고 개인의 의지와 타자의 상황에 달려 있다.

다른 사람과의 관계가 나의 주체성을 훼손시키고 자율성을 제한한다는 생각에서 여성은 도덕성 발달에서 낮은 단계에 머문다고 평가되었다. 여성의 배려가 우유부단함과 의존성으로 해석되었던 것이다. 하지만 내가 경험하는 타자는 일반화된 타자가 아니라 구체적인 인간이다.

때때로 여성은 자신이 무엇을 좋아하는지 알지 못하고 타자가 원해서 하는 거라고 핑계대면서 자기 이해를 도모한다. 또한 눈물로 호소하면서 아이와 남편을 조종하는 권력을 행사하기도 한다. 이러한 행동은 여성들에게 보살핌을 강요하는 제도와 문화에서 나타나는 부정적인 측면이다. 하지만 여성들이 성역할로 요구받았던 겸손과 배려의 미덕은 타자의 상황에 대한 공감이나 타자를 위한 실천을 가능하게 하는 긍정적인 측면도 있다.

생존, 경쟁보다 배려,
양보에 가치를 부여하는 사회

현재 교육의 목적은 행복한 인생을 살게 하거나 전인을 양성하는 것이 아니라 평판이 좋은 대학, 취업에 유리한 학과에 진학시키거나 높은 연봉의 직장에 취업하고 승진해 높은 지위에 오르도록 하는 것이다. 이러한 세상에서 배려를 논하는 것은 의미가 없다.

사라 러딕은 지배, 폭력, 경쟁, 이기심이 만연한 세상에서 모성, 보살핌, 배려의 가치가 존재한다는 것 자체가 기적이라고 말한 바 있다. 경쟁이 생존, 능력이고 양보는 인격적 성숙이 아니라 실패로 해석되는 세상에서 자녀에게 무한한 사랑을 보여주는 어머니와 같이 대가 없이 타자를 보살피는 행위는 더욱 빛을 발한다.

때때로 사람들은 누군가의 부와 권력, 재능이 나에게 이익이 된다고 판단해서 가까이하고, 가난하고 별 볼 일 없는 사람은 나에게 도움을 청할까 봐 멀리하려고 한다. 하지만 이기적인 사람을 가까이하고 싶어 하는 사람은 없다. 누구든 따뜻한 마음을 지닌 사람에게 위로받고 싶어 한다. 힘든 상황에 처하면 진정한 우정과 사랑을 확인할 수 있다.

약한 모습을 보여도 있는 그대로 받아들이는 사람에게는 신뢰가 깊어진다. 남에게 도움을 주는 것이 당장 손해라고 느껴질지 모르지만, 장기적으로는 관계와 유대가 강화된다. 우리는 이런 관계를 맺기가 어렵거나 불가능하다는 것을 알지만, 환상 속에서라도 그 가능성을 남겨두려고 한다.

바쁘고 여유 없는 삶은 결코 행복한 삶이 될 수 없다. 이러한 가치를 추구하는 사회는 타자에 대한 지배를 성취나 권력으로 해석하고 타자에 대해 둔감하고 폭력적인 발언을 부끄러움 없이 쏟아낸다.

그런 태도로는 자기 자신도 제대로 돌보거나 배려할 수 없다. 더 나아가 내가 무엇을 원하는지도 성찰하지 못한다. 자신이 원하는 것을 갖기 위해 타자의 요구를 무시하는 것이 유용한 협상법이 되고, 타자의 목소리에 귀 기울이기보다 내 목소리를 높여 타자의 목소리를 죽이는 것이 똑똑한 처세법이 되는 세상에서 소통은 존재하지 않는다.

나에게 고통을 주는 사람을 위해 희생하고 양보할 이유는 없다. 관계에서 어느 정도 헌신과 배려가 필요하지만 상대가 나에게 고통을 주고 있을 때는 이에 대해 문제를 제기하는 것이 관계를 개선하는 방법이다.

폭력 남편을 극진히 보살피려는 아내의 선의는 도덕적으로 성숙한 태도일지도 모르지만 이러한 대응은 폭력의 강도를 높이거나 폭력을 정당화하는 부정적인 결과를 낳는다. 아내가 폭력에 저항하고 관계를 단절할 때만이 고통을 제거하고 악순환의 고리를 끊을 수 있다.

한편 관계 속에서 성장하려면 나의 배려에 대해서도 성찰할 필요가 있다. 타자의 요구에 부응하는 것이 나의 집착이나 권력욕에 기인한 것은 아닌지, 그 사람에게도 진정 유익한지 분별할 필요가 있는 것이다. 이러한 숙고 속에서 배려하고 소통할 때 비로소 나의 행복은 너의 행복이 될 수 있다.

좋은 아버지란
어떤 사람인가

근대의 성별 분업에서 양육은 어머니의 역할이고, 가족 내 아버지의 역할은 직접적으로 규정되지 않는다. 아버지에겐 생계부양의 역할이 중요하며, 자애로운 어머니와 다른 엄격한 방식으로 훈육을 담당해왔다. 또한 자녀와 많은 시간을 보내지 못하더라도 가장의 권위를 유지하며 존경받는 위치에 놓였다.

공사 영역 분리로 가족은 자유로운 성역, 사생활의 공간이 되었고, 치열한 경쟁에서 돌아와 쉴 수 있는 안식처로 인식되었다. 하지만 남성 가장의 통제하에 있기 때문에 남성 가장이 폭력을 행사할 경우 안식처가 아닌 인권유린의 사각지대가 되기도 했다.

여성은 노동시장에 진입하면서 남편이 가사노동, 양육을 분담하기를 기대했다. 하지만 남성은 변화에 부응하지 못하고 여성에게 전통적인 성역할을 계속해서 요구하면서 갈등해왔다. 이러한 현실에서 여성은 남편과 가사노동과 양육을 분담하는 것이 아니라 (시)어머니 등의 가족 구성원을 동원하거나 다른 여성을 고용함으로써 돌봄을 해결하고 있다.

하지만 아내와의 관계에서 가사, 양육과 임금노동의 이중고를 인식하고 가족, 자녀와의 관계에 가치를 부여하는 남성들도 있다. 이들은 일하는 시간 못지않게 가족과 함께 보내는 시간을 소중히 여기고 자녀 양육에 적극적으로 참여하고자 한다.

아버지가 된다는 것

현실적 여건으로 점차 맞벌이는 당연시되고 있다. 그럼에도 아내, 어머니 역할은 쉽게 변화하지 않는다. 여성은 결혼을 통해 짊어져야 하는 부담을 떠올리고, 결혼이 자신에게 어떠한 이익이 되는지 회의하면서 독신이나 이혼을 선택하기도 한다.

〈아빠! 어디 가?〉, 〈슈퍼맨이 돌아왔다〉 등 아버지가 어린 자녀들과 함께 여행하거나 혼자서 자녀를 돌보는 프로그램이 인기를 끌었다. 육아에 전혀 관심이 없거나 아내에게 전적으로 맡기던 아버지들은 이 프로그램에서 아이들과 함께 시간을 보내며 양육의 고충을 이해하고 아내를 존중하게 된다. 돈을 주고도 바꿀 수 없는 소중한 체험이다.

이 프로그램에 참여한 아버지들은 양육을 놀이로 인식하고 아내가 돌아오면 다시 해방된다. 하지만 이들은 자녀를 낳고 교육비, 생활비 등을 대주는 것으로 아버지 역할을 다했다고 생각하지 않는다. 아이들과 함께 보낸 시간을 통해 생명에 대한 감수성을 키우고, 아이의 반응에 기쁨을 느끼며 변화를 경험한다.

일본 영화 〈철도원〉에는 시골의 작은 역을 지키는 아버지가 등장한다. 아버지는 집에 잘 들어오지 않고 비가 오나 눈이 오나 성실하게 자신의 소임을 다하다가 역에서 세상을 떠난다. 그는 아내와 딸이 죽어도 일터를 지킨다. 〈철도원〉을 본 남성들은 일만 아는 아버지를 멋진 남성, 역할모델로 받아들이기도 했다. 하지만 여성은 이러한 남편, 아버지를 원하지 않는다. 함께 놀아주고 대화하는 아버지, 집안일을 논의하며 함께 아이를 키우는 남편을 원한다.

일본 사회에도 아버지상의 변화가 일어나고 있다. 영화 〈그렇게 아버지가 된다〉의 아버지는 〈철도원〉의 아버지와는 다른 혼란을 경험한다. 그는 직장에서 성공한 남성으로 전업주부인 아내와 아들을 두고 있다. 그런데 어느 날, 병원의 실수로 출생 직후 아이가 바뀌었다는 사실을 알게 된다. 아내는 아이와 7년이라는 시간을 함께 지냈기 때문에 아이가 혈연인지 아닌지가 중요하지 않다. 그저 아이와의 이별이 고통스럽다. 하지만 아버지는 가족보다는 회사에서 많은 시간을 보냈고 아이와 소통하는 시간이 부족했기 때문에 혈통을 물려받은 아이를 데려오면 모든 것이 제자리를 찾아갈 것이라고 생각한다. 하지만 아내와 아이들은 새로운 환경에 적응하지 못한다. 이 과정에서 그는 좋은 아버지란 어떤 사람이고 가족이란 무엇인지 질문하게 된다.

그는 두 가족의 계층적인 차이를 고려해, 자신이 친아들과 바뀐 아이 모두를 키우는 것이 최선의 선택이라고 생각한다. 물질이 아이들의 행복을 보장한다고 믿었던 것이다. 하지만 아이가 바뀐 집의 아버지는 경제적으로 넉넉하진 않지만 자녀와 함께 장난치고 놀아주는 자신이 더 좋은 아버지라고 주장한다. 주인공은 사회적으로 성공했지만, 교육은 모두 아내에게 맡기고 자녀가 경쟁에서 도태될까 두려워하고 감시하기만 했다.

영화에서 좋은 아버지란 자녀와 시간을 보내며 함께 성장하는 사람을 뜻한다. 아버지가 된다는 것은 자손을 후대에 남기고 아이를 경제적으로 부양하는 것을 넘어선다. 아이에게 관심을 갖고 아이의 생존과 성장에 도움을 주는 동시에 아이와 교감하며 때로는 아이에게 상처 받을 것을 각오하는 일까지 포함한다. 이러한 상처는 고통으로 끝나지 않는, 인격적인 성장의 과정이다.

남성도 모성적 가치를 실천할 수 있다

에이드리언 리치Adrienne Rich는 『더 이상 어머니는 없다』에서 양육의 경험을 고통스럽게 기술한다. 그녀는 '경험으로서 모성'과 '제도로서 모성'을 구분한다. 그녀의 설명에 따르면, 가부장제 사회는 여성의 본성을 모성으로 전제하고 모든 여성에게 어머니가 될 것을 강요한다. 여성들은 어머니가 되어 자녀를 키움으로써 임금노동의 기회를 잃고 경력 단절로 경제적 손실을 경험하며 의존적 지위에 머물게 된다.

사회제도가 아이에 대한 책임을 전적으로 어머니에게 지우기 때문에 어머니는 손쉽게 비난에 노출된다. 자신조차 돌보지 못하는 상황에 있는 가난한 여성, 남편의 폭력에 시달리는 여성, 십대 여성들에게도 사회는 모성을 요구한다. 모성을 수행하지 못한 여성도 비난받는다. 그럴수록 사회가 아이를 양육하는 데에 방관적이고 무관심하다는 사실을 발견하게 된 여성들은 분노한다.

그럼에도 리치는 경험으로서 모성을 인정한다. 아이를 키우는 경험은 아이와 소통함으로써 인격적으로 성숙해지는 과정이다. 리치는 여성에게만 양육의 책임을 부여하는 가부장제를 변화시켜 남녀 모두가 양육에 즐거운 자세로 임하고 제도적으로도 양육을 지원해야 한다고 강조했다.

한편, 사라 러딕은 『모성적 사유』에서 여성들이 양육을 통해 무력해지는 이유를 설명한다. 첫째, 자녀는 나이 들수록 독립하지만 어머니는 자녀와 애착 관계를 형성함으로써 자녀에게 의존하고 자녀의 독립에 정서적으로 상처 입는다. 자녀가 성인이 되어서도 과잉보호한다면 독립적인 인간이 될 수 없으므로 어머니는 자녀와의 분리를 수용해야 한다.

둘째, 어머니는 자녀의 생존과 보호를 위해 자신의 욕구를 억제한다. 어머니가 아무리 힘든 상황이라 해도 어린 자녀를 방치하거나 보살핌을 소홀히 한다면 자녀가 질병이나 사고 등으로 위험해질 수 있기 때문이다. 남편과 양육 분담이 이뤄지지 않는다 해도 여성은 아이를 담보로 투쟁할 수 없는 불리한 상황에 놓여 있다.

셋째, 어머니가 자녀를 기존의 질서에 순응하도록 가르치지 않으면 비난받는다. 이러한 사회에서 어머니가 자녀를 의식화시키고 제도를 변화시키기란 쉽지 않다.

하지만 러딕은 폭력, 지배, 전쟁, 경쟁이 중심이 되는 사회에 모성적 사유가 존재하는 자체가 기적이며, 기존 사회를 전복시킬 수 있다고 강조한다. 또한 생물학적인 어머니뿐 아니라 아이를 낳지 않은 독신 여성, 남성 들도 모성적 사유를 실현할 수 있다고 말한다.

모성은 가족이기주의를 넘어서서 공적 영역으로 확장될 수 있다. 보살핌의 사회적 확장은 내 아이를 사랑하는 것을 넘어서서 기아로 고통 받는 아이들이나 재난으로 피해 입은 사람들을 지원하고, 국민국가의 경제적 이익을 넘어서서 인간 및 자연과의 관계를 파괴하는 폭력이나 전쟁에 반대하며, 군대 내의 폭력 등 국가 폭력으로 피해를 입은 자녀들의 인권을 보호하고, 생태를 보전하는 운동 등으로 다양하게 실천되어 왔다.

영화 〈또 하나의 약속〉은 대기업 반도체 공장에서 일하다가 백혈병에 걸려 사망한 딸의 산업재해 피해를 인정받기 위해 투쟁한 아버지의 이야기를 담고 있다. 아버지의 투쟁은 딸의 억울함을 세상에 알리고 딸과 같은 희생자가 더 이상 발생하지 않기를 바라는 책임감에 기반을 둔다. 아버지는 산업재해의 피해자들과 연대해서 부정의를 시정하기 위해 헌신한다.

아버지의 양육은 보통 가족 단위의 계층적 질서를 유지하고 노년기의 안정적인 생활을 보장하고자 자녀를 성공시키려는 목적을 갖는다. 이타적인 보살핌이 아니라 가족 중심의 집단이기주의이기 때문에 입시 교육 열풍에 편승하는 것이다.

경쟁, 개발, 생산, 위계, 차별, 폭력의 사회를 변화시키기 위해서는 많은 사람이 보살핌을 실천해야 한다. 생명 감수성을 일깨우고, 타자에 대한 관심과 배려를 통해 그들의 고통을 인식하는 것이 불평등한 사회제도와 문화를 변화시키는 첫걸음이다.

요리하는 남성과
느림의 삶

        남성이 요리를 하는 예능 프로그램이 시청자들의 관심을 끈다. 양육과 가사노동이 여성의 역할로 여겨져 왔다면, 이러한 현상은 성역할의 전도로 해석된다. tvN-TV 예능 프로그램 〈삼시세끼-어촌편〉에서 배우 차승원은 어촌에서 구할 수 있는 재료로 다양한 요리를 능숙하게 해냄으로써 요리하는 남성을 매력적이고 이상적인 남성상으로 부각했다. 또한 남성 요리사들이 경쟁하면서 시각적으로 맛있어 보이는 음식을 만드는 프로그램 〈냉장고를 부탁해〉 등도 호응을 얻었다. 미식가를 자처하는 남성 패널들이 전국의 숨은 맛집을 소개하는 〈수요미식회〉도 인기 있다.

    이러한 프로그램들은 음식이 삶에서 중요한 부분을 차지하고, 미식은 우리가 누려야 할 즐거움이라는 것을 강조한다. 남성이 부엌에 들어가는 것을 금지하거나 간단한 설거지를 하고 라면을 끓이는 것조차 어색해하던 시절을 생각하면 많은 변화를 실감하게 된다.

남성이 관심과 칭찬을 받으면서 요리하는 것과 다르게, 여성은 본인이 먹기 싫을 때도, 음식을 하기 싫을 때도, 심지어 아플 때도 밥을 해왔다. 여성은 요리를 당연한 성역할로 인식했기 때문에 즐겁게 음식을 하지 못했다. 딸이 자신과 다른 삶을 살기를 바라며 요리하는 법을 가르치지 않는 어머니도 있다. 이러한 맥락에서 여성의 요리는 개성이나 비법이 담겨 있는 예술이나 기술, 재능으로 인식되지 못했다.

그럼에도 여성은 누군가를 위해 재료를 씻고 다듬고 조리하면서 우울하고 답답한 마음을 치유하기도 한다. 잔치에서 음식은 빠질 수 없는 중요한 요소이고, 먹고 즐기는 가운데 사람들 간의 소통과 화해가 이뤄지고 우정이 돈독해진다. 이 글에서는 미디어에 재현된 음식과 여성의 삶, 관계 등을 살펴보고자 한다.

왜 요리사는
모두 남성일까?

드라마 〈대장금〉은 조선 시대를 배경으로 궁중 수라간 나인의 삶과 여성들 간의 우정을 담았다. 수라간 궁녀로 입궁해 최초의 어의가 된 여성 장금의 실화를 배경으로 하는 이 드라마는 공적 영역인 정치의 뒤에 숨어 있던 여성 인물사를 그린다.

절대 미각을 가진 장금이 수라간의 요리를 배우며 나인들과 경쟁하고 우정을 나누면서 성장하는 과정은 여성들에게 역할모델이 되고 다른 여성들을 붙돋는다. 또한 여성의 역할로 평가절하되어왔던 요리가 건강, 영양, 미식의 즐거움을 주는 중요한 영역으로 재해석된다.

하지만 요리 프로그램의 인기 속에서도 여성 요리사들은 빛을 발하지 못하고 있다. 몇몇 대중적인 여성 요리사가 있고 궁중요리의 여성 전수자가 있지만, 여전히 대부분은 여성이 보조적인 역할에 그친다.

이러한 측면에서 〈엘리제궁의 요리사〉는 남성 요리사들과의 관계와 음식에 대한 통찰력을 보여준다. 이 영화는 프랑스 미테랑 대통령의 요리사 라보리의 실화를 바탕으로 했다. 지역에서 송로버섯 농장을 하면서 식당을 운영하던 라보리는 추천을 받아 대통령의 관저에서 일하게 된다. 장식이 요란하고 화려한 음식보다는 집에서 흔히 먹는 음식, 할머니의 손맛이 그리웠던 대통령은 좋은 식재료를 사용해 정성껏 요리하는 그녀의 음식에 만족한다. 라보리는 먹는 사람의 기호를 궁금해하고 그 마음을 헤아려서 음식을 만든다. 대통령은 그녀를 신뢰하게 된다.

엘리제궁에서 그녀의 생활이 순탄했던 것만은 아니다. 라보리는 처음부터 남성 요리사들의 견제와 질투를 받았다. 남성 요리사들은 시골에서 온 무지한 아줌마라고 빈정거렸고, 필요한 주방 도구나 냉장고조차 그녀에게 빌려주지 않았다. 이러한 악조건에도 불구하고 라보리는 먹는 이의 마음을 헤아리는 요리로 대통령에게 없어서는 안 될 사람이 된다. 하지만 그녀는 남성 대통령과 부적절한 관계를 맺으면서 권력을 남용한다는 헛소문에 시달린다. 산지에서 보내오는 신선하고 좋은 재료로 음식을 만들기 위해 운송비를 부담한 것 때문에 횡령의 의심을 받기도 하고, 입맛에 맞는 음식으로 대통령의 체중이 증가했기 때문에 영양 불균형과 비만의 원인이 되는 음식을 만들었다고 질타를 받는다.

요리에서 자율성을 보장받지 못하고, 남성 동료의 텃세로 즐겁게 요리를 할 수 없게 된 라보리는 농장으로 돌아간다. 그녀에게는 엘리제궁의 요리사라는 지위보다 요리를 통해 사람들과 소통하는 일이 더 소중했기 때문이다.

여성들이 오랫동안 음식을 해왔음에도 유명한 고급 식당과 호텔의 요리사는 모두 남성이다. 여성의 영역이 전문화되는 과정에서 여성의 요리 실력은 전문성이나 기술 부족, 계량화의 필요성, 영양상의 문제 등의 지적을 받으며 남성에 의해 저평가되었다.

하지만 라보리가 그러했듯 음식을 만드는 사람들은 실력을 뽐내고 칭찬받기 위해 요리를 하지 않는다. 음식을 먹는 사람들이 지친 몸과 마음을 달래고 행복해지는 것을 지켜보면서 진정한 보람을 느낀다. 음식을 만드는 사람과 먹는 사람의 소통이 이뤄지는 순간이다.

슬로푸드를 통한
소통

〈삼시세끼〉에서는 하루 세 끼 먹는 일이 가장 중요하다. 출연자들이 외딴 섬에서 하는 일은 자연을 이용해서 음식을 하고 먹는 일이다. 단순하고 소박하며 특별할 것 없는 생활이지만 복잡한 도시 생활에서는 상상하기 힘든 일이다.

도시에서는 시간에 쫓겨 식사를 거르기도 하고 먹는 것은 일보다 중요하지 않은 것으로 치부된다. 그러면서도 사람들은 바쁜 생활 속에서 웰빙과 건강에 집착하며 유기농 식단을 준비하고 비만을 경계하면서 규칙적으로 운동에 몰두한다.

어린 자녀들의 성장과 가족의 영양, 건강을 위해 외식을 하기보다는 집밥을 먹어야 한다고 강조하지만, 시간이 없고 신체적 피곤이 누적된 취업 여성에게 가족을 위해 음식까지 준비하는 일은 큰 스트레스로 다가온다. 집밥이 건강을 위한 선택이 되려면 남성도 쉽게 부엌에 들어가 음식을 해야 한다.

한편 경쟁과 빠른 속도, 효율성에 지친 사람들은 여유롭고 느린 삶을 추구한다. 이러한 대안적 삶 안에는 음식이 있다. 〈삼시세끼〉의 차승원 또한 자신의 음식을 좋아하는 가족들 때문에 요리에 관심을 갖게 되었다고 말했다. 소중한 사람을 위해 음식을 하고 함께 먹는 것이야말로 친밀해지는 좋은 방법이다.

영화 〈안토니아스 라인〉과 〈카모메 식당〉은 음식을 중심으로 여성 간의 우정과 공동체의 대안적인 삶을 제안한다.

〈안토니아스 라인〉은 음식, 사랑, 출산, 약자에 대한 배려, 차별과 폭력에 대한 감수성, 상호 존중 등을 중시하는 공동체를 지향한다. 공동체의 구성원들은 식탁에 둘러앉아 남녀노소를 불문하고 함께 음식을 먹으면서 행복해한다. 먹고 마시며 울고 웃고 즐거워하는 가운데, 사람들은 사랑을 나누고 마음이 아픈 사람을 위로하며 슬프고 괴로운 마음을 치유 받는다.

〈카모메 식당〉은 핀란드에서 식당을 운영하는 일본 여성 사치에와 우연히 여행을 와서 식당에 머물게 된 두 여성들의 삶과 우정을 그려냈다. 삶에 지친 세 명의 여성들이 바쁜 생활을 뒤로하고 숲이 울창하고 기러기가 많으며 여유로워 보이는 핀란드에서 만나 함께 일하는 내용이다.

식당 주인 사치에는 일식의 대표 음식인 초밥이 아니라 고향의 맛을 떠올리게 하는 주먹밥과 집에서 먹던 음식을 팔고 싶어 한다. 지역 주민들은 그런 그녀를 낯설게 바라본다. 한편 사치에는 우연히 서점에서 여행 중인 미도리를 만나 친구가 된다. 미도리는 어디로든 훌쩍 떠나고 싶은 마음에 지도에서 찍은 핀란드로 오게 되었다. 미도리는 사치에가 정성스럽게 차려준 밥상을 보고 감사와 감동의 눈물을 흘린다. 그리고 핀란드에 머무는 동안 사치에의 식당 일을 돕기로 한다.

중년 여성 마사코는 20년간 간병하던 노부모가 돌아가시고 무엇을 해야 할지 모르는 상황에서 무작정 비행기를 탔고, 항공사의 실수로 짐을 찾지 못해 핀란드에 머물게 된다. 그러다 카모메 식당의 여성들과 인연을 맺는다. 세 사람은 식당에서 일하고 쉬는 날에는 바닷가에서 일광욕을 하고 함께 사우나도 가며 여유로운 삶을 즐긴다.

일본 가정식인 생선구이와 돈까스, 주먹밥을 먹기 위해 사람들이 찾아오면서, 손님이 없어 걱정이었던 카모메 식당은 사람들로 꽉 찬다. 세상이 끝나는 날 사람들과 맛있는 음식을 만들어 잔뜩 먹고 술도 한잔 하면서 느긋하게 즐기고 싶다고 말한 사치에의 소박한 꿈이 현실로 이뤄지는 순간이다.

여성을 고향, 향수로 배치하는 것, 음식을 어머니의 맛이라고 해석하는 것은 여성들에게 불편함을 줄 수 있다. 여성을 특정한 역할에 고정시킬 위험이 있기 때문이다. 그럼에도 이 불편한 이분법을 넘어 요리, 음식을 통한 관계는 새롭게 정의될 필요가 있다.

음식에는 배려, 정성, 교감, 위로, 치유가 있다. 힘든 사람을 위해 음식을 차리고 그 사람의 고통을 함께하며 위로하는 것, 음식을 차려준 사람의 정성에 감사하는 마음, 여유 있게 함께 시간을 보내는 것은 지금까지 잊었던 소중한 일상이자 되찾아야 할 행복이다.

대한민국에서
장애 여성으로 살기

　　한국 사회에서 자율성과 독립의 신화는 날로 강화되고 있다. 가족 관계에서도 서로에게 폐를 끼치지 말아야 한다고 생각한다. 이러한 생각은 '가족이니까 함부로 대해도 이해해주겠지' 하던 시대에서 벗어나 가족 내 불합리를 인식한다는 측면에서 긍정적이지만, 가족 간에도 경제적 이해가 우선하는 삭막함을 드러내기도 한다.

　속도, 효율성, 경쟁은 중요한 가치다. 루저로 낙인찍힐까 봐 두려운 사람들은 타자에 대한 배려와 관심보다는 성공을 유일한 가치로 여긴다. 보살핌을 필요로 하는 사람은 타자의 자율성을 침해하는 존재로 받아들여져, 인간다운 삶을 보장하기 위한 기본권조차 보장해주지 않는다. 다수가 보편, 일반적이라는 인식하에 소수자 문제는 간과된다.

　장애는 사고, 질병 등에 의해 후천적으로 발생하기도 한다. 누구나 장애인이 될 수 있는 것이다. 독립적인 사람도 아기였을 때 누군가의 도움으로 성장했고, 어머니 또는 아내의 도움으로 직장 생활을 하고 있으며, 죽어갈 때 누군가의 도움으로 삶을 마감할 것이다. 의존, 보살핌은 인간의 삶과 불가분의 관계에 있지만, 비장애인들은 자신의 독립성을 확신하면서 보살핌을 불편하게 생각한다.

장애 여성은 착하다?

장애와 비장애의 이분법은 정상과 비정상의 구분을 통해 강화되어 왔다. 이러한 담론 체계에서 장애인은 비장애인에게 의존하는 존재로서 간주되었고, 가족은 장애인 구성원을 일차적으로 책임지는 부담을 짊어졌다. 비장애인을 기준으로 만들어진 교통수단, 건물 구조, 노동시장, 정치 구조는 장애인의 상황을 고려하지 않았다.

장애와 여성이라는 중층적인 차별을 경험하는 장애 여성은 장애 남성을 기준으로 구성되는 운동, 정책, 지식 등에서 더욱 소외된다. 장애 남성에 비해 교육과 노동의 기회에서 배제되며, 미등록 장애인 비율도 더 높을 것으로 예측된다. 남아 선호의 한국 사회에서 부모들은 장애 아들의 교육과 노동에는 비교적 관심이 많았지만, 장애가 있는 딸에 대해서는 집안 살림을 도우면 되므로 교육은 그다지 필요하지 않다고 생각했다. 장애 자녀에 대한 성별화된 기대는 공적 활동, 즉 경제적 자립과 사회 참여에서 장애 여성이 보다 불리한 상황에 있음을 보여준다.

또한 비장애 여성을 중심으로 만들어진 미의 기준은 장애 여성의 몸을 아름답지 않다고 규정한다. 장애 여성들은 착하다는 이미지를 씌우고, 많이 웃거나 친절한 태도를 보이는 것이 여성성을 표현하는 것이라 여겼다. 장애 여성은 비여성, 무여성적 존재로 다뤄지는 한편, 지역, 시설 내에서 지속적인 성폭력으로 고통 받았다. 하지만 피해 사실을 알리는 과정에서 소통의 어려움과 지원 체계의 부족으로 장애 여성의 성폭력 피해는 가시화되지 못했다.

중증 장애 여성들은 월경을 스스로 처리할 수 없어 어머니와 갈등을 겪기도 한다. 장애인 딸의 성폭력으로 인한 임신 가능성과 월경을 스스로 처리할 수 없는 상황에 대해 심리적, 신체적 부담감을 느낀 나머지 불임 시술을 원하기도 한다. 하지만 이는 딸의 재생산권, 성적 자기결정권과 충돌한다.

또한 부모들은 장애인 딸이 연애나 결혼에서 상처 받지 않기를 바라는 마음으로 딸의 옷차림이나 화장, 행동에 간섭하고 연애를 허락하지 않기도 한다. 이러한 이유로 장애 여성들은 상대적으로 연애의 기회가 적다. 그러나 장애 여성도 성적 욕망을 가진 존재이고 자기 삶에 대해 결정할 권리를 가진 주체다.

한편 장애 여성은 생활고, 출산 및 양육에 대한 부담으로 결혼을 포기한다. 자녀가 자신과 같은 장애를 가질까 봐 두려워 출산을 원하지 않는 이들도 있다. 장애 여성들은 가사노동, 양육의 성역할 때문에 비장애 여성보다 결혼에 대한 부담을 크게 느낀다.

장애 여성의
사랑과 결혼

2014년 EBS국제다큐영화제에서는 이스라엘 영화 〈사랑을 믿나요?〉를 상영했다. 이 영화는 하반신 장애를 가진 중노년 여성 토비의 일상을 다룬다.

토비는 사설 결혼상담소장으로서 500여 쌍을 맺어주었을 만큼 능력이 뛰어나다. 그녀는 사랑을 믿지 않지만 어머니, 아내, 생계부양자로서 최선을 다한다. 네팔에서 이주한 젊은 여성을 도우미로 고용해서 도움을 받지만 딸처럼 그녀를 아끼고 상처와 고통을 감싸준다. 또한 자신에게 의지하는 남편과 좋은 관계를 유지하고 자녀들에게도 강인하면서도 포용적인 모가장이 되어준다.

토비는 뛰어난 직관으로 결혼과 인생에 대해 조언함으로써 의뢰인들의 신뢰와 사랑을 받는다. 장애 여성과 결혼하고 싶어 하는 비장애 남성과 결혼에 대해 상담하는 장면은 인상적이다. 그 남성은 장애 여성과의 결혼에 대해 낭만적인 생각을 갖고 있다. 그는 첫 데이트에서 상대방을 가르치려 하고 자신의 선호를 강요한다. 토비는 그의 이야기를 잘 들어주면서도 문제점을 지적한다. 그는 자신감에 차 있었지만 결국 소개받은 장애 여성에게 거절당한다.

그 여성은 하반신 마비로 휠체어를 타고 다닌다. 그녀는 비장애 남성과 사랑했고 결혼을 꿈꾸었지만 남자친구의 외도로 결별한 경험이 있다. "사랑이 끝났을 때 좌절했어요. 그가 내 아이의 아빠가 될 거라고 생각했거든요. 근데 그 남자가 다른 여자의 유혹에 넘어갔어요." 그녀는 아직 전 남자친구를 잊지 못하지만 새로운 남자를 만나 사랑하고 결혼하고 싶어 한다. 그녀에게 토비는 현실적이면서도 냉혹한 충고를 건넨다. "남자가 당신을 위해 희생할 것 같아요? 그 남자에게 모든 것을 바칠 수 있어야 해요. 사랑은 주는 거예요. 모든 걸 준다면 그는 사랑할 거예요." 토비의 충고는 결혼상담소를 운영하면서 얻은 경험에 기반한다. 아울러 이러한 충고는 장애 여성으로 결혼해 살면서 깨달은 지혜이기도 하다.

두 번째 영화 〈서른 넷, 길 위에서〉는 장애 여성의 사랑, 결혼, 독립에 대한 생각을 좀 더 구체적으로 그린다. 이 다큐멘터리는 2014년 장애인영화제에서 상영되었는데, 두 명의 34세 뇌병변 장애 여성의 일상생활을 기록하고 있다. 기획자이자 감독인 이선희는 여성주의 활동가로서 S장애인자립생활센터에서 글쓰기 프로그램인 '이야기 조각보'를 진행했다. 장애 여성들과 함께 시를 쓰면서 자신의 삶을 성찰하고 미래를 계획하는 시간을 보냈는데, 거기서 만난 이들의 아름다운 삶을 기록하고 싶어 다큐멘터리를 찍기 시작했다고 한다.

진희 씨는 부모의 설득으로 시설에서 잠시 살았던 적이 있다. 그녀는 규율을 지키고 사회에서 고립되어야 했던 그 시기를 끔찍하다고 표현한다. 현재 가족과 함께 생활하면서 활동보조인의 도움을 받고 있는 그녀는 자신이 할 수 있는 일에 최선을 다하며 독립을 준비 중이다. 하지만 부모님은 딸에 대한 걱정으로 독립을 허락하지 않는다.

독립하게 해달라고 부모님을 설득하다 심신이 지쳐버린 진희 씨는 조각보 모임에서 울음을 터뜨린다. 그녀가 말하는 독립은 독신 생활만을 의미하지 않는다. 그녀는 좋은 남자를 만나 결혼하고 싶어 한다. 진희 씨는 자신을 도와줄 수 있는 비장애 남성과의 결혼을 바라기도 했지만 현실적으로는 쉽지 않다. 시설에서 만난 첫사랑 장애 남성과 연애를 하고 있는 그녀는 결혼을 원하지만, 부모님은 중증 장애인인 두 사람의 결혼에 회의적이다.

반면, 애린 씨는 자립생활센터의 간사, 장애인 활동가로서 열심히 집회에 참여하고 투쟁한다. 그녀는 열정적이고 적극적으로 보이지만 사람들에게 상처 입고 지쳐간다. 첫사랑을 만나러 가며 미용실에서 파마를 하는 진희 씨와 달리, 애린 씨는 선물로 받은 비비크림을 바르는 것조차 어색해한다. 여성성의 틀 안에서 결혼을 꿈꾸는 진희 씨와 달리, 애린 씨는 열성적인 활동가이지만 무성적인 존재로 살아간다.

영화의 말미에서 애린 씨는 자신에게 남자친구가 생겼다는 소식을 전한다. 남자친구가 있는 두 사람은 결혼하고 어머니가 되는 모습을 상상하지만 장애 여성으로서 결혼해 아이를 돌보는 것이 쉽지 않다는 것을 알기 때문에 주저한다.

세 번째 영화 〈달에 부는 바람〉은 선천적으로 시청각 중복 장애를 가진 19세 여성 예지와 어머니의 삶을 다룬다. 이승준 감독은 전작 〈달팽이의 별〉에서 시청각 중복 장애 남편과 척추 장애 아내의 결혼 생활을 다루었는데, 그 영화 촬영 중 예지 모녀를 만나 〈달에 부는 바람〉을 찍게 되었다고 한다.

한국의 장애 학교에서는 중복 장애인을 교육하는 곳이 없었기 때문에 예지는 제대로 된 정규 교육을 받지 못했다. 어머니는 딸의 표정을 보고 소통하려 하지만 딸이 말을 하지 못하기에 무엇을 원하는지 알 수 없어 답답하다. 예지는 중복 장애 교육프로그램을 수강하는 것 외에 주로 집에서 시간을 보낸다. 그녀는 어머니를 졸라 외출하는 것을 좋아한다. 예지는 혼자 있을 때 방을 돌아다니면서 온몸의 감각을 동원해 세상을 느낀다. 그녀의 미소는 천진하고 아름답다.

한편, 어머니는 몸이 큰 예지를 아이처럼 돌보는 것이 힘이 들어 간간이 물리치료를 받고 있다. 어머니는 화초를 정성껏 키우면서 정서적 안정을 찾는다. 보살핌에 지친 사람이 다시 식물을 키우며 안정을 찾는다는 것은 역설적이지만 그녀가 얼마나 사랑이 많은 사람인지 보여준다.

예지가 성인이 되는 과정은 쉽지 않다. 주민등록증 발급을 위해 동사무소를 찾지만, 예지가 지문 찍기를 거부해 애를 먹는다. 생리전증후군으로 예민해진 예지를 껴안고 달래는 모습에서 어머니의 고단한 삶이 느껴진다. 어머니와 선생님은 성폭력 예방 훈련으로 습관적으로 옷을 벗는 예지의 행동을 제재한다.

장애,
극복이 아닌 인정

한국 사회는 타자의 도움을 필요로 하는 사람들을 피해나 동정의 시선으로 바라본다. 이러한 상황에서 장애 자녀에 대해 신체적, 정서적, 경제적인 책임을 지는 것은 어머니다. 장애인이 비장애인보다 우월한 능력을 발휘하게 되는 것을 장애 '극복'으로 생각하는 사회에서 장애인은 비장애인 이상의 능력을 보여야만 주목받을 수 있다. 장애 자녀를 성공하게 만든 어머니에게는 관심이 집중된다.

수전 웬델의 『거부당한 몸』은 이러한 문제점을 지적한다. 여성 장애인 활동가 웨이드는, 비장애인과 같아지려고 몇 배 노력하면서 장애인으로서 심리적, 신체적 고통을 감당해야 했다. 하지만 장애인이 비장애인과 같은 조건을 갖춰야만 인간다운 대우를 받을 수 있는 것은 아니다. 장애인이 인간으로서 기본적인 삶을 누리기 위해서는 자신의 조건을 사회적으로 인정받고 도움 받을 권리를 보장받아야 한다.

앞서 설명했듯 장애 여성은 장애 남성에 비해 사회적으로 관심 받지 못했고 더 소외된 측면이 있었다. 자신의 삶을 결정하고 책임 지는 존재로서 살아가고자 하는 장애 여성들을 무력하고 의존적인 존재로 규정하는 것은 이들의 삶에 도움이 되지 않는다. 장애 여성들이 결혼, 독신, 공동체의 삶을 선택할 때 그 선택에 대해 심리적, 재정적으로 지원할 수 있는 제도와 문화가 마련되어야 한다.

동물에 대한 감수성과
돌봄의 실천

영화 〈옥자〉가 상영되면서 동물권에 대한 관심이 높아졌다. 대량으로 고기를 생산하기 위해 더럽고 비좁은 스톨과 배터리 케이지에서 평생을 살다가 죽는 동물의 고통에 대한 인식은 동물의 생명권에 관한 사회적 공감으로 이어졌다. 동물이 인간을 위해 이용되거나 희생되어야 하고 인간이 동물보다 우월하다는 생각은 그동안 당연하게 받아들여졌다. 또한 건강이나 미식의 즐거움을 위해 육식을 하는 것은 인간의 권리로만 인식되었다. 하지만 이러한 주장이 과연 타당한지, 비판적으로 살펴보는 기회가 되었다.

인간은
만물의 영장인가

하느님께서 그들에게 복을 내리며 말씀하셨다. '자식을 많이 낳고 번성하여 땅을 가득 채우고 지배하여라. 바다의 물고

기와 하늘의 새와 땅을 기어 다니는 온갖 생물을 다스려라!

창세 1, 28

위의 성서 구절은, 인간이 동물을 정복하고 지배하는 권한을 신으로부터 받은 것으로 잘못 해석되었다. 신은 인간이 동물을 잘 보호하고 돌보는 청지기 역할을 하길 원했으나 인간은 자신이 모든 생물의 주인이라고 여기며 동물 소유, 이용, 폭력을 정당화했다. 동물에게 고통을 주고 인간과 동물의 관계를 왜곡했다.

한편, 불교는 관계를 중시한다. 이러한 관계는 인간뿐 아니라 동물과 자연으로 확장된다. 불교에서는 동물의 살생을 금한다. 모든 존재가 상호 연결되어 있다고 말하며 인과법칙을 중시하는 연기론, 업, 윤회의 교리에 근거해서 불교는 육식이나 희생 제의 등 동물에 대한 폭력에 반대한다. 동물의 고통에 대한 감수성을 강조하면서 인간의 육식을 관계적 그물망 안에서 논의하고 살생이 인간 본성에 미치는 부정적인 영향에 초점을 둔다.

미국의 원주민인 인디언은 육식을 위해 불가피하게 사냥을 했지만 동물에 대한 감사를 잊지 않았다. 이들은 동물을 대량 학살하지 않았고 동물을 정복했다는 우월감을 느끼지도 않았다. 이들은 자신을 위해 희생한 동물을 위해 감사 기도를 드리면서 겸허하게 육식을 했다.

육식 논쟁은 미식이나 기호, 건강의 문제가 아니라 인간중심주의에 대한 근본적인 성찰을 요구한다. 영화 〈옥자〉에서 미자는 슈퍼돼지 옥자를 돈으로 보지 않았고 돈으로 살 수 없는 것, 돈보다 귀한 것으로 생각했다. 그전에 옥자와의 교감이 있었기 때문이다.

동물과의 교감은, 인간이 이성적 존재이기 때문에 동물을 지배할 수 있다는 생각이 얼마나 어리석고 무의미한지를 보여준다. 생태여성주의나 동물권을 주장하는 여성주의는 이러한 인식에 기초한다. 동물의 고통을 무시하고 이기심을 채우고자 할 때 인간은 결코 행복해질 수 없다. 육식에 대한 성찰은 동물과 인간의 관계에서 고기의 과잉 섭취나 대량생산 구조에 대한 비판과 맞물려 있다.

생태여성주의와
동물권

학자들은 동물권을 논할 때 동물이 고통을 느끼고 자신의 권리를 주장할 만한 이성적 능력을 소유했는가, 독립적이고 주체적인 존재인가 하고 질문한다. 하지만 철학자 피터 싱어Peter Singer는 동물이 자율적 주체가 되기 위해서는 인간의 도움이 필요하다고 강조한다. 동물은 고통을 느껴도 인간의 언어로 표현하지 못하므로, 동물이 인간에게 자신의 권리를 주장하기 위해서는 인간이 도와야 한다는 것이다.

동물학자 제인 구달Jane Goodall은 다른 시선으로 침팬지의 행동을 관찰했다. 그녀는 침팬지를 관찰, 실험, 이용의 대상으로 다루지 않고 침팬지와의 상호작용을 통해 이들의 관계와 행동을 연구했다. 이러한 연구 방법은 침팬지를 이해하는 데에 매우 유익했다.

생태여성주의자 캐럴 애덤스Carol Adams는 동물을 사냥하고 추적하고 거래하며 고기를 먹는 인간의 행위가 여성을 강제로 납치하고 성폭력하고 성매매하고 죽이는 남성중심 문화와 연속선에 있으며, 동물에 대한 폭력을 인식하고 채식을 실천해야 한다고 주장한다. 사냥과 육식은 타자인 동물과 여성의 고통을 이해하지 않고 자신의 욕망을 중시하는 이기심과 타자에 대한 지배와 폭력에 기초한다는 것이 그의 설명이다.

생태여성주의자들은 권리 담론에 기초해 자율적이고 주체적인 동물의 권리를 확보하려고 한다. 하지만 동물을 자연으로 돌려보내거나 방임하는 것만으로 책임이 끝난다고 생각하지 않는다. 조세핀 도너번Josephine Donovan과 캐럴 애덤스는 인간이 동물의 상황에 기초해서 생명 보존과 보호, 성장을 위해 책임을 다해야 한다고 주장한다. 인간이 동물의 고통을 인식하고 목소리에 귀를 기울이는 한편, 그들의 고통을 구제하고 적합한 환경에서 살 수 있도록 동물의 삶에 개입해야 한다고 역설한다.

동물 돌봄에 관한 실천은 돌봄을 여성의 역할로 전가하지 않으면서도 동물과의 상호 소통을 통해 폭력에 대한 감수성을 진작시키고 지배, 착취의 인간중심주의 가치관을 변화시킬 수 있다.

동물 돌봄은 관심과 배려를 가지고 상처 받은 동물을 구조하는 한편, 교감을 통해 인간과 동물의 관계를 회복하도록 돕는다.

동물 돌봄의 실천

동물권 활동가들은 가죽, 모피 제품의 불매 운동을 펼치고 동물이 서커스와 쇼, 구걸, 트레킹, 로데오에 동원되는 것과 사냥, 동물원, 동물실험, 육식 등에 반대한다.

태국의 코끼리자연공원Elephant Nature Park은 코끼리가 벌목, 트레킹, 쇼, 구걸에 동원되는 것에 반대하며 다친 코끼리들을 구조해 보살핀다. 중심에는 여성 경영자 렉Lek Chailert의 공헌과 미국의 환경운동 단체 세렝게티재단Serengeti Foundation의 재정적 지원이 있었다. 렉은 고산족 출신으로 어린 시절부터 할아버지와 함께 코끼리를 돌보았으며, 2003년부터는 치앙마이 시외에 코끼리의 쉼터를 마련해서 운영하고 있다.

코끼리는 많은 양의 먹이를 필요로 하며 의료적 처치에도 많은 비용이 든다. 그럼에도 코끼리를 돌볼 수 있었던 것은 세계의 많은 사람이 생태 여행을 통해 코끼리자연공원을 방문했기 때문이다. 이 공원에서는 여행객들을 '자원활동가'라고 부른다. 자원활동가들은 지역 주민과 동등한 관계를 맺고 지역의 생태를 돌보기 위해 불편한 윤리적 여행을 자처하면서 비싼 여행 비용을 지불한다.

동물에 대한 이들의 관심과 재정적 지원으로 코끼리자연공원에서는 다리가 잘리고 눈이 멀고 등뼈가 내려앉은 코끼리들이 행복하게 살고 있다. 코끼리자연공원에는 코끼리뿐 아니라 많은 유기견과 유기묘 들이 넓은 풀밭을 뛰어놀면서 돌봄을 받는다.

태국에서 목재 수출을 위해 대규모 벌목이 이뤄졌는데, 이때 렉은 많은 코끼리가 동원되어 부상당하고 장애를 갖게 된 것에 관심을 기울였다. 코끼리는 전통적으로 신성한 동물이었지만, 벌목으로 서식지인 숲이 사라지자 코끼리도 멸종 위기에 놓인다. 렉은 이러한 현실을 안타까워하면서 사비를 털어 코끼리를 돌보기 시작했다.

렉의 감수성은 상좌부불교의 생태관에 영향을 받았다. 태국에서는 승려들이 대규모 벌목에 반대하고 숲의 복원을 위해 나무들 사이에 끈을 묶는 운동을 펼쳐왔다. 이러한 생태적 사고는 인간과 동물의 관계성을 인식하는 데에 기초한다.

한국에서 여성주의자들은 채식을 하고 반려동물과 함께 살며 유기 동물을 돌보기도 한다. 생태여성주의자들은 초국적 패스트푸드 산업의 거대 이윤을 위한 생태계 파괴, 즉 숲의 개간과 열악한 환경의 동물 사육, 거대한 육식 소비에 반대하는 한편, 동물의 생명 보호와 인간의 건강을 위해 채식을 실천해왔다.

영화감독 황윤은 생태여성주의의 관점에서 〈작별〉(2001), 〈어느 날 그 길에서〉(2008), 〈잡식가족의 딜레마〉(2015) 등의 다큐멘터리를 통해 동물들이 고통 받는 현실을 보여준다.

첫째, 〈작별〉은 아기 호랑이로서 동물원 홍보를 위해 이용되었지만 야생을 박탈당하고 비참하게 살아가는 시베리아호랑이 크레인의 삶을 담아냈다. 그녀는 동물원에 사는 동물의 고통과 열악한 조건을 묘사함으로써 동물원법 제정에 기여했다. 크레인은 근친 교배로 선천적 장애를 갖고 태어났고 성장해서는 주목을 받지 못했으며 적절한 영양 공급이나 돌봄조차 받지 못하다가 지방 동물원으로 옮겨졌다. 이후 서울동물원으로 돌아왔지만 2017년 안타깝게 세상을 떠났다.

둘째, 〈어느 날 그 길에서〉는 고속도로의 건설로 서식지를 잃고 먹이를 찾아 헤매다가 로드킬을 당하는 야생동물의 삶과 이들을 구조하는 사람들의 이야기를 다뤘다. 경제적 효율성과 생산성을 중시하는 고속도로의 건설은 생태계를 파괴하고 야생동물들을 죽음으로 몰아가고 있다.

셋째, 〈잡식가족의 딜레마〉는 구제역으로 살처분된 돼지에 관심을 가지면서 공장, 농장에서 돼지들이 어떻게 길러지고 고기가 어떻게 생산되는지 취재한다. 감독은 인간의 건강뿐 아니라 동물 복지를 위해 좋아하던 육식을 포기하지만, 육식을 권장하는 문화 속에서 채식을 실천하는 데에 많은 어려움을 겪는다.

이와 같이 황윤은 영화를 통해 사회적으로 동물권의 쟁점을 제기하는 데에 기여했다. 그녀는 고통 받는 동물과의 교감을 기초로 동물의 입장에서 생명과 복지, 인간과 동물의 관계를 논의한다.

한편, 동물 보호 시민단체 카라KARA, Korea Animal Right Advocates 는 동물을 사랑하는 여성주의자들의 지원과 참여로 시작되었다. 카라는 유기, 사고, 학대 등으로 위기에 처한 동물의 구조, 치료, 보호를 지원하고 구조된 동물의 입양을 위해 노력한다. 동물 보호 교육을 실시하고 동물의 유기, 학대를 방지하기 위한 법제도 마련을 위해서도 애쓰고 있다. 이 단체는 '공장 대신 농장을!'이라는 모토하에 돼지의 감금틀 사육을 반대하고, 개 식용 철폐를 주장하면서 'Meat Free 복날!' 캠페인과 함께 채식 레시피를 제안한다. 길고양이와 멸종 위기의 야생동물을 보호하는 한편, 화장품 동물 실험에 반대하며 동물 실험을 하지 않고 동물성 원료를 사용하지 않는 회사들을 지지한다.

동물의 입장에서
생각하라

동물과 인간의 관계를 논의하는 것은, 인간이 자연을 지배해야 하고 동물을 인간을 위한 수단으로 이용할 수 있다고 생각하는 사람들에게는 낯설지 모른다. 하지만 동물과 소통하고 교감해본 사람들은 동물이 말로 표현하지는 못해도 고통을 느끼고 감정을 표현하는 존재라는 것을 체험한다. 동물로 인해 어떠한 이익을 얻기보다 동물이 행복한 삶을 살아가는 데에 가치를 두는 사람들은 동물과의 관계를 중시하고 돌봄의 윤리를 실천한다.

인간의 이익을 위해 동물이 희생되어도 상관없거나 동물에게 고통을 주는 행위가 폭력과 연관되어 있음을 인식하지 못한다면, 타자에 대한 억압과 차별에 기초한 인간의 삶 또한 왜곡될 수밖에 없다. 인간의 건강을 위해 환경 문제에 관심을 가지는 것 또한 인간중심주의에 기초한 것이다. 동물 돌봄의 실천은 인간으로 하여금 타자에 대한 차별과 고통을 민감하게 인식하게 하며, 이는 보다 평등한 사회를 구성하기 위한 비전을 제공한다. 타자가 고통 받지 않는 사회, 폭력이 없는 세상에서 인간은 서로를 존중하고 공존함으로써 더욱더 행복해질 수 있다.

몇몇 여성주의자는 성차별에 민감했지만, 동물의 희생이나 폭력에 둔감한 반응을 드러냈다. 여성이 동물에 대한 차별과 폭력에 둔감하다면 남성이 가진 것을 똑같이 갖는 것 이상의 변화를 기대하기 어렵다. 남성과 마찬가지로 동물을 억압, 착취하고 차별주의를 정당화하는 오류를 범한다면 진정한 평등을 실현할 수 없기 때문이다.

동물과의 관계는 동물의 입장에서 다르게 구성될 수 있다. 동물권의 논의는 자율적으로 동물이 기본적으로 누려야 할 권리를 존중하고 동물의 자유를 침해하지 않는 데에 머물러서는 안 된다. 동물이 돌봄을 필요로 하는 존재임을 인식하고 필요한 것을 제공해야만 이들의 권리를 보장할 수 있다. 야생동물이 자연에서 살도록 내버려두는 데서 나아가, 먹이를 구하기 힘든 상황에서는 먹이를 제공해야 하고 아프거나 다쳤을 때 치료해야 한다. 동물들의 구체적 상황에 맞춰 관심과 배려 속에서 돌봄의 특성을 규정해야 하는 것이다.

인간과 동물이 같다고 생각하는 사고도 경계해야 한다. 이 또한 인간중심주의에 기초한 것이기 때문이다. 인간은 동물의 입장에서 문제를 인식하고 해결해나가야 한다. 아울러 동물에게 고통을 주는 행위를 제도적으로 금지해야 한다.

6장.

**호주제에서
히잡까지**

유교 문화에서
여성으로 산다는 것

　　　　　한국 문화는 유교에 기초하고 있고 유교는 전통과 관련된다. 어느 누구도 이 영향력에서 자유로울 수 없다. 서구의 개인주의와 구별되는 유교의 특성 때문에 외국인들은 유교 문화에 호기심을 갖는다. 유교 문화에서 인간은 독립적 존재가 아니라 관계를 통해 정의되는 존재다. 즉, 인간은 가족, 친족, 이웃과의 관계에 고정되어 있고 이를 넘어서서 존재할 수 없다.

　유교 문화는 부모와 자녀의 관계를 중시한다. 유교에서 효는 인간이 우선적으로 추구해야 할 가치이자 덕목이다. 어려서는 부모로부터 보살핌을 받지만, 부모가 나이 들고 아플 때는 자녀가 부모를 보살피는 것을 당연하게 여긴다. 그것은 부모에 대한 보은이자 감사 행위이기 때문이다.

　또한 한국 사회는 유교 문화의 영향으로 공동체 차원의 보살핌을 중시해왔다. 가난한 사람들, 독거노인, 사별 여성에 대해 연민을 느끼고 공동체에서 물질적으로 지원했다. 공동체는 복지의 기본 단위로 이웃 사람이 가난, 질병, 사고로 위기에 처하면 적극적으로 구조했고 이를 당연한 것으로 여겼다. 이러한 전통은 한국 문화에 여전히 남아, 사람들은 위기에 처한 타자를 구조하고 보살피고자 한다.

전통적으로 가족 내에서 노부모를 봉양하고 공동체의 구성원들을 보살피는 것은 자연스러운 행위였다. 하지만 바쁜 현대인에게 이러한 일들은 부담이 되었고, 점차 제도적 지원이 필요해졌다. 이때 보살핌은 비생산적이고 비효율적이며 남에게 폐를 끼치는 행위로 부정적으로 해석된다.

한편, 유교 문화에서는 연령과 성의 층위에서 위계와 차별을 정당화한다. 유교 문화는 나의 부모를 대하듯이 이웃의 연장자를 존중해야 한다. 연장자는 젊은이들을 옳은 길로 인도해야 한다는 책임감을 느낀다. 노인들은 젊은이에게 지배적 태도를 취하며 순종하기를 요구한다.

가끔 거리나 버스, 지하철에서 노인과 젊은이가 말다툼이나 몸싸움을 하는 것을 볼 수 있다. 연장자에게 자리를 양보하지 않고 남들 앞에서 적극적인 애정 표현을 하는 젊은이들의 개인주의와 어른 앞에서 버릇없이 구는 것을 용납할 수 없는 노인들의 연령 위계적 사고는 타협이 불가능해 보이기도 한다. 연장자의 경험은 존중되어야 하지만, 연령이 위계적으로 작동하는 상황에서 수평적 대화는 불가능하다.

한국의 여성주의자들은 유교 문화의 화해할 수 없는 벽을 체험하면서도 이를 개선하기 위해 오랜 시간 투쟁했다. 남아 선호와 부계가족에 기초한 아들과 딸의 불균등한 상속, 호주제, 성선택 낙태 등은 유교 문화의 성차별과 관련되어 있다. 유교 전통 하에서 여성들은 공적인 의사 결정권을 인정받지 못했다.

남성중심 사고와 여성에 대한 고정관념, 성차별은 한국 문화에 깊숙이 내재한다. 가족 내 성역할을 부정하고 남성 가장을 전적으로 지지하라는 기대에 부응하지 않는 여성주의자들은 전통을 해치는 사악한 존재, 서양 문물에 경도된 반민족적인 존재, 효를 수행하지 않는 이기적인 존재로 해석되어왔다.

유교의 문화에서
여성으로 산다는 것은

유교는 남녀의 위치를 다르게 규정한다. 남자는 양陽이고 여자는 음陰이다. 음양의 역할은 고정되어 차별로 귀결되었다. 이는 선천적으로 정해지는 차등으로 개인이 바꿀 수 없는 것이다. 유교는 예禮를 중시하는데, 예란 신분에 따른 자신의 위치에 알맞은 행위와 의식을 하는 것이다.

유교의 예는 남녀 간의 조화와 상생을 강조한다. 하지만 조화와 상생은 여성이 성역할에 순응하는 것을 의미하며, 여성의 순종과 희생을 강조함으로써 성차별을 정당화하는 수단이 되었다. 부계 혈통의 계승과 조상의 제사를 중시함에 따라 남아를 선호하는 문화를 만들었으며 여성에게 역할을 수행할 것을 요구했다.

유교의 예에서 빼놓을 수 없는 것이 부부유별夫婦有別이다. 허라금(2002)은 유교의 의례를 통해 여성과 남성이 어떻게 만들어지는지 성역할의 사회화 과정을 설명한다. 남성의 성인식인 관례冠禮가 일가친척 앞에서 성인으로서 공식적으로 인정받고 의사결정권을 얻는 예식인 반면, 여성의 성인식인 계례筓禮는 비공식으로 행해지고 여성에게 며느리, 아내, 어머니로서 책임을 지우려는 의식이다. 또한 혼례는 부모와 함께 살던 여성이 남편의 집으로 들어감으로써 낯선 환경에 적응하는 예식이지만 남성에게는 다르다. 남성은 결혼 후에도 본인의 집에서 살았기 때문이다.

유교 문화는 성별 공간의 분리를 통해 여성들을 공적 활동에서 배제했다. 내외법의 규정에 따라 남성과 여성은 다른 공간에 배치되었다. 조선 시대 여성들은 교육, 경제, 정치 등 공적 영역에 참여할 수 없었다. 조순경(2001)에 따르면, 유교의 성별 공간 분리는 성역할을 공고화함으로써 여성을 억압, 통치하는 기제로 작동했다. 여성을 남성에게 의존하는 존재, 종속되는 존재로 규정함으로써 성차별을 정당화한 것이다.

여성은 아내, 어머니, 며느리로서 가문의 대를 잇기 위한 재생산의 도구, 남성의 보조자일 뿐 인간으로 존중받지 못했다. 아들을 낳지 못한 여성들은 비난받았다. 가족 내에서 존중받지 못하거나 친정으로 쫓겨났고, 축첩을 용인해야 했다. 유교의 경전에서 군자(남성)에게는 적당하게 색을 즐길 것을 권고하지만, 여성에게는 정숙함을 강조하며 여성을 무성적인 존재, 모성의 존재로 한정한 것도 이와 무관하지 않다. 이러한 문화는 여성의 성을 통제함으로써 양반 가문의 혈통을 순수하게 보존하고 지배계급의 통치를 강화하기 위한 것이다. 정절 강조와 열녀 숭배, 과부재가 금지 등으로 여성을 성적으로 억압하고 통제했다. 남성에게는 욕망을 허용하지만 여성에게는 정절을 강조하고 이를 위반하면 처벌하는 이중 성규범은 여성에게 고통을 주었다.

한편, 유교 문화의 부계가족은 여성이 남성 가장에게 순종하는 질서를 구축했다. 가장의 상징성은 남성이 가족 내에서 강력한 의사 결정권을 행사할 수 있게 했다. 호주제는 호주 승계의 1순위를 남성으로 규정했으며, 남성을 생계부양자로 인정하고 여성은 개별적, 독립적인 존재가 아닌 남성 가장에게 의존하는 존재로 규정해왔다.

또한 자녀가 아버지의 성과 본을 따르고 부가父家에 입적한다는 원칙은 남편이 아내의 동의 없이 혼외자를 호적에 올리는 부작용을 낳았고, 이는 여성의 고통을 가중시켰다. 호주제는 남성의 가장권을 인정하고 남아 선호와 노동시장에서의 성차별을 정당화하는 기제가 되었다.

여성주의자들은 호주제 폐지를 위해 가족법 개정 운동을 전개했다. 유엔여성차별철폐협약은 유엔 가입국에서 전통의 이름으로 여성에 대한 문화적 폭력이 자행될 때 국제법이 국내법을 제재할 수 있게 했는데, 덕분에 호주제 폐지에 박차가 가해졌다.

2005년 호주제는 폐지되었지만 여전히 남성이 가장, 생계부양자라는 인식이 지배적이다. 경제 위기 시에 남성이 가장이기 때문에 해고 대상에서 제외되어야 한다거나 여성은 집에 있어도 되는 존재, 이차적 노동자라는 통념은 여기서 비롯했다.

IMF 시기에 구조조정을 위해 사내 부부 중 한 명에게 명예퇴직을 요구했던 농협 사내 부부 해고 사건은 대다수의 여성 노동자를 사직하게 했다. 조순경(2000)에 따르면 이것은 명백한 간접 차별이지만 사회적 호응을 얻지 못했다. 그 이유는 여성들이 자발적으로 집에 있기를 원한다는 성역할 고정관념에 기초해서 성차별을 정당화했기 때문이다. 여성들은 어머니, 아내로서 역할을 요구받았지만, 생계부양자, 일차적 노동자로서 인정받지 못했고 동등한 기회를 얻지 못했다.

효,
노인 보살핌의 딜레마

유교 문화에서 효孝는 충忠보다 앞서는 중요한 가치다. 효는 부모와 자녀의 관계를 규정하지만 수평적 관계가 아니라 위계적 관계를 구성한다. 가족 내에서 여성은 아내, 며느리로서 권력을 갖지 못하지만 노년이 되면 아들의 효도로 보상받게 되며, 시어머니로서 며느리의 보살핌을 받으면서 권력을 누릴 수 있다. 또한 죽어서는 자손들의 제사를 통해 조상신으로 숭배된다.

아들이 효를 수행한다고 생각하지만 실질적으로 효를 실천하는 사람은 며느리다. 며느리는 알지도 못하고 자신과 관련도 없는 조상의 제사를 위해 정성껏 음식을 준비한다. 그 과정은 많은 시간과 수고를 요하지만, 정작 제사에 참석하고 음식을 즐기는 사람은 남성이다. 제사가 간소화되었다고는 하나 여전히 여성들은 제사 준비의 부담을 지고 있다.

노부모를 돌보는 것 또한 며느리의 의무다. 아들이 노부모를 모신다고 이야기하지만 동거하는 것 외에 실질적 돌봄 노동을 수행하지는 않는다. 호된 시집살이를 당하고도 치매에 걸린 시어머니를 극진히 보살피거나 뇌졸중으로 와병 중인 시어머니의 대소변을 치우고 목욕시키는 것은 며느리다.

한국 사회에서 효의 실천이라 여겨지는 노부모 보살핌은 여성에게 강도 높은 노동이었다. 특히 맞벌이 가구의 여성들은 가사노동, 양육과 임금노동에 더해 노인 보살핌까지 떠맡아야 했다. 물론 남성은 이러한 책임에서 면제되었다. 또한 부계가족에서 여성이 시부모를 보살피는 것은 의무와 역할로 규정하지만, 친정 부모를 보살피는 것은 효로 명명하지 않음으로써 여성은 친정 부모에 대한 보은을 실천하는 데 어려움을 겪었다.

노인 학대나 유기 등이 가시화되면서 노인 보살핌의 고충을 호소하는 여성들은 이기적이고 패륜적이라고 비난받는다. 여성이 집 안에서 성역할에 충실하면 제도적 노인 부양책에 드는 불필요한 예산을 감축할 수 있다는 의견마저 있었다. 하지만 맞벌이 가구의 증가와 고령화의 진행으로 노인 보살핌을 개인, 가족, 여성의 문제가 아니라 사회, 제도적 차원에서 인식하게 되었고, 더 이상 노인 보살핌은 효의 문제로만 인식되지 않는다.

유교 문화와
여성의 화해는 가능한가

한국의 유교 문화는 여성들과 화해할 수 없는 지점에 있었다. 여성주의자들은 유교 문화가 성별 공간의 분리, 남아 선호, 부계가족의 구성을 통해 성차별과 깊이 연루되어 있다는 사실을 비판하면서 제도적, 문화적 투쟁을 해왔다. 이러한 맥락에서 연령별, 성별 위계를 기초로 한 유교 문화에 대한 향수는 민주주의와 상치되고 성평등에도 결코 좋은 영향을 미치지 못한다.

그동안 유교적 가치에 기초한 공동체에 대한 상상은 이기적인 여성을 비난하는 방식으로 전개되어 왔다. 남성의 참여나 책임을 논하는 데에도 한계를 보였다. 여성은 가족 내 구성원을 돌보고 자원활동을 하는 것으로 공동체 차원에서 보살핌에 참여해왔다. 하지만 유교적 가치의 긍정적인 측면도 있다. 지배, 경쟁, 성공, 생산성의 가치를 중시하는 사회에서 유교적 가치는 측은지심惻隱之心이나 인仁 등에 기반을 두고 있어 타자에 대한 차별을 인식하고 공감 능력과 감수성을 발휘하는 데에는 도움이 될 수 있을 것이다. 타자의 고통을 인식하는 것은 함께 사는 사회, 인간다운 삶의 조건을 마련하는 데에 중요한 기초가 되기 때문이다.

태국 불교와
여성 배제

아시아 여성학 연구 프로젝트의 일원으로 아시아 여성의 문화에 관해 연구한 적이 있다. 현지에 살지 않으면서 그 나라를 연구하는 일에는 문화와 언어의 차이로 인한 어려움이 따른다. 자료 수집과 해석 과정의 어려움과 연구자의 부족함에도, 태국인들과 인터뷰를 하면서 느낀 태국의 불교와 가족제도, 여성 문제에 대해 소개하고자 한다.

태국인의 대다수는 불교, 특히 상좌부불교를 믿는다. 상좌부불교는, 중생 구제를 중시하는 대승불교와 다르다. 상좌부불교는 부처의 말씀을 기초로 참선, 명상을 통해 열반에 도달하는 것을 중시한다. 태국을 여행하는 사람들은 거리에서 금으로 만든 거대 불상을 신기하게 바라본다. 이국적인 불교문화는 그리스도교 문화에 기반한 서구 유럽인들의 관심을 끌기에 충분하다. 태국에서 템플 스테이는 인기 있는 관광 상품이다.

태국 남성들은 일정 기간 동안 승려가 되어 생활하는 것을 명예로 여기고 일생의 중요한 통과의례로 해석한다. 국왕도 즉위

전 승려 체험을 했으며, 승려들은 사회문화적으로 높은 대접과 사람들의 존경을 받는다. 태국 국내선 비행기의 퍼스트 클래스에 승려들이 앉아 있는 모습은 특이한 광경이 아니다. 승려들은 그만큼 사회에서 존경받고 높은 대우를 받는다.

태국의 관광 안내서에는 절이나 왕궁을 방문할 때 민소매나 반바지를 입지 말라는 내용이 나온다. 방콕 왕궁의 출입문에서 민소매와 반바지를 입은 방문객들은 입구에서 직원들의 제재를 받는다. 몸을 가리는 옷을 빌려 입어야만 출입이 허락된다. 또한 관광 안내서는 여성 방문객들에게 승려와 신체 접촉을 하지 말라고 당부한다. 여성과의 신체적 접촉은 불경하기 때문에 몸가짐을 조심하라는 것이다. 여성의 몸을 성적으로 바라보고, 남성 승려의 수련에 방해가 되는 것으로 해석하는 것이다. 태국 불교가 성적으로 평등한 종교인지 질문하게 되는 이유다.

불교, 가족, 여성

태국의 가족에서 남성의 역할은 생계부양자로서 돈을 버는 것이고 여성의 역할은 가사노동과 양육을 책임지는 것이다. 하지만 젊은 부부들은 맞벌이를 하며 함께 가사노동과 양육을 책임진다. 태국 여성들은 전통적으로 아들, 오빠, 남동생이 승려로서 출가를 결심할 때 그의 결정을 지지하면서 가족의 생계를 떠맡는다. 출가는 가문의 명예인 동시에 종교적인 의미에서 보다 나은 삶을 살고자 하는 숭고한 결정이기 때문이다.

태국의 어머니들은 불교 신자로서 승려가 되겠다는 아들의 결정에 반대하지 않고 운명으로 받아들인다. 아들의 출가와 동시에 여성들은 가족의 생계를 책임지며, 궁극적으로 출가한 승려들의 생계를 경제적으로 후원한다. 태국의 승려들은 탁발을 통해 생활한다. 이러한 측면에서, 태국 불교가 여성에게 출가를 허락하지 않는 것은 생계부양의 짐을 여성에게 부과하는 억압적인 구조를 지지하는 결과를 낳는다.

한편, 태국 여성들은 남편의 외도에 대해 관용적이지 않다. 이들이 이혼을 결심하고 한부모의 삶을 선택하는 배경에는 친정어머니와 자매들의 지지가 있다. 이러한 상황은 모계 중심 가족을 형성하게 하고, 가족, 공동체의 차원에서 여성의 권력을 창출하고 모녀 관계를 강화한다. 태국에서 딸들은 결혼 여부와 상관없이 어머니를 자신이 보살펴야 한다는 강한 책임감을 갖는다. 가족과 떨어져서 사는 독신 여성들은 고향의 부모에게 생활비와 의료비를 송금한다. 결혼 후에는 노부모를 보살피기 위해 남편과 함께 친정으로 돌아오기도 한다.

태국의 모계 가족은 유교 문화의 영향하에서 아들, 며느리가 노부모를 보살펴야 한다고 생각하는 한국의 부계가족과는 차이가 있다. 하지만 이러한 가족제도가 여성에게 권력과 자원을 제공한다고 단순하게 해석할 수만은 없다. 여성에게 생계부양의 의무를 부과해 희생과 고통을 요구하는 측면이 있기 때문이다.

여성의
영성 생활

태국에서 여성은 공식적으로 승려가 되지 못한다. 승려보다 낮은 지위로서 흰 옷을 입고 수도 생활을 할 수 있지만 승려가 될 수는 없다. 여성들은 참선을 하며 영적인 충만함을 경험하지만 여성의 승직 제한에 대해 문제를 제기하지는 않는다. 비록 승려가 되지 못해도 참선을 하고 신자들을 교육할 기회를 갖기 때문에 현실에 순응한다.

남편의 외도와 폭력, 성차별로 상처 받은 여성들은 참선을 통해 참자아를 만나고 새로운 진리와 지혜를 발견한다. 이러한 영적 기쁨은 종교에 대한 만족으로 이어지고 여성이 승려가 되지 못하는 구조적인 성차별을 인식하지 못하게 한다. 그들에게 여성이 승려가 되지 못하는 것은 그다지 중요한 문제가 아니다. 명상을 통한 깊은 영적 체험으로 만족하기 때문이다.

여성 신자들은 어떻게 여성이 승려가 될 수 있느냐고 반문하고 이성애적 관점에서 여성이 승려가 되어 남승과 함께 공동생활을 한다면 성 문제가 발생할 것이라고 우려한다. 이러한 사고는 남성중심적인 영적 수련에 기반을 둔다. 하지만 불심 깊은 여성 신자들은 허락되기만 한다면 승려가 되고 싶어 한다. 좀 더 체계적으로 깊이 있는 영적인 수련을 받고 싶기 때문이다.

하지만 고령자들은 여성이 승려가 될 수 있다는 사실을 완강히 부인한다. 이들은 전통이라는 이름으로 전례 없는 일을 허용할 수 없다고 생각한다. 나이 든 남성뿐 아니라 나이든 여성들도 이러한 생각에 동조한다. 이들은 불심이 깊은 만큼 불교에서 허용하는 직분에 만족하고 교계 질서에 순응하기 위해 노력한다. 이 과정에서 성차별적인 전통은 유지되고 재생산된다.

태국 남성들은 적게는 한두 달에서 수년 동안 승복을 입고 절에서 생활한다. 이들은 승려 생활을 통해 보다 나은 삶을 발견하고 일상생활로 돌아와서도 바쁜 가운데 매일 참선의 시간을 보내려고 노력한다. 남성들은 승려 생활을 가장 행복한 시절로 회고하기도 한다.

하지만 모든 태국 남성이 출가에 찬성하는 것은 아니다. 이들은 일시적 승려 체험에는 찬성하지만, 가족에게 무거운 짐을 지우는 출가는 원하지 않는다. 특히 가난한 집안의 남성이 승려가 될 경우, 그 가족이 짊어져야 할 책임은 무척 크기 때문이다.

한편 집안이 가난해 어려서부터 부모님에 의해 절로 보내져 승려가 되는 사람도 있다. 이들은 성장하면서 승려의 행동에 실망하거나 다른 삶을 살고 싶어 환속한다. 모든 승려가 모범이 되는 것은 아니기 때문이다. 승려가 술, 마약 거래, 부패와 연관되기도 한다. 이러한 승려들의 도덕적 타락에 실망해 선업을 쌓고 자기 수련을 하고자 절을 찾았던 남성들이 절을 떠나기도 한다.

다마난다Dhammananda는 대학 교수 출신으로 스리랑카에서 계를 받고 태국 최초의 여승이 되었다. 그녀는 치앙마이에 비구니 절을 세우고 여성 수련자들과 생활한다. 하지만 태국의 불교 교단은 여성의 승직을 공식적으로 인정하지 않는다. 다마난다는 다른 나라의 불교계 및 여성 단체와 연대해 이러한 현실에 저항하고 있다. 태국의 여성 신자들은 남성 승려와 동등하게 수련하고 싶어 한다. 이들은 남성들처럼 승려가 되거나 승려 체험을 할 수 있다면 영적인 진보에 중요한 기회를 얻을 수 있을 거라고 생각한다.

태국에서 여성이 승려가 되는 것은 아직까지 허용되지 않는다. 여성이 승려가 될 수 없다는 사실은 종교적인 성차별일 뿐 아니라 사회제도 전반에도 영향을 미친다. 승려가 되고자 하는 태국 여성들은, 한국과 같은 대승불교 전통의 비구니 제도에 영감을 얻고 여성주의자들과 국제적으로 연대하며 희망을 갖고 있다. 이러한 움직임은 미미해 보일지 모르나, 태국이 여성 승직을 허용하고 성평등한 사회로 변화하는 데에 힘을 보태고 있다.

무슬림 여성의
성통제

오늘날 자신의 의사와 상관없이 부모가 원하는 결혼을 해야 한다고 생각하는 사람은 거의 없다. 가문의 이해에 기초하는 전근대적인 결혼 방식은 사라졌다. 내가 좋아하는 사람과 결혼해서 자신의 삶을 주체적으로 기획하는 근대의 낭만적 사랑은 환상일지라도, 어느 누구도 자신이 원하지 않는 사람과 결혼해서는 안 된다. 결혼은 개인의 자유로운 선택이어야 한다.

하지만 무슬림 여성들은 여전히 가족의 요구에 따라 강제로 결혼을 한다. 약혼하지 않은 상태에서 남성과 데이트하고 애정을 표현하는 경우 가문의 명예를 더럽혔다는 이유로 폭력을 당하고 자살을 강요당하기도 한다. 여성이 다른 남성과 외도를 했을 경우 후견인이 그 여성을 살해해도 죄가 성립되지 않는 관습은 명예살인이라는 악습으로 남았다.

명예살인이란 여성이 혼전 성관계를 갖거나 외도를 한 경우 가족의 명예를 더럽혔다는 이유로 공동체의 구성원이 살해하는 것이다. 공동체의 질서를 유지하기 위한 것으로 관습법에 의해 지지를 받으면서 가해자의 처벌을 면제하고 피해자의 고통을 간과해왔다.

사랑하고
결혼할 권리

2017년 파키스탄에서는 강제 결혼을 당한 20세 신부가 남편과 친척 15명을 독살하는 사건이 일어났다. 그녀는 사랑하는 사람이 있었지만 가족의 강요로 다른 남자와 결혼할 수밖에 없었다. 결혼 이후 수차례 도망가려 했지만, 계속 붙잡혔다. 결국 그녀는 결혼에서 벗어나기 위해 남편과 친척들에게 독극물을 넣은 요구르트를 먹였다. 이 사건은 전 세계인을 충격에 빠뜨렸고, 무슬림 문화의 강제 결혼, 조혼 등으로 인해 여성들이 겪는 고통을 다시 한 번 생각하게 했다.

몇몇 무슬림 국가의 여성은 오늘날에도 자신의 의사에 반해 결혼을 한다. 결혼을 거부하면 명예살인으로 희생당하기도 한다. 파키스탄에서 소셜 미디어 스타였던 26세 여성은 자택에서 숨진 채로 발견되었다. 그녀는 성평등에 관한 발언을 주저하지 않았고, "파키스탄이 크리켓 대회에서 우승하면 스트립쇼를 하겠다"고 하거나 라마단 기간에 남성 성직자와 호텔에서 셀카를 찍어 올리는 등 파격적으로 행동했다. 이것은 무슬림 여성으로서 성적 금기를 깨는 행동이었다. 평소 그녀는 여성으로서 자신의 삶에 대한 결정과 선택을 강조하면서 소셜 미디어에서 적극적으로 활동했다. 그러나 그녀의 행동은 오빠에 의해 저지되었다. 오빠는 가족의 명예를 위해 여동생에게 약을 먹이고 목을 졸라 살해했다고 자백했다. 사회적 규제에서 자유롭기를 원했던 무슬림 여성이 명예살인의 희생자가 된 것이다.

그녀의 희생을 슬퍼하는 사람들은 명예살인을 사회적 쟁점으로 인식하게 되었고 파키스탄에서 상하원 만장일치로 명예살인을 금지하는 법안이 통과되었다. 하지만 이 법이 제정된 이후에도 여성들은 여전히 명예살인을 당한다. 관습법의 영향 아래 강제 결혼이 자행되고 여성에게 사랑할 권리와 결혼 선택권은 주어지지 않는다.

유명한 명예살인의 일화는 사우디아라비아 미샤 공주의 사랑과 죽음이다. 미샤 공주는 레바논 유학 중에 레바논 청년 카할레드 세르와 사랑에 빠진다. 공주는 왕족으로서 가족이 정해준 정혼자가 있었지만 사랑하는 사람이 있는 상태에서 다른 남성과 결혼할 수 없었다. 그녀는 연인과 도피를 감행했다. 하지만 이들은 사우디아라비아로 잡혀 왔고 연인은 공개 처형을 당했다. 상류층임에도 자신의 사랑을 고집했던 공주 또한 처형당했다. 이 내용은 1980년 영국의 한 방송사를 통해 소개되었고 영국과 사우디아라비아 간의 심각한 외교 문제로 확대되기도 했다.

또한 유럽으로 이주한 무슬림 가족은 여성들이 자유연애를 하지 못하도록 감시한다. 딸, 여동생이 성적으로 정숙하지 못하다고 판단하면 아버지, 오빠는 전통의 이름으로 명예살인을 저지른다. 유럽의 무슬림 여성들은 혼전 성관계를 금지하고 정숙한 여성상에 의미를 부여하는 가부장제 가족과 성에 대해 스스로 결정하고 선택할 수 있는 유럽 문화 사이에서 갈등과 혼란을 경험한다. 또한 이들은 비무슬림 남성들로부터 딸과 누이를 지킨다는 명목으로 가족에게 협박, 감금, 폭력을 당하기도 하고 자살을 종용받거나 살해당한다.

'보호'라는 이름의
통제

가부장제 사회에서 '보호'라는 이름으로 행해지는 여성의 성에 대한 통제는 남성들의 성적 지배와 연관되어 있다. 여성에게는 정숙한 여성상을 요구하고 혼전 성관계, 외도에 대해 가혹하게 처벌하지만 남성의 성에 대한 통제는 그다지 엄격하지 않다. 이들은 남성에게 성적 순결을 요구하지 않는다. 옷차림, 행동 등에 대한 엄격한 통제도 남성에게는 적용되지 않는다.

무슬림 문화권에서는 남녀 구분 없이 외도를 엄격하게 처벌하지만, 여성이 좀 더 가혹하게 처벌받는다. 전통적으로 무슬림 여성들은 결혼 이전에 성관계를 하지 말아야 한다는 사회적 압력을 받는다. 첫날밤 신부가 처녀임을 입증하지 못한다면, 이혼당하거나 명예살인으로 희생당한다.

근본주의 무슬림 국가에서 여성들의 성폭력과 결혼은 연속선에서 발생한다. 2014년 4월 이슬람 극단주의 무장 세력 보코하람은 나이지리아의 학교에서 여학생들을 집단으로 납치했다. 이때 납치됐던 276명의 여학생 중 82명이 2017년 석방되었다. 보코하람에 붙잡힌 여성들은 강제 결혼을 당해서 아이를 출산했고, 결혼을 거부한 여성들은 자살 폭탄 테러의 희생양이 되었다.

가족들은 납치된 여성들이 무사히 돌아오길 기원했지만, 성폭력과 강제 결혼을 당하고 자살 폭탄 테러에 동원되었다는 사실을 듣고 슬픔과 충격에 빠졌다. 또한 가족의 품으로 돌아온 후에도 납치 여성들은 정신적 충격으로 트라우마나 우울증을 겪고 있다. 이들이 그토록 돌아오고 싶었던 집과 가족들의 품에서 편히 쉬면서 상처를 잘 치유하기를 바란다.

한편, 무슬림 문화에서 성폭력과 간통은 여성이 남성을 유혹하거나 정숙하지 못하게 행동한 데서 연유한다고 해석된다. 아프가니스탄의 탈레반 정권하에서 여성들은 성폭력 피해를 당하고도 간통죄로 피소되어 투석형으로 처형되었다. 또한 파키스탄의 10대 여성은 잠자는 사이에 친척에게 성폭력을 당했지만 마을 원로로 구성된 자치 법원에서 투석형을 선고받았다. 그녀의 죄는 친척을 유혹했다는 것이었다. 성관계를 맺은 난잡한 여성으로서 성폭력 피해 여성을 처벌해야 한다는 해석은, 여성을 남성을 유혹하는 존재로 전제하고 여성에게 책임을 전가하는 남성중심 성

문화와 강력하게 연관되어 있다.

2012년 모로코에서 16세의 여성이 남편에게 폭력을 당하는 것을 비관해서 자살했다. 더욱 놀랄 만한 일은 그 여성이 결혼 전 남편에게 성폭력을 당해서 결혼했다는 것이다. 일부 무슬림 국가에서는 성폭력 피해 여성과 결혼하면 죄를 면제받을 수 있기 때문에 성폭력 가해자가 피해자와 결혼하는 경우가 종종 있다. 피해 여성은 성폭력을 당했다는 이유로 사회로부터 비난받고 가족으로부터 명예살인을 당할 수 있기 때문에 죽음과 같은 결혼을 선택하는 것이다.

점차 이러한 악법은 폐지되는 추세이지만, 몇몇 국가에서는 강제 결혼법이 유지되고 있고 강제 결혼을 법으로 금지한 국가에서도 관습적으로 공공연히 강제 결혼이 행해진다. 또한 이렇게 결혼한 여성은 남편과 동등한 관계를 유지하지 못하고 폭력을 당하기도 한다.

무슬림 문화에서 여성들은 자신의 성에 대해 결정권을 갖지 못한다. 여성들의 성에 대한 결정권은 보호라는 명목하에 남성들에게 주어져 있다. 여성들은 가문의 명예를 위해 성적으로 정절을 지켜야 하고 처벌이나 공격을 받지 않기 위해 조심해야 한다. 그러나 개인적으로 조심한다고 해서 여성들이 위험에서 안전한 것은 아니다.

2011년 이란에서는 간통죄를 선고받은 여성을 투석형이 아니라 교수형으로 처형할 것을 고려했다. 이러한 변화는 투석형의 선고가 야만적이라고 비난하는 앰네스티를 비롯한 세계 인권 단체를 의식한 행동이었다. 그러나 무죄를 주장한 여성들의 목소리에는 조금도 귀 기울이지 않았다.

하이다 모기시Haideh Moghissi에 따르면, 명예살인, 투석형, 베일을 쓰지 않은 여성에 대한 태형은 무슬림 여성의 인권의 상황을 그대로 드러내는 동시에, 국가가 여성에 대한 폭력을 묵인하거나 처벌로서 정당화하는 가부장제의 특성을 보여준다. 하지만 여성들은 죄가 없다. 이들이 남성을 유혹했기 때문에 처벌받는 것이 아니라 남성이 자신의 욕망을 대면하지 못하기 때문에 희생되고 있다.

전통보다 중요한
여성 인권

여성의 할례는 아프리카 일부 국가에서 행해졌지만, 인권과 폭력에 대한 인식으로 사라지는 추세다. 할례는 무슬림뿐 아니라 기독교, 유대교 여성들에게도 행해진 바 있지만, 이슬람의 제도화 과정에서 지역의 관습과 연관되어 지속되어왔다. 특히 이집트인은 여성의 할례를 무슬림의 종교적 관행으로 해석했지만, 2018년 현재 이집트에서는 할례가 법으로 금지되었다.

할례는 여성 성기의 음핵 표피를 잘라내는 의식으로 칼, 면도날, 유리 조각으로 비위생적인 환경에서 마취 없이 진행된다. 여아들은 할례를 하며 극심한 고통 속에 트라우마를 경험한다. 파상풍의 위험, 비뇨기의 문제, 성감의 약화, 난산 등의 어려움을 겪기도 한다. 할례의 목적은 여성의 성기가 더럽다는 전제하에서 생식기를 일부 절단함으로써 청결을 유지하고 정화하며, 아름답게 보이기 위한 것이다. 또한 결혼하기 전까지 성적 순결을 유지하고 공동체의 구성원이 되기 위한 통과의례로서 해석된다.

하지만 여성의 성기를 폄하하거나 혼전 성관계를 금지하기 위함이라는 할례의 목적은 여성의 성에 대한 부정적인 인식과 성통제를 명백히 보여준다. 공동체의 구성원으로서 할례를 실천함으로써 남성과 동등한 지위를 확보하려 하지만, 이러한 행위를 자발성으로 해석할 수 있을지는 의문이다.

2016년 이집트의 병원에서는 17세 여성이 전신마취로 할례를 받다가 사망했다. 그녀의 언니도 이 병원에서 같은 수술을 받았다. 그녀의 부모는 의사, 간호사였고 이 사건으로 부모와 의사는 처벌을 받았다. 이집트는 할례가 불법임에도 공공연히 성행하고 있다. 특히 농촌 지역에서는 전통적인 방법으로 할례가 계속된다.

관습이나 전통의 이름으로 행해지는 의식들은 문화적 특수성, 다양성으로서 존중받아야 한다. 하지만 여성이 그로 인해 고통받고 인권을 침해당한다면, 그러한 폭력은 여성 인권의 이름으로 처벌되고 금지되어야 한다.

유엔 가입국에서는 유엔여성차별철폐협약을 통해 관습보다 여성의 인권을 우선시한다. 국내법과 국제법이 저촉될 경우 상위법인 국제법을 따라야 하기에, 유엔 가입국에서는 명예살인, 할례, 사티 등 전통의 이름으로 이루어지는 여성에 대한 폭력을 처벌한다. 그럼에도 이러한 폭력은 관행으로 지속된다.

전통은 늘 좋은 것이고 유익한 것인가라는 질문에 여성들은 '그렇지 않다'고 답한다. 전통이 폭력, 불의를 내포한다면, 여성은 인간으로서 기본적 권리를 확보하기 위해 전통과 거리를 두어야 한다.

무슬림 여성에
드리운 장막, 히잡

이슬람교는 결혼을 신자의 의무로서 중시하고 독신을 부정적으로 해석한다. 결혼 관계에서 남녀의 성적 욕망을 존중하지만 혼외 관계에 대해서는 엄격하게 처벌한다. 또한 몇몇 이슬람 국가는 일부다처제를 용인하고 있다. 일부다처제는 남편 없는 여성을 구제하는 사회적 장치였다. 남편이 여러 아내를 동등하게 대하지 못할 거라면 결혼해서는 안 된다는 코란의 조항이 있지만, 일부다처제는 남편과의 불평등한 관계, 아내들 간의 복잡한 관계로 인해 여성 억압적인 제도로 해석된다.

이러한 결혼 제도는 남성에게 생계부양을, 여성에게는 아내, 어머니의 역할을 강조함으로써 성별 분업을 정당화한다. 이슬람교는 사회의 요구에 따라 여성도 공적 활동을 할 수 있다고 언급하지만, 남성의 보호 속에서 여성들은 주로 의존자에 머물고 부부 관계, 이혼, 양육권, 상속 등에서 불리한 위치에 놓여 있었다.

여성은 청혼을 거절할 권리가 있지만 결혼할 때는 아버지나 오빠 등과 같은 후견인의 동의가 필요했다. 남편이 원하면 언제든지 이혼할 수 있지만, 아내는 남편이 동의하지 않으면 이혼할 수 없고, 이혼 시 양육권도 가질 수 없었다. 또한 딸의 상속분은 아들의 절반에 해당했다. 심지어 아내가 성관계에 응하지 않거나 남편에게 순종하지 않을 경우 남편은 아내를 때릴 수 있었다.

이슬람 근본주의 조직인 탈레반 정권하에서 아프가니스탄 여성들은 교육과 노동 등 공적 활동이 금지되었다. 남편이 없는 여성들은 구걸하면서 살아가야 했고, 간통이 아닌 성폭력을 당했을 때도 여성은 난잡한 여성으로 오인받아 투석형에 처해졌다.

라티파Latifa는 『빼앗긴 얼굴』에서 탈레반 정권에서 여성 억압의 실태를 자세히 기록한다. 그녀는 대학에 가지 못했고 의사인 어머니와 항공사 승무원인 언니는 일을 할 수 없었다. 여성들은 부르카를 착용해야 했고 매니큐어나 립스틱 등 화장을 하지 못했다. 여성은 남성 의사가 있는 병원에서 치료받거나 출산할 수 없으며, 남성 보호자를 동반하지 않고서는 택시도 탈 수 없었다. 또한 여성은 남자 양복점에 갈 수 없고 상인들은 여성 속옷을 판매할 수 없었다.

현재 대부분의 이슬람 국가에서 조혼은 금지되었고 성차별적인 가족법도 개정되고 있다. 또한 이란과 이집트의 여성들은 히잡을 착용하지만 고등교육을 받고 전문직에서 남성과 동등하게 활동하고 있다.

북아프리카의 이슬람 국가 튀니지에서는 일찍이 여성들의 히잡 착용과 일부다처제가 금지되었다. 또한 2017년 7월 남성과 동등한 상속권을 보장하고 가정 폭력의 피해자를 보호하는 법이 통과되었으며, 9월에는 비무슬림 남성과의 결혼을 금하는 법안이 폐지됐다.

이집트에서는 2000년 지참금을 포기하는 조건으로 아내가 남편의 동의 없이 이혼할 수 있게 되었고, 인도에서는 2017년 8월 남편이 아내에게 이혼 의사를 세 번 통보하면 이혼할 수 있도록 한 무슬림의 이혼법이 폐지되었다. 남편의 이혼 통보로 강제 이혼을 당했던 무슬림 여성 일곱 명의 문제 제기와 여성운동의 지지로 이뤄낸 성과였다.

한편 탈레반 정권하에서 고통을 경험했던 아프가니스탄 여성들이 운영하는 식당이 2017년 8월 처음으로 문을 열었다. 여성의 경제적 자립을 위한 식당은 유례없는 일이다.

히잡의 역설

2017년 뉴욕 패션 위크에서 인도네시아의 디자이너는 아바야와 히잡 등 무슬림 전통 의상을 선보이며, 여성 억압의 상징인 히잡을 패션과 다양성의 상징으로 재조명했다. 몇몇 사람들은 중동의 상류층 여성들이 베일 아래 값비싼 명품 브랜드의 옷을 입고 있을 거라고 상상한다. 이러한 변화는 검은색으로 상징되는 무슬림 여성에 대한 고정관념을 깨뜨리고 있다.

그럼에도 이슬람 국가에서는 여성들의 복장을 규제하고 처벌한다. 이란, 파키스탄 등에서는 찢어진 청바지를 입은 여성에 대해 불편한 심기를 드러낸다. 2017년 이란 정부는 무슬림의 존엄에 어긋나기 때문에 여성에게 찢어진 청바지를 판매하는 의류 업체와 상점을 단속하겠다고 선언했다. 사우디아라비아에서는 유적지에서 탱크탑과 미니스커트를 입고 거리를 활보하는 동영상이 찍혔다는 이유로 한 여성을 체포했다. 다행히 세계 여론을 의식한 탓에 이 여성은 처벌받지 않았다.

한편 세계화 시대에서 히잡을 쓴 여성에 대한 태도는 다문화적 감수성을 요구한다. 한국의 남성 아이돌 그룹 방탄소년단은 싱가포르 팬미팅에서 신체적 접촉을 하지 않으면서도 자신들과 셀카를 찍을 수 있도록 히잡을 쓴 무슬림 여성 팬을 배려했다. 다른 한국의 아이돌 그룹이 말레이시아에서 히잡을 쓴 여성을 껴안는 팬서비스를 한 것이 논란이 된 후의 일이었다. 방탄소년단의 사려 깊은 행동을 칭찬하는 내용으로 보도되었지만 이는 무슬림 여성에게 가해지는 성적 통제를 단편적으로 보여준다.

복장에 대한 성별 규범은 가부장제의 시선과 여성에 대한 성통제와 관련된다. 여성에 대한 성통제는 무슬림 문화뿐 아니라 모든 문화권에 적용된다. 무슬림 여성들은 히잡 착용이 여성의 성 상품화와 성적 대상화에서 자유롭게 하며, 인격적인 존재, 공동체의 구성원, 주체적인 존재가 되게 한다고 역설한다.

애니메이션 〈페르세폴리스〉는 여성의 경험을 기초로 가족사를 통해 이란의 근대사를 보여준다. 독립적이고 자유로운 여주인공은 대학 수업에 늦어 히잡을 쓰고 뛰어가다 경찰에게 지적을 받는다. 온몸을 천으로 가렸지만 뛰는 것은 여성의 몸매를 육감적으로 보이게 하기 때문에 조심해야 한다는 것이다. 히잡을 쓴 여성은 정숙하기 때문에 보호받는다는 논리에 의문이 든다.

히잡을 쓴 여성은 몸으로만 존재하며 물신화된다. 여성의 몸은 너무 아름다워서 가족만 볼 수 있다는 히잡 착용의 논리는 여성을 남성을 유혹하는 성적 대상으로 규정하고, 보호라는 미명 아래 여성의 성을 통제하는 한계를 보여준다.

이슬람 국가에서는 여성에 대한 보호라는 의미를 부여하지만 히잡을 쓰지 않은 여성에게는 공격과 처벌을 가한다. 히잡은 그 여성의 보호자인 남성의 명예를 상징하며, 히잡을 안 쓴 여성에게는 남성들의 성적 접근이 허용된다.

한편 유럽이나 북미 국가에서 히잡을 쓴 여성은 무슬림 혐오, 인종주의로 인해 폭력에 노출되고, 테러리스트로 오인받아 위험에 처하기도 한다. 이주민과 선주민의 갈등이 심화되는 상황에서 히잡을 쓴 여성들은 무슬림의 모순을 상징하거나 폭력의 피해자로 재현된다. 인도네시아에서는 히잡을 쓴 여성이 자살 폭탄 테러를 시도하다 실패해 실형을 선고받았고, 케냐에서는 히잡을 쓴 여성이 핸드폰 분실을 신고하러 경찰서를 방문했다가 테러리스트로 오해받아 경찰의 총격을 받고 사망했다.

프랑스를 비롯한 유럽 국가들은 공공장소에서 종교색을 드러내는 복장을 금지하고 있다. 벨기에의 무슬림 여성은 2006년 히잡을 쓰지 말라는 회사의 규정을 어겨 해고당했다. 2017년 3월 14일 유럽연합사법재판소는 기업이 특정한 정치, 신념, 종교적 상징의 복장 착용을 금지한다는 사규가 차별에 해당하지 않는다는 판결을 내렸다. 이는 무슬림 여성의 해고 무효 소송과 연속선에 있기 때문에 무슬림 공동체와의 갈등을 심화시켰다.

프랑스의 무슬림 가족은 부르키니를 입고 수영장에 들어갔다가 벌금을 내고 쫓겨났다. 수영장 측은 부르키니 때문에 물이 더러워져서 청소를 해야 한다고 주장했다. 부르키니가 종교적인 성향을 드러냄으로써 공공질서를 어지럽힌다는 것이었다. 또한 독일에서는 이슬람의 윤리에 따라 딸의 남녀 혼성 수영 수업을 거부한 부모에게 패소 판결이 내려졌다. 프랑스의 식당 주인이 손님인 무슬림 여성들에게 서빙을 거부하는 동영상이 공개되면서 공분을 사기도 했고, 무슬림 여성이 학부모로서 학교를 방문했다가 히잡을 썼다는 이유로 출입을 저지당해 논란이 된 바도 있다.

이러한 상황들은 히잡이 무슬림 여성의 공적 활동을 제한하고 있음을 보여준다. 무슬림 여성들은 무슬림의 정체성을 드러내는 복장 때문에 식당, 학교, 휴양지에서 불이익을 경험하고 있다. 하지만 무슬림 혐오와 인종주의 또한 정치적 중립성과는 거리가 멀고 엄연히 차별에 해당한다.

히잡을
쓰고 벗을 권리

　　　　　서구 남성은 히잡을 쓴 무슬림 여성에게 수동적이고 침묵하는 신비한 이미지를 부여하며 성적 환상을 가져왔다. 히잡을 입히는 것이 서구의 남성으로부터 무슬림 여성을 지키는 방법이라거나 히잡을 벗겨야 무슬림 남성의 억압으로부터 무슬림 여성을 구원, 해방한다는 논리 모두에서 무슬림 여성들의 주체성은 드러나지 않는다.

　서구의 페미니스트들은 문화상대주의나 다문화주의로 여성에 대한 폭력을 용인해서는 안 되며 그보다 여성 인권을 우선해야 한다고 주장한다. 히잡을 쓰지 않으면 처벌을 받는다는 사실은 단순히 복장에 대한 규제를 의미하지 않는다. 히잡은 여성의 몸이 남성의 소유이며 여성에게 성적 정숙함을 요구한다는 것을 의미한다. 이는 무슬림 여성들이 데이트나 성관계에서 성통제를 받고 결혼에서도 불균등한 성별 관계를 경험하는 것과 같은 맥락에 있다.

　히잡은 여성에 대한 성적 통제와 공적 활동의 제한을 의미하므로, 여성의 인권, 여성에 대한 억압과 분리해서 단순히 문화적 다양성이라고만 생각할 수는 없다. 보호라는 미명으로 권력과 자원의 접근을 차단함으로써 남성에 대한 의존과 불평등을 지속하는 결과를 낳기 때문이다.

　하지만 유럽으로 이주한 무슬림 여성들은 무슬림 문화에 귀속되면서도 유럽 문화의 영향을 받는다. 이들은 문화적 차이와 갈등 속에서 평등하고 자유로운 삶을 갈구한다. 유럽에서 히잡을 법적으로 금지할 경우 그들은 아예 바깥으로 나갈 수 없다. 히잡은 무슬림의 상징이지만, 유럽의 무슬림 여성들에게 히잡은 집을 나와 공적 영역에서 활동하게 하는 수단이자 기회이기도 하다. 이러한 점에서 서구의 페미니스트들은 무슬림 여성들의 상황을 세심하게 고려하지 못했다.

프랑스의 무슬림 여성 사업가는 칸영화제가 열리는 칸에서 부르키니 시위를 벌였다. 그녀는 무슬림 혐오에 반대하고 복장에서 표현의 자유를 강조했다. 그녀는 "히잡이나 니캅을 좋아하지 않지만 강제로 이를 못 입게 한다면 시민의 자유에 대한 권리 침해"라고 주장했다.

무슬림 여성 선수들은 히잡을 쓰고 국제경기에 참여한다. 카타르의 여성 농구선수들은 히잡을 쓸 수 없다는 규정에 따라 2014년 인천아시안게임에 출전하지 못했다. 히잡 금지 규정은 신체 접촉이 많은 종목의 특성상 부상의 위험을 줄이기 위한 것이었지만, 무슬림 여성 선수들의 경기 참여를 제한했다. 이후 이들은 공식적으로 문제 제기를 했고 헤드기어를 착용할 수 있도록 규정을 바꾸었다.

육상선수 사라 아타르Sara Attar와 유도선수 우잔 사크라니Wojdan Shaherkani는 사우디아라비아의 여성 대표로 히잡을 쓰고 최초로 런던올림픽에 출전했다. 사라 아타르는 히잡을 쓰고 팔, 다리를 모두 가리는 옷과 바지를 입고 훈련했고 경기에 참여했다. 비록 메달을 따지는 못했지만 그녀는 올림픽에 참여한 것을 영광스럽게 생각했고 사우디아라비아 소녀들에게 새로운 역할모델을 제시했다.

현재 무슬림 여성 선수들은 히잡을 착용하고 펜싱, 유도, 태권도, 레슬링 등의 다양한 종목에서 활동하고 있으며, 유명 스포츠 브랜드는 무슬림 여성 선수를 위한 프로 히잡을 판매하기로 결정했다.

히잡을 써야 하는 상황은 강제적이고 억압적 측면이 있지만, 히잡을 쓰는 행위를 단순하게 해석해선 안 된다. 히잡은 무슬림 여성들에게 하나의 기회이고 종교적 정체성을 지키며 성차별에 저항하는 통찰력을 제공한다.

히잡을 쓴 말레이시아 무슬림 페미니스트들은 경전을 재해석하고 신앙의 이름으로 권리와 평등을 위해 싸우고 있다. 또한 노벨 평화상 수상자이자 이란 최초의 여성 판사인 시린 에바디Shirin Evadi는 법무부 조사국 직원으로 강등되었다가 현재 인권 변호사로 일하고 있다. 그녀는 히잡을 쓰길 원하지 않았지만 무슬림 정체성을 바탕으로 불의에 맞서 싸우면서 여성과 아동의 인권을 위해 힘쓰고 있다.

무슬림의 정체성은 여성들에게 억압만이 아니라 불의한 가부장제에 저항하게 하는 힘의 원천이다. 이러한 측면에서 히잡 착용의 사회적 함의에 대해 다면적으로 이해해야 한다. 히잡을 쓰

고 벗는 문제는 무슬림 여성들이 주체적으로 결정할 사안이고
권리다.

여성들의 축제,
모든 이의 축제

　　지역 주민들은 전통 축제를 통해 휴식을 취하면서 자신의 삶을 돌아본다. 주민들은 의례에 참여해 평안을 기원하고 놀이를 통해 일탈과 해방감을 경험한다. 또한 공동체의 단합을 체험하는 계기가 되기도 한다.

　하지만 축제에서 지역 여성들은 배제되어 왔다. 부정 탄다는 이유로 여성은 신이나 초월적인 존재를 모시는 종교적 의례에 참여할 수 없었고, 어떤 지역은 출입 자체가 허용되지 않았다. 전통 놀이 또한 남성 간에 팀을 나누어 경쟁하는 것이었기에 여성은 보는 것에 만족해야 했다. 여성은 축제를 위해 음식을 준비하고 접대하는 일을 도맡았다.

　세계 각국은 지역 축제를 관광 상품화한다. 축제는 정부와 지방자치단체에 의해 기획되며, 외국인 방문객들의 이목을 집중시키기 위해 공연, 퍼레이드, 미인 대회 등의 거대 행사를 중심으로 구성된다. 축제의 상품화는 지역 경제에 도움이 될지 모르나 개발로 인한 환경오염과 지역민의 소외를 초래함으로써 지역 주민의 삶의 질에 부정적인 영향을 미친다.

지역 여성들은 방문객들을 대상으로 요리, 세탁, 청소 등의 서비스를 제공한다. 이들은 리조트, 호텔, 식당 등에 고용되지만, 저임금의 열악한 환경에서 일하고 있다. 또한 남성 방문객들은 여행지에서 일시적인 연애를 하거나 성매매를 하는 등 지역 여성들을 성적 대상화하고 착취한다.

최후의 만찬에서 예수는 제자들과 함께 식탁에 앉아 식사를 했다. 이별, 체포, 죽음이라는 슬픈 날을 앞두고 예수는 사랑하는 제자들과 시간을 보내고 싶었다. 하지만 최후의 만찬을 재현한 작품에서 여성은 보이지 않는다. 여성들은 부엌에서 음식을 만들어 식탁으로 나르고 있었을 것이다. 하지만 이러한 모습은 성서나 성화에서 생략되어 있다.

축제는 모든 이를 위한 것이어야 한다. 하지만 여성은 열심히 일하면서 축제에서 소외된다. 여성을 위한 축제란 무엇이고, 어떻게 해야 모든 이가 참여하고 즐기는 축제를 만들 수 있을까.

누구를 위한
축제인가

한국에서 미스코리아 대회는 여성운동의 영향으로 공중파 방송에서 사라졌다. 미스코리아 대회는 여성의 몸을 치수화해서 미의 기준을 제시하고 참가자들의 미모를 경쟁시

킴으로써 성 상품화, 외모중심주의. 성형수술을 조장한다는 비판을 받았다. 그럼에도 미스코리아 대회는 미인 대회 가운데 최고의 권위를 드러내며 여전히 진행되고 있다. 대회의 수상자는 대중의 관심을 받으며 한국의 대표 미인으로서 자긍심을 가진다.

지방자치단체의 지원을 받아 개최되는 미인 대회는 지역 축제의 꽃으로 인식되었다. 여성의 성을 상품화한다는 비판에 대해 지방자치단체는 수영복 심사를 하지 않으며 지역 미인을 선발하는 것이 지역의 좋은 이미지를 홍보하는 데 도움이 된다고 말한다. 여성 참가자의 부족, 여성주의적 비판을 수렴한 결과로 미인 대회를 마라톤 대회처럼 지역민 모두가 즐길 수 있는 행사로 대체한 곳도 있지만, 여전히 몇몇 지역 축제는 화려한 볼거리를 제공한다는 이유로 미인 대회를 개최한다.

태국의 축제에서도 미인 대회는 거리 행진, 공연과 더불어 이목을 집중시키는 주요 행사 중 하나다. 전통 의상을 입은 여성들은 관광객들 앞에서 미소와 친절이라는 태국의 이미지, 수동적이고 부드럽고 상냥하며 연약한, 전통적인 여성상을 재현한다.

여성들이 미인 대회에 참여한다 하더라도, 미인 대회를 여성을 위한 행사로 해석할 수는 없다. 미인 대회 참가자들은 남성을 위한 관음적 욕망의 대상일 뿐, 주체적으로 축제를 즐기지는 못한다. 몇몇 미인 대회는 여성 신화나 여성 인물을 추모하고 기념하기 위한 행사로 거행되지만, 전통적인 여성상의 재현에 그치고 있다. 따라서 여성들을 권력화하는 역할모델로서 여신의 재현이 필요하다.

여성 인물과 신화를
재해석하는 축제

여성을 위한 축제는 여성 인물과 신화를 재해석하고 귀감이 될 만한 인물을 재현한다. 가부장제 사회에서 비가시화되었던 여성 인물과 신화를 발굴하고, 이들의 경험에 기반해 서사를 재구성하여 공연을 하거나 창작물로 만들어 발표, 전시하는 행사다. 가부장제에서 억압되었던 여성들에게 자신의 삶을 표현하고 치유하는 장을 마련해줄 뿐 아니라 사회 변화의 가능성을 보여준다. 또한 여성이 창조성과 상상력을 발견하고 발현할 수 있는 여성주의 문화 공간을 창출할 수도 있다. 김해 허황옥 실버문화축제와 강릉 허난설헌 문화제는 그 대표적인 예다.

허황옥 축제는 김해 여성들이 1996년부터 할머니의 날에 기념행사를 해오다가 2003년 허황옥 실버문화축제로 탄생됐다. 허황옥은 인도 출신으로 가야의 김수로왕과 결혼하여 왕비가 되었다. 허 왕후는 남편 김수로왕과 함께 정치에 참여해 여성의 리더십을 보여주었다. 그녀는 김수로왕과 평등한 부부 관계를 형성했고 아들에게 자신의 성姓을 물려주는 모가장의 권위를 보여주었다.

지역 여성, 특히 노인 여성들은 허 왕후를 기념하기 위해 실버노래자랑, 실버합창제, 실버댄스대회, 사진전, 시화전, 가무제 등의 행사를 개최한다. 2012년 지방자치단체의 예산 삭감으로 규모가 축소되었지만, 여성 단체에 의해 현재까지 축제의 명맥이 이어지고 있다. 지방자치단체가 주도하는 축제보다는 지역 여성들이 중심이 되는 여성주의 문화 공간을 창출하는 것이 바람직하다. 지역 축제는 아래로부터 수렴되는 다양하고 자발적인 방식의 자기표현을 위한 공간이 되어야 한다.

한편 강릉의 허난설헌 문화제는 허균, 허난설헌 남매의 추모제에서 출발했다. 오빠 허균은『홍길동전』을 썼고, 여동생 허난설헌은 시서화에 능했던 비운의 예술가로 알려져 있다. 그녀는 뛰어난 문학적, 예술적 재능을 타고났으나 여성이라는 한계에 부딪쳐 고통 속에 살다 짧은 생을 마쳤다. 지역 여성들은 두 남매의 추모제를 지내다가 허난설헌의 삶을 연민하면서 영정 봉인식을 거행하고 동상을 제막했다. 허난설헌 문화제는 헌다례, 백일장, 시 낭송회 등으로 구성되며, 지역의 대표 문예 축제로 자리매김했다.

여성의 놀이 공간으로서
문화

전통 축제는 여성의 외출이 허용되지 않았던 시절에 여성들에게 해방과 일탈의 공간을 제공했다. 강강술래는 여성들의 놀이로 공동체의 유대를 강화하는 기능을 했다. 박동준은 『축제와 엑스터시』에서 강강술래 같은 군무가 운동선수와 관객들이 느끼는 일체감과 해방감을 선사한다고 강조한다.

축제에서 여성들은 적극적으로 놀이와 의례에 참여함으로써 카타르시스를 느끼고 자신의 삶을 돌아보는 시간을 가져야 한다. 하지만 여성은 상품화된 축제에서 방문객들을 대접하기 위해 봉사하고 지역과 국가 경제에 이바지하지만 참여에서 소외된다. 이러한 관점에서 여성이 적극적으로 참여하고 즐길 수 있는 다양한 축제를 창출해야 한다.

서울국제여성영화제(이하 '여성영화제'로 표시)는 여성이 만들고 참여하는 여성의 축제다. 이 영화제는 1997년 '여성의 눈으로 세상을 보자'라는 캐치프레이즈를 내걸고 시작했다. 영화평론가이자 대학교수인 변재란은 "평등한 문화 예술 정책에 기여하고 문화 생산자와 소비자로서 여성의 참여를 고무하면서 여성주의 가치를 확산시켰다"고 여성영화제의 성과를 평가한다.

지금까지 영화에 재현되는 여성은 남성 욕망의 대상이었고 여성의 고통과 불편한 경험들은 남성의 시선으로 왜곡되어 표현되었다. 하지만 여성영화제를 통해 여성 감독이 성장했으며, 이는 여성의 경험을 설명하고 여성의 욕망을 재현하는 영화가 제작되는 데에 기여했다. 재정적인 문제와 지속적인 성장의 과제는 남아 있지만 여성영화제는 20년 동안 여성들의 축제, 놀이 공간으로 정착했다.

한마당에는 가난한 자들과 몸이 불편한 자들과 저는 자들과 맹인들이 초대받았다. 이 사람들은 기꺼이 초대를 받아들일 것이고 마음껏 축제를 즐길 준비가 되어 있다. 무엇을 위한, 누구를 위한 축제를 만들 것인가. 역사적 예수는 술 마시고 취하고 놀 줄 아는 사람이었다. 그러나 그는 늘 약자에게 눈길을 보냈고 본인의 모든 능력을 아낌없이 베풀 줄 아는 사람이었다.

김홍열, 『축제의 사회사』

김홍열은 예수의 축제를 이상적인 축제로 제안한다. 예수는 가난한 자들과 아픈 자들과 소외된 자들과 함께 먹고 마심으로써 모든 이를 위한 축제를 즐겼다. 이와 같이, 여성들의 축제는 여성이 남성을 위해 보조적인 역할을 하는 것이 아니라, 의례와 놀이에 적극적으로 참여하고 해방감과 일탈을 경험할 수 있어야 한다. 가부장제에서 억압되었던 여성들이 상처를 치유하고 정화하며, 상상력을 마음껏 표현할 수 있는 공간이 되어야 한다. 또한 여성이 생명력을 얻는 열린 공간이 되어야 한다. 이러한 조건을 갖출 때만이 여성의 축제이자 모든 이를 위한 축제가 될 수 있다.

말할 수 없는 고통에
귀 기울이기

나는 가톨릭교회에서 열정적으로 활동하지 않는다. 주일 미사에 나가고 때때로 평일 미사에도 참여하고 묵주기도도 하고 고해성사도 보고 피정도 가지만, 어느 모임에도 소속되어 있지 않다. 모임에 소속되지 않은 것은 개인주의의 성향이 강하기 때문이기도 하지만 남성중심 문화와 여성 신자들과의 관계에서 불편함을 느꼈기 때문이다.

또한 나는 현재 가톨릭 내의 여성주의 모임에도 참여하지 않는다. 여성주의에 관한 나의 관심은 종교와 영성으로부터 시작되었지만 지금은 어떠한 공식적인 활동도 하지 않는다. 그럼에도 내가 감히 이러한 책을 쓴 이유는 종교 생활을 하면서 겪는 불편한 경험 때문이다.

나는 폭력을 당하면서도 가족을 지키기 위해 집을 나오지 못하는 여성 신자들을 만났고, 성폭력으로 임신해도 낙태를 해선 안 된다고 주장하는 신학자나 신부님의 강의에 공감하지 못하고 혼란스러워하는 여성 신자들을 만났다. 또한 사제와 친하게 지냈다는 이유로 '신부를 유혹한 나쁜 여성'으로 억울하게 비난받은 젊은 여성 신자도 만났다. 성직자로부터 반말을 듣거나 의견이 무시당할 때 분노하는 중노년 여성 신자들도 만났다. 친근감의 표시로 손을 잡거나 껴안고 안마를 해달라는 남성 성직자나 수도자를 만나기도 했다. 단호하게 거절하거나 소극적으로 저항하던 나와 달리, 남성 성직자나 수도자들에게 사랑과 인정을 받고자 정성스럽게 안마를 하던 여성 신자를 만난 적도 있다. 이 책에는 그러한 나의 개인적인 경험이 반영되어 있다.

나는 생명을 존중하고, 폭력이나 전쟁을 싫어한다. 하지만 성과 가족에 대한 교회의 가르침에 대해서는 찬성하지 못하는 부분이 있다. 생명을 논의하는 방식은 늘 거룩해 보인다. 낙태의 문제를 차치하고서라도, 여성주의자들은 아동, 장애, 노인 등의 복지를 위해 싸우는 사람들에 비해 공감을 얻지 못한다. 말하지 못하는 고통으로 상처 받은 여성들의 경험을 설명할 수 없다면 어떤 여성이 종교를 통해 자유와 해방을 누릴 수 있겠는가.

종교와 페미니즘의 동행은 쉽지 않다. 마녀, 이단이라는 낙인을 받으면서도 저항해왔던 메리 데일리와 같은 선배 여성주의자들의 용기에 박수를 보내고 싶다. 나는 그들에 비해 용기가 없고 사람들과 싸울 만큼 에너지가 넘쳐나지도 않는다.

그럼에도, 나는 아무도 눈길을 주지 않는 여성의 고통, 말할 수 없는 고통에 귀 기울여야 한다고 생각한다. 그것이 진정으로 나 자신을 찾는 길이고 구원과 해방의 길이라고 믿기 때문이다.

이 책을 통해 우리 안의 마리아 막달레나와 하와를 발견하기 바라며…….

참고문헌 및
《공동선》 게재 호

1장. 당신은 누구의 하느님입니까

• 종교는 성차별적 제도인가 (2011년 3-4월호)

거다 러너, 『역사 속의 페미니스트』, 김인성 옮김, 평민사, 2007

한국유교학회, 『유교와 페미니즘』, 철학과현실사, 2001

마리아 루이사 벰베르그 감독, 〈나는 모든 여자 중에 가장 형편없는 여자〉, 아
르헨티나, 1990

• 주님은 페미니스트? 성차별주의자? (2015년 9-10월호)

김현, 「미 가톨릭 사제 성폭력 피해자에 잇따라 거액 보상」, 《연합뉴스》,
2015. 5. 19

데이비드 깁슨, 「백악관이 게이 가톨릭 신자들을 프란치스코 교황 환영 리셉
션에 초대하자 보수층이 언짢아하고 있다」, 《허핑턴포스트》, 2015. 9.
22

김지은, 「가톨릭 국가 아일랜드, 동성 결혼 국민투표로 첫 합법화」, 《한겨레》,
2015. 5. 24

김현우, 「교황, '이혼 부부·동성애 커플 자녀들도 찾을 수 있는 가톨릭교회
만들어야'」, 《한국일보》, 2014. 1. 5

배문규, 「교황 '동성애 판단하지 않겠다'」, 《경향신문》, 2013. 7. 30

서유진, 「교황 '낙태 여성 용서'… 1년간 한시적 특별 사면」, 《중앙일보》,
2015. 9. 2

맥키 앨스턴 감독, 〈로빈슨 주교의 두 가지 사랑〉, 미국, 2013

리베카 패리쉬 감독, 〈주님은 페미니스트〉, 미국·이탈리아, 2015

- **성모마리아, 어머니의 전형** (2012년 9-10월호)

에이드리언 리치, 『더 이상 어머니는 없다』, 김인성 옮김, 평민사, 2002

린 램지 감독, 〈케빈에 대하여〉, 영국, 2011

경순 감독, 〈쇼킹 패밀리〉, 한국, 2006

- **착한 여자라는 환상** (2012년 11-12월호)

진 시노다 볼린, 『우리 속에 있는 여신들』. 조주현 옮김, 또하나의문화, 1992

찬드라 탈파드 모한티, 『경계 없는 페미니즘』, 문현아 옮김, 여이연, 2005

- **당신은 누구의 하느님입니까** (2013년 5-6월호)

메리 데일리, 『하나님 아버지를 넘어서』, 황혜숙 옮김, 이화여대출판문화원,
1996

- **낳지 않을 권리를 허하라** (2018년 3-4월호)

「2018 생명을 위한 행진」, 《가톨릭신문》, 2018. 1. 24

「가톨릭, 리더를 만나다 26」, 《평화신문》, 2017. 11. 19

「교황, 성범죄 피해자들에게 말실수 사과」, 《가톨릭프레스》, 2018. 1. 24

「낙태가 여성의 권리?」, 《평화신문》, 2018. 1. 1

「낙태금지 탓… 성폭행범 아이 낳아야 하는 나라」, 《중앙일보》, 2017. 11. 3

「천주교회는 왜 낙태죄 찬반 논란 중심에 서게 됐는가」, 《가톨릭프레스》,
2017. 12. 6

강한, 「김희중 대주교, 어려운 이에게 음식 주는 게 전부 아냐」, 《가톨릭뉴스
지금여기》, 2017. 12. 22

강한, 「천주교 낙태죄 폐지 반대: 주교회의 생명윤리위 입장 발표」, 《가톨릭
뉴스 지금여기》, 2017. 11. 21

강한, 「프로라이프 생명대행진, 미혼부 책임법 요구」, 《가톨릭뉴스 지금여기》,
2015. 4. 13

국기헌, 「당장 떠나라… 못 간다, 과테말라 낙태 시술 국제 여성 단체와 갈
등」, 《연합뉴스》, 2017. 2. 25

김지은·최윤태, 「기독, 천주교 유아 살해… 불교계 현실도 감안」, 《뉴시스》,
2017. 12. 2

김혜지, 「낙태 전면 금지서 전진… 칠레, 부분 합법화에 환호」, 《뉴시스》, 2017. 8. 22

달밤, 「교회는 무엇을 지켰을까」, 《여성신문》, 2018. 1. 22

박효재, 「아일랜드 정부 "낙태 금지 헌법 폐지, 5월 국민투표에서 묻겠다"… 이번엔 통과될까?」, 《경향신문》, 2018. 1. 30

배선영, 「가톨릭 학교와 피임, 낙태 이야기: 서강대, 페미들의 성교육 대관 취소, 다음에는 논의 거치겠다」, 《가톨릭뉴스 지금여기》, 2017. 4. 17

송성철, 「낙태죄 반대 100만 인 서명운동」, 《의협신문》, 2018. 1. 16

염수정, 「2017 성탄 메시지: 하느님께서는 우리에 대한 당신의 사랑을 증명해 주셨습니다」, 《서울주보》, 2017. 12. 24

유세진, 「가톨릭 국가 아일랜드에서 낙태 거부당한 산모, 조산 중 사망… 낙태 허용 논란 가열」, 《뉴시스》, 2012. 11. 15

이광호, 「낙태죄 폐지? 따져봅시다」, 《가톨릭신문》, 2017. 11. 12

이민주, 「낙태 반대만이 생명윤리에 부합하는 것 아냐: 생명윤리 관련 연구자 연대 낙태죄 폐지 찬성 성명서 발표」, 《청년의사》, 2017. 12. 14

이지은, 「브라질 카니발 한창… 가톨릭 대륙서 '지카 낙태론' 고개」, 《JTBC-TV》, 2015. 2. 9

정겨운, 「신부님, 우리들을 감옥에 보내실 건가요?」, 《오마이뉴스》, 2017. 12. 4

정승욱, 「수정되는 순간부터 생명… 낙태는 살인 행위」, 《세계일보》, 2017. 12. 5

정현진, 「문재인과 심상정, 교회의 물음에 답하다」, 《가톨릭뉴스 지금여기》, 2017. 4. 18

최희정, 「폴란드 전역서 낙태 전면 금지 시위」, 《뉴시스》, 2016. 5. 16

편집국, 「가톨릭이 피임을 얘기해야 하는 이유」, 《가톨릭뉴스 지금여기》, 2015. 9. 16

편집국, 「교황, 인공피임 허용 시사: 특정 상황에서 절대악 아니다」, 《가톨릭뉴스 지금여기》, 2016. 2. 19

한수진, 「생명 존귀 몰라 낙태하는 이는 없다」, 《헤럴드경제》, 2017. 11. 30

황계식, 「브라질 여성들 불법 낙태 수술로 하루 평균 4명꼴 숨져」, 《세계일보》, 2016. 12. 19

• **독신과 종교** (2012년 7-8월호)

장 클로드 볼로뉴, 『독신의 수난사』, 권지현 옮김, 이마고, 2006

이화여자대학교 아시아여성학센터, 『글로벌 아시아의 이주와 젠더』, 한울, 2011

Monica Linderberg Falk, 「Women in Between: Becoming Religious Persons in Tailand」, 『Women's Buddhism, Buddhism's Women』, Wisdom Publication, 2000

J. Raymond, 『A Passion for Friends: toward a Philosophy of Female Affection』, Women's Press, 1986

「독신성소란 무엇인가」, 《가톨릭신문》, 2011. 11. 11

• **종교계 미투 운동과 가톨릭 내의 성폭력** (2018년 5-6월호)

강주화, 「종교계로 번진 미투… 경찰 성폭력 신부 내사 착수」, 《국민일보》, 2018. 2. 27

강한, 「좌담, 사제 성폭력 어떻게 볼까」, 《가톨릭뉴스 지금여기》, 2018. 3. 29

권영미, 「간음하지 말라는 종교계, 성폭력 폭로 미투 운동 이어질까」, 《뉴스1》, 2018. 3. 1

김경학, 「주교회의 한○○ 신부 성폭력 사죄」, 《경향신문》, 2018. 2. 28

김채린, 「성폭력 신부 '쉬쉬' 징계 없이 사목 활동 계속」, 「KBS-TV」, 2018. 2. 28

도재기, 「사제의 성범죄 방지 천주교, 특별위 신설」, 《경향신문》, 2018. 3. 9

백성호, 「여신도 성폭력 신부에 천주교 솜방망이 처벌 논란」, 《중앙일보》, 2018. 2. 26

심우섭, 「사제 성폭력 공개 사과…종교계, 미투 바람에 긴장」, 《SBS-TV》, 2018. 3. 1

이랑, 「천주교 미투 2차 가해에 충격, 유언비어·비난에 시달려」, 《KBS-TV》, 2018. 2. 27

이미영, 「성전 정화를 요구하는 여성들의 외침」, 《가톨릭뉴스 지금여기》, 2018. 3. 9

이종섭, 「천주교 대전교구 사제 성폭력 사건 공개 사과」, 《경향신문》, 2018. 3. 7

정현진, 「대전교구 사제 성추행, 정직」, 《가톨릭신문 지금여기》, 2018. 3. 9

한희라, 「남성 성직자 위해 허드렛일… 가톨릭 수녀도 성차별 미투」, 《헤럴드경제》, 2018. 3. 2

홍수빈, 「종교계 미투 운동에 동참하는 위드유 선언 잇따라」, 《중앙일보》, 2018. 3. 13

• **마리아 막달레나와 여성 리더십** (2018년 9-10월호)

박선아, 「마리아 막달레나 신화의 다시 쓰기와 자기 글쓰기」, 《불어불문학연구》 112호, 67-97쪽, 2017

송봉모, 「마르코 복음의 짧은 마무리(16. 1-8)에 대한 재고」, 《신학과 철학》 제17호, 1-31쪽.

송혜경, 「신약 외경에 나타난 마리아 막달레나」, 《가톨릭 신학과 사상》 제 70호, 47-93쪽, 2012

이은기, 「참회의 막달라 마리아」, 《서양미술사학회논문집》 제30호, 99-129쪽, 2009

정기문, 「1-2세기 막달라 마리아의 위상 변화 고찰」, 《역사학보》 제221호, 421-443쪽, 2014

정기문, 「마리아 막달레나 복음서와 남녀 평등의 문제」, 《서양사연구》 제58호, 1-32쪽, 2018

최우혁, 「사도 마리아 막달레나, 사도들의 교회 전통을 새롭게 말하다」, 《가톨릭 평론》 제5호, 153-159쪽, 2016

하희정, 「역사 속의 기독교 여성들: 막달라 마리아와 사라진 '그녀들'」, 《기독교사상》 2012년 1월호, 178-187쪽

김애영, 「여성 안수와 참된 교회 공동체」, 《한국기독교신학논총》 제37권 1호, 301-321쪽, 2005

강한, 「마리아 막달레나, 사도로 재조명」, 《가톨릭뉴스 지금여기》, 2016. 6. 23

박유미, 「그리스도의 사랑이 다그치시니」, 《가톨릭뉴스 지금여기》, 2017. 7. 21

이소영, 「마리아 막달레나 축일 승격 2주년 가톨릭여성신학회 기념 강연 열어」, 《가톨릭신문, 2018. 7. 29

정현진, 「부활의 첫 증인 마리아 막달레나는 사도인가」, 《가톨릭뉴스 지금여기》, 2018. 7. 24

주정아, 「마리아 막달레나 축일에 살펴본 성녀의 역할」, 《가톨릭신문》, 2018. 7. 22

주정아, 「한국가톨릭여성신학회 마리아 막달레나 축일 승격 1주년 기념 강연」, 《가톨릭신문》, 2018. 7. 30

가스 데이비스 감독, 〈막달라 마리아〉, 영국, 2018

론 하워드 감독, 〈다빈치 코드〉, 미국, 2006

굿뉴스 http://maria.catholic.or.kr

2장. 사랑은 혐오보다 강하다

• 여성혐오 사회에서 여성으로 산다는 것 (2016년 11-12월호)

김신현경, 「미소지니를 넘어서기 위해 더 물어야 할 질문들」, 《말과활》 제11호, 114-124쪽, 2016

마사 누스바움, 『혐오와 수치심』, 조계원 옮김, 민음사, 2015

주디스 버틀러, 『혐오 발언』, 유민석 옮김, 알렙, 2016

우에노 지즈코, 『여성 혐오를 혐오한다』, 은행나무, 2012

임옥희, 「나는 페미니스트가 아니지만 증후군」, 『페미니즘의 개념들』, 동녘, 2015

• 사랑이라는 이름의 폭력 (2016년 3-4월호)

이규환, 『스토킹의 심리학』, 미토, 2011

전수영, 『스토킹 범죄』, 한국학술정보, 2009

김정인, 「스토킹과 그 가해자에 관한 소고: 유형과 심리, 사회적 특성을 중심으로」, 《사회과학연구논총》 제19권, 159-195쪽, 2008

김현아, 「스토킹 범죄의 처벌 등에 관한 특례법안에 관한 연구」, 《이화젠더법학》 제7권 1호, 109-137쪽, 2015

이승우, 「사이버스토킹에 대한 법률적 대응 방안」, 《연세 의료·과학기술과 법》 제2권 1호, 229-269쪽, 2011

이원상, 「스토킹 처벌규정 도입에 대한 고찰」, 《형사정책연구》 제24권 2호, 147-180쪽, 2013

정현미, 「여성폭력 관련 입법정책의 문제점」, 《이화젠더법학》 제7권 1호, 51-72쪽, 2015

이덕기, 「이별 통보에 승용차 몰고 식당 돌진 '데이트폭력'」, 《연합뉴스》, 2016. 2. 3

김상범, 「성탄 전야 옛 애인에 '염산 테러', 40대 남성 자수」, 《경향신문》, 2015. 12. 27

나랑, 「스토킹의 공포, 속수무책 당하는 피해자」, 《일다》, 2015. 7. 29

'데이트폭력에 괴물이 된 남자들', 〈PD수첩〉, 《MBC-TV》 2016. 1. 12

이윤정 연출, 〈치즈인더트랩〉, 《tvN-TV》, 2016. 1. 4~2016. 3. 1

• 왜 성희롱을 이야기해야 하는가 (2016년 5-6월호)

무타 가즈에, 『부장님, 그건 성희롱입니다』, 박선영 외 옮김, 나름북스, 2015

Catharine A. MacKinnon, 『Sexual Harassment of Working Womens: A Case Of Sex Discrimination』,Yale University Press, 1979

• 성소수자 차별과 이성애 권력 (2016년 9-10월호)

웬디 브라운, 『관용』, 이승철 옮김, 갈무리, 2010

숨 프로젝트, 『하느님과 만난 동성애』, 한울, 2010

모니크 위티그, 「여성으로 태어나는 것이 아니다」, 『여성의 몸, 어떻게 읽을 것인가』, 한울, 2001

한채윤, 「벽장비우기 레즈비언 섹슈얼리티와 이성애주의」, 『섹슈얼리티 강의, 두 번째』, 동녘, 2006

주디스 햅버스탬, 『여성의 남성성』, 유강은 옮김, 이매진, 2015

러셀 멀케이 감독, 〈바비를 위한 기도〉, 미국, 2009

맥키 앨스턴 감독, 〈로빈슨 주교의 두 가지 사랑〉, 미국, 2013

이영 감독, 〈불온한 당신〉, 2015

장희선 감독, 〈마이 페어 웨딩〉, 2014

• 성에 대한 침묵 (2017년 5-6월호)

십대섹슈얼리티인권모임, 『연애와 사랑에 관한 십대들의 이야기』, 바다출판사, 2016

미셸 푸코, 『성의 역사 1』, 이규현 옮김, 나남, 2004

이동하 감독, 〈위켄즈〉, 2016

안느 퐁텐 감독, 〈아뉴스 데이〉, 프랑스, 2017

• 디지털 성폭력과 여성의 고통 (2018년 7-8월호)

「혜화역 시위 홍대 몰카 수사 규탄, 신촌역은 불꽃페미액션」, 《서울신문》, 2018. 5. 19

이민정, 「현직 사진작가 "비공개촬영회, 예술 빙자한 성욕 채우기"」, 《중앙일보》, 2018. 5. 28

이슬기, 「오해와 불신이 낳은 1만 여성 혜화역 시위"」, 《이데일리》, 2018. 5. 23

임재우, 「무고, 2차 가해… '사진 촬영회 성추행 의혹' 논란 확산"」, 《한겨레》, 2018. 5. 17

정지용, 「혜화역 시위, 남혐 넘쳤다? 서울대 대숲은 논쟁 중」, 《국민일보》, 2018. 5. 20

진주원, 「디지털 성폭력 아웃, 이 싸움에 인생을 걸었습니다」, 《여성신문》, 2016. 12. 7

한상헌, 「경찰, 홍대 누드 크로키 몰카범 구속 상태로 검찰 송치」, 《서울경제》, 2018. 5. 21

홍혜민, 「저는 성범죄 피해자입니다… 유튜버 양예원, 강제 누드 촬영 성폭력 피해 고백」, 《한국일보》, 2018. 5. 17

이선희 감독, 〈얼굴, 그 맞은 편〉, 2016

한국사이버성폭력대응센터 www.cyber-lion.com

한국성폭력상담소 www.sisters.or.kr

3장. 평등하지 않은 사랑, 희생의 굴레

• 왜 우리는 사랑에 목매는가 (2013년 9-10월호)

앤소니 기든스, 『현대사회의 성, 사랑, 에로티시즘』, 황정미·배은경 옮김, 새

물결, 1996

지그문트 바우만, 『리퀴드 러브』, 권태우·조형준 옮김, 새물결, ,2013

울리히 벡·엘리자베트 벡-게른샤임, 『사랑은 지독한 그러나 너무나 정상적인
    혼란』, 강수영·권기돈·배은경 옮김, 새물결, 1999

엄기호, 『이것은 왜 청춘이 아니란 말인가』, 푸른숲, 2010

에바 일루즈, 『사랑은 왜 아픈가』, 김희상 옮김, 돌베개, 2013

슐라미스 파이어스톤, 『성의 변증법』, 김예숙 옮김, 풀빛, 1983

Genevieve Vaughan, 『For-giving: A Feminist Criticism of Exchange』,
    Anomaly Press: Plain View Press, 2005

• 결혼에 대처하는 우리의 자세 (2015년 7-8월호)

울리히 벡·엘리자베트 벡-게른샤임, 『사랑은 지독한 그러나 너무나 정상적인
    혼란』, 강수영·권기돈·배은경 옮김, 새물결, 1999

진모영 감독, 〈님아 그 강을 건너지 마오〉, 2014

• 마이 스위트 홈? (2013년 3-4월호)

정희진, 『저는 꽃을 받았어요』, 또하나의문화, 2001

리타 펠스키, 『근대성과 페미니즘』, 김영찬·심진경 옮김, 거름, 1998

진 시노다 볼린, 『우리 속에 있는 지혜의 여신들』, 이경미 옮김, 또하나의문화,
    2003

Bell Hooks, 『Yearning: Race, Gender and Cultural Politics』, South End
    Press, 1990

• 나의 자궁은 나의 것 (2017년 1-2월호)

마리아 미즈·반다나 시바, 『에코페미니즘』, 손덕수·이난하 옮김, 창비, 2000

손승영, 「한국사회 저출산의 단계별 분석과 젠더 논의」, 《담론 201》 제10권 1
    호, 207-243쪽, 2007

Virginia Held, 『The Ethics of Care』, Oxford University Press, 2006

Laura Purdy, 『Reproducing Persons: Issue in Feminist Bioethics』,
    Conell University Press, 1996

현윤경, 「교황 모든 사제들의 낙태 용서 권한, 무기한 연장」, 《연합뉴스》,

2016. 1. 22

• **위로의 유혹을 견디고 거짓 믿음에 맞서라** (2014년 1-2월호)

클라리사 에스테스, 『늑대와 함께 달리는 여인들』, 이루, 2013

사라 호글랜드, 「레즈비언 윤리학」, 『여성주의 철학 2』, 한국여성철학회 옮김,
　　　서광사, 2005

Nel Noddings, 『Caring: A Feminine Approach to Ethics and Moral
　　　Education』, University of California Press, 2003

연상호 감독, 〈사이비〉, 2013

• **남자들은 왜 여자를 가르치려 할까** (2015년 9-10월호)

리베카 솔닛, 『남자들은 자꾸 여자를 가르치려 든다』, 김명남 옮김, 창비,
　　　2015

조동주, 「담배 피우지 마라, 19세 여알바생 뒷목 주무른 상무에 성추행 인
　　　정」, 《동아일보》, 2015. 8. 4

• **예쁘면 다 괜찮은가요** (2015년 1-2월호)

지그문트 프로이트, 『무의식에 관하여』, 윤희기 옮김, 열린책들, 1997

수전 보르도, 『참을 수 없는 몸의 무거움』, 박오복 옮김, 또하나의문화, 2003

김주현, 『외모 꾸미기 미학과 페미니즘』, 책세상, 2009

4장. 희생했지만 존중받지 못하는

• **아버지의 이름으로?** (2016년 1-2월호)

윤제균 감독, 〈국제시장〉, 2015

조치언 감독, 〈약장수〉, 2015

임흥순 감독, 〈위로공단〉, 2015

• **희생했지만 존중받지 못하는** (2014년 9-10월호)

Ruth Lister, 「Women, Economic Dependency and Citizenship」, 《Journal
　　　of Social

Policy》19(4), 445–467p, 1990

Carole Pateman, 「Equality, Difference, Subordination: The Politics of 'Motherhood and Women' Citizenship」, 『Beyond Equality and Difference』, Routlege, 7–31p, 1992

이동옥, 「한국의 노인성담론에 관한 여성주의적 고찰」, 《한국여성학》 제26권 2호, 41–73쪽, 2010

이동옥, 「여성간의 차이와 노인여성운동의 가능성」, 《여성학논집》 제33집 1호, 69–97쪽, 2016

• **나이 듦을 거부하는 사회** (2014년 5-6월호)

강찬구·전상인·안신현, 「새로운 성장동력으로 부상하는 안티에이징」, SERI 이슈페이퍼, 삼성경제연구소, 2013

크리스티안 노스럽, 『폐경기 여성의 몸 여성의 지혜』, 이상춘 옮김, 한문화, 2002

시몬느 드 보부아르, 『노년』, 홍상희·박혜영 옮김, 책세상, 1994

진 시노다 볼린, 『우리 속에 있는 여신들』, 조주현 옮김, 또하나의문화, 1992

• **죽음이 축제가 되기 위해** (2014년 7-8월호)

아이라 바이오크, 『죽음을 어떻게 살까?』, 홍종현 옮김, 다산글방, 2001

수전 손택, 『은유로서의 질병』, 이재원 옮김, 이후, 2002

수전 웬델, 『거부당한 몸』, 강진영·김은정·황지성 옮김, 그린비, 2013

이지영·이가옥, 「노인의 죽음에 대한 인식」, 《한국노년학》 제24권 2호, 193–215쪽, 2004

엘리자베스 퀴블러로스, ·데이비드 케슬러, 『상실 수업』, 김소향 옮김, 이레, 2007

Kathleen Woodward, 『Aging and Its Discontents: Freud and Other Fictions』, Indiana University Press, 1991

마를린 호리스 감독, 〈안토니아스 라인〉, 네덜란드, 1995

• **여성, 여행을 떠나자** (2017년 3-4월호)

김선화, 「한국 여성의 자유배낭여행 경험을 통해 본 주체성 변화에 관한 연

구: '아시아' 지역을 홀로 여행하는 20~30대 여성들의 경험을 중심으
로」, 이화여자대학교 대학원, 2007

김이순·이혜원, 「여행, 여성화가의 새로운 길찾기」, 《미술사학》 제26호, 399-
427쪽, 2012

김인선, 「배움이 있는 여행, 여행문화를 바꾼다」, 《한국관광정책》 제41호,
24-33쪽, 2010

김현미, 「식민권력과 섹슈얼리티」, 《비교문화연구》 제9권 1호, 175-210쪽,
2003

김희옥, 「여성의 관점에서 본 여행」, 《한국관광정책》 제22호, 45-51쪽, 2005

다비드 르 브르통, 『느리게 걷는 즐거움』, 문신원 옮김, 북라이프, 2014

유코 모리, 『떠나는 것이 두렵지 않다』, 전혜미 옮김, 나우미디어, 1995

서명숙, 『꼬닥꼬닥 걸어가는 이 길처럼』, 북하우스, 2010

임영신, 「대안의 여행, 공정여행을 찾아서」, 《환경과생명》 제61호, 124-143쪽,
2009

셰릴 자비스, 『결혼한 여자 혼자 떠나는 여행, 결혼 안식년』, 김희정 옮김, 여
성신문사, 2004

황안나, 『내 나이가 어때서?』, 샨티, 2005

조준형, 「피해 여성 신고 속출… 대만 택시 관광 성폭행 파문 확산」, 《연합뉴
스》, 2017. 1. 25

장 마크 발레 감독, 〈와일드〉, 미국, 2014

5장. 돌봄의 재발견

• **돌봄의 비호혜성** (2017년 7-8월호)

권수현, 「제도화 과정에서 나타난 돌봄노동의 성격에 관한 연구: 성별화된 관
계노동 특성을 중심으로」, 연세대 대학원 문화학과 협동과정 박사학위
청구논문, 2013

김혜경, 「보살핌 노동의 정책화를 둘러싼 여성주의적 쟁점: 경제적 보상을 중
심으로」, 《한국여성학》 제20권 2호, 75-104쪽, 2004

마경희, 「돌봄철학과 사회적 돌봄 정책 개혁」, 『민주주의 실현을 위한 차기

정부 성평등 정책 토론회』, 42-55쪽, 2017

송다영, 「사회복지부분 돌봄 관련 일자리의 질 저하에 관한 연구」, 《젠더와 문화》 제7권 1호, 7-42쪽, 2014

양난주, 「가족요양보호사의 발생에 대한 탐색적 연구」, 《한국사회정책》 제20 집 2호, 97-129쪽, 2013

이동옥, 『왜 노인보살핌을 두려워하는가』, (주)한국학술정보, 2012

낸시 폴브레, 『보이지 않는 가슴』, 윤자영 옮김, 또하나의문화, 2007

허라금, 「보살핌의 사회화를 위한 여성주의의 사유」, 《한국여성학》 제22권 1 호, 115-145쪽, 2006

허라금, 「여성 이주 노동의 맥락에서 본 보살핌의 상품화」, 《시대와 철학》 제 19권 4호, 231-264쪽, 2008

George J. Agich, 『Dependence and Autonomy in Old Age』, Cambridge University Press, 2003

Goodin Robert E. and Diane Gibson, 「The Decasualization of Eldercare」, 『Subject of Care』, Rowman & Littlefield Publisher, 2002

Virginia Held, 「Non-Contractual Society: A Feminist View」, 『Feminism and Community』, Temple University Press, 1995

Virginia Held, 『The Ethics of Care: Personal, Political, and Global』, Oxford University Press, 2006

Andrea Maihoffer, 「Care」, 『A Companion to Feminist Philosophy』, Blackwell, 1998

Deborah Stone, 「For Love nor Money: the Commodification of Care」, 『Rethinking Commodification: Cases and Reading in Law and Culture』, New York University Press, 2005

Joan C. Tronto, 『Moral Boundaries: A Political Argument for an Ethic of Care』, Routledge, 1993

Genevieve Vaughan, 『Women and Gift Economy: A Radically Different Worldview is Possible』, Inanna Publications & Education, 2007

• **재난 속에서 희망을 발견하다** (2013년 11-12월호)

사라 러딕, 『모성적 사유』, 이혜정 옮김, 철학과현실사, 2002

에이드리언 리치, 『더 이상 어머니는 없다』, 김인성 옮김, 평민사, 1995

웬디 브라운, 『관용』, 이승철 옮김, 갈무리, 2010

리베카 솔닛, 『이 폐허를 응시하라』, 정혜영 옮김, 펜타그램, 2012

Virginia Held, 『The Ethics of Care: Personal, Political, and Global』, Oxford University Press, 2006

Eva Feder Kittay, 『Love's Labor: Essays on Women, Equality, and Dependency』, Routledge, 1999

김성수 감독, 〈감기〉, 2013

• 행복을 여는 두 가지 열쇠, 관계와 배려 (2015년 3-4월호)

넬 노딩스, 『행복과 교육』, 이지헌 외 옮김, 학이당, 2008

사라 러딕, 『모성적 사유』, 이혜정 옮김, 철학과현실사, 2002

Genevieve Vaughan, 『For-giving: A Feminist Criticism of Exchange』, Plain View Press, 2005

스파이크 존즈, 감독, 〈그녀〉, 미국, 2013

• 좋은 아버지란 어떤 사람인가 (2014년 3-4월호)

사라 러딕, 『모성적 사유』, 이혜정 옮김, 철학과현실사, 2002

에이드리언 리치, 『더 이상 어머니는 없다』, 김인성 옮김, 평민사, 1995

김유곤·정윤정 연출 〈일밤: 아빠 어디 가? 시즌 1, 2〉, MBC, 2013. 1. 6~ 2015. 1. 18

김호상 연출, 〈해피선데이: 슈퍼맨이 돌아왔다〉, KBS-2TV, 2013. 11. 3~

고레에다 히로카즈 감독, 〈그렇게 아버지가 된다〉, 일본, 2013

김태윤 감독, 〈또 하나의 약속〉, 2013

후루하타 야스오 감독, 〈철도원〉, 일본, 1999

• 요리하는 남성과 느림의 삶 (2015년 5-6월호)

김호상 연출, 〈해피선데이: 슈퍼맨이 돌아왔다〉, KBS-2TV, 2013. 11. 3~

나영석 외 연출, 〈삼시세끼-어촌편 시즌 1〉, tvN, 2015. 1. 23~2015. 3. 20

신소영 연출, 〈오늘 뭐 먹지?〉, Olive, 2014. 9. 28~

이길수 연출, 〈수요미식회〉, tvN, 2015. 1. 21~

이병훈 연출, 〈대장금〉, MBC, 2003. 9. 15~2004. 3. 23

이창우 외 연출, 〈냉장고를 부탁해〉, JTBC, 2014. 11. 17~

오기가미 나오코 감독, 〈카모메 식당〉, 일본, 2006

크리스티앙 뱅상, 〈엘리제궁의 요리사〉, 프랑스, 2012

마를린 호리스, 〈안토니아스 라인〉, 네덜란드, 1995

• **대한민국에서 장애 여성으로 살기** (2014년 11-12월호)

수전 웬델, 『거부당한 몸』, 강진영·김은정·황지성 옮김, 그린비, 2013

다니 바세르만 감독, 〈사랑을 믿나요?〉, 이스라엘, 2013

이선희·김병철 감독, 〈서른넷, 길 위에서〉, 2014

이승준, 〈달팽이의 별〉, 2012

이승준, 〈달에 부는 바람〉, 2014

장애여성 공감 http://www.wde.or.kr/

• **동물에 대한 감수성과 돌봄의 실천** (2017년 9-10월호)

피터 싱어, 『동물 해방』, 김성한 옮김, 인간사랑, 1999

캐럴 J. 아담스, 『육식의 성정치』, 이현 옮김, 미토, 2006

이동옥, 「동물의 고통과 보살핌에 관한 연구: 태국의 사례를 중심으로」, 《페
    미니즘연구》 제11권 1호, 133-165쪽, 2011

Josephine Donovan and Carol J. Adams, 「Introduction」, 『The Feminist
    Care Tradition in Animal Ethics』, Columbia University Press, 2007

봉준호 감독, 〈옥자〉, 2017

황윤 감독, 〈작별〉, 2001

황윤 감독, 〈어느 날 그 길에서〉, 2008

황윤 감독, 〈잡식가족의 딜레마〉, 2015

동물보호시민단체 카라 https://www.ekara.org/

6장. 호주제에서 히잡까지

- 유교 문화에서 여성으로 산다는 것 (2016년 7-8월호)

조순경, 「유가사상과 성별분업」, 《여성학논집》 제18집, 177-193쪽, 2001

조순경, 『노동과 페미니즘』, 이화여대출판부, 2000

한국유교학회, 『유교와 페미니즘』, 철학과현실사, 2001

허라금, 「유교의 예와 여성」, 《시대와철학》 제13권 1호, 323-421쪽, 2002

허라금, 「보살핌의 사회화를 위한 여성주의의 사유」, 《한국여성학》 제22권 1호, 115-145쪽, 2006

- 태국 불교와 여성 배제 (2013년 1-2월호)

이동옥, 「태국의 여성 승직 배제와 가족관계」, 《민주주의와 인권》 13권 2호, 441-481쪽, 2013

- 무슬림 여성의 성통제 (2018년 1-2월호)

라티파, 『빼앗긴 얼굴』, 최은희 옮김, 이례, 2002

하기다 모기시, 『이슬람과 페미니즘』, 문은영 옮김, 프로네시스, 2009

문경희, 「명예살인을 둘러싼 스웨덴의 논쟁과 정책적 대응」, 《국제정치논총》 제51권 2호, 135-159쪽, 2011

오은경, 「이슬람 여성의 할례를 보는 다양한 시각에 대한 소고」, 《젠더와문화》 제1호, 87-120쪽, 2008

조희선, 『이슬람여성의 이해』, 세창출판사, 2009

「이란 '간통 여성 투석형 대신 교수형'」, 《동아일보》, 2011. 12. 26

「이집트 10대소녀 할례 수술 도중 사망…당국 조사 착수」, 《뉴스1》, 2016. 5. 31

"파키스탄 여성 SNS 스타, 오빠에게 명예살인 당해」, 《연합뉴스》, 2016. 7. 17

김동환, 「성폭행 피해 알렸다가… 투석형 선고받은 파키스탄 여성」, 《세계일보》, 2015. 6. 1

박상욱, 「파키스탄서 명예살인금지법 상하원 만장일치 통과」, 《중앙일보》, 2016. 12. 23

박종익, 「아프칸 여성, 간통 이유로 땅에 파묻혀 투석형」, 《서울신문》, 2015.

376   목주반지를 낀 페미니스트

11. 6

이대욱, 「비극으로 치닫는 성폭행범과 결혼… 악법 사라질까」, SBS, 2017. 10.
7

이제훈, 「보코하람, 여학생 276명 납치 3년 만에 82명 풀어줘」, 《서울신문》,
2017. 5. 8

추인영, 「강제결혼한 파키스탄 신부, 남편·친척 15명 독살」, 《중앙일보》, 2017.
11. 1

김진호 외, '비운의 공주', 〈신비한 TV 서프라이즈〉, 2017. 5. 21

• **무슬림 여성에 드리운 장막, 히잡** (2017년 11~12월호)

강영순, 「인도네시아 여성의 지위」, 《아시아연구》 제20권 1호, 123-153쪽,
2017

라티파, 『빼앗긴 얼굴』, 최은희 옮김, 이레, 2002

하기다 모기시, 『이슬람과 페미니즘』, 문은영 옮김, 프로네시스,2009

제럴딘 브룩스, 『이슬람여성의 숨겨진 욕망』, 뜨인돌, 2011

안신, 「무슬림 여성의 히잡 착용에 대한 종교현상학적 해석」, 《아시아여성연
구》 제48권 2호, 185-220쪽, 2009

엄기호, 「이슬람 여성들은 차도르를 벗어야 할 것인가?: 행위자로서 여성과
상징으로서 여성의 충돌」, 《중등우리교육》, 68-71쪽, 2009

시린 에바디·아자데 모아베니, 『히잡을 벗고 나는 평화를 선택했다』, 황지현
옮김, 황금나침반, 2007

오은경, 「이슬람 여성의 몸과 섹슈얼리티」, 《국제지역연구》 제11권 1호, 123-
142쪽, 2007

이수인, 「말레이시아 무슬림 여성들의 여성주의 운동 참여와 정체성 형성」,
《한국여성학》 제29권 1호, 37-83쪽, 2013

조선정, 「이슬람 여성, 근대성, 페미니즘」, 《페미니즘 연구》 제12권 2호, 143-
171쪽, 2012

조희선, 『이슬람여성의 이해』, 세창출판사, 2009

마리얌 포야, 『이란의 여성, 노동자, 이슬람주의』, 정종수·차승일 옮김, 책갈
피, 2009

「뉴욕 패션위크 누빈 히잡… 여 억압? 서양의 편견」, 《뉴시스》, 2017. 9. 8

「리우2016 우리도 있다 편견 딛고 출전한 무슬림 여성 국가대표 선수들」, 《뉴시스》, 2016. 8. 25

「무슬림 여성 3명 경찰 총격에 피살… 케냐 시끌」, 《연합뉴스》, 2016. 9. 29

「방탄소년단, 싱가포르 팬미팅서 무슬림 여성팬 배려한 접촉금지 팬서비스 선보여 폭풍칭찬 받았다」, 《문화뉴스》, 2017. 8. 7

「부르키니가 수영장 더럽힌다 이슬람 여성 내쫓은 프랑스 수영장」, 《조선비즈》, 2017. 8. 9

「불(佛) 식당 무슬림 여성 서빙 거부에 국민들 분노」, 《뉴시스》, 2016. 8. 29

「불(佛)서 무슬림 스카프 착용 학부모 학교 출입 막아 논란」, 《뉴시스》, 2016. 9. 6

「아프간 바글란에서 첫 여성운동 식당 문 열어」, 《뉴시스》, 2017. 8. 31

「이슬람 테러는 여성 청바지 때문?」, 《서울신문》, 2017. 8. 26

「자폭전사로 변신한 인니 무슬림 여성」, 《뉴시스》, 2017. 8. 23

「카타르 선수들의 히잡 시위… FIBA 2년 만에 손들어」, 《세계일보》, 2017. 5. 18

「튀니지, 44년 만에 무슬림 여-무슬림 남 결혼금지법 폐지」, 《연합뉴스》, 2017. 9. 15

김용래, 「불(佛) 무슬림 사업가, 칸 해변서 부르키니 행진 기획」, 《연합뉴스》, 2017. 5. 23

김정원, 「유럽, 우익 바람 몰아친다」, 《한국일보》, 2017. 3. 15

유세진, 「인 대법원, 무슬림 이혼법 위헌 판결… 여성계 정의 찾은 역사적인 날」, 《뉴시스》, 2017. 8. 22

이본영, 「사우디 '미니스커트 영상 주인공 석방'」, 《한겨레》, 2017. 7. 19

조일준, 「유럽 법원 직장내 히잡금지는 차별 아니다」, 《한겨레》, 2017. 3. 15

최희정, 「독(獨) 헌재 무슬림 여학생도 남녀 혼합수영수업 받아라」, 《뉴시스》, 2016. 12. 8

뱅상 파로노드·마르얀 사트라피 감독, 〈페르세폴리스〉, 애니메이션, 프랑스, 2007

• 여성들의 축제, 모든 이의 축제 (2013년 7-8월호)

김홍열, 『축제의 사회사』, 한울, 2010

박동준, 『축제와 엑스터시』, 한울, 2009

변재란, 「여성, 문화 그리고 국제영화제의 역할」, 《순천향인문과학논총》 제28
호, 367-412쪽, 2011